Colección
Desarrollo, espacio y políticas públicas

La colección **Desarrollo, espacio y políticas públicas**, se presenta como una continuidad, ampliación y profundización de la colección Desarrollo urbano y regional y políticas públicas. Para ello, pretende abordar la problematización del desarrollo considerando los cambios en la producción y usos del espacio en la nueva fase del capitalismo, teniendo como eje de discusión el diseño e implementación de políticas públicas que se formulan multiescalarmente. De este modo, y en el contexto de la globalización y su modalidad neoliberal, la colección centra el análisis en las transformaciones y configuraciones espaciales producidas por el capital, los modelos de desarrollo y las políticas públicas que configuran múltiples geografías; donde las disputas espaciales cobran relevancia a partir del posicionamiento de diferentes actores en el escenario latinoamericano.

De esta manera, la colección coloca al alcance del público distintas contribuciones de intelectuales que visibilizan los conflictos que se tejen en la trama de los conceptos que tiene por título la presente propuesta: desarrollo, espacio, políticas públicas; con el objetivo de repensar las espacialidades contemporáneas en Latinoamérica.

La colección **Desarrollo, espacio y políticas públicas** a partir de enfoques renovados y críticos se encuentra dirigida a todos aquellos científicos sociales interesados en las temáticas planteada; hacedores de políticas públicas, consultores y equipos gubernamentales.

Variedades de capitalismo entre centro y periferia

Miradas críticas desde América Latina

Víctor Ramiro **Fernández**
Matthias **Ebenau**

Editores

Marcos Barcellos **de Souza**
Alcides **Bazza**
Carlos Antônio **Brandão**
Matthias **Ebenau**
Víctor Ramiro **Fernández**
Bob **Jessop**
Carolina **Lauxmann**
Cristhian **Seiler**
Lucía **Suau Arinci**
Sergio **Ordóñez**

MIÑO y DÁVILA
◆ E D I T O R E S ◆

Código de catalogación IBIC: JPA [Ciencias políticas y teoría]; JPB [Política comparada]; KCM [Economía del desarrollo y economías emergentes]

Edición: Primera. Diciembre de 2018

ISBN: 978-84-17133-37-5

Lugar de edición: Buenos Aires, Argentina

Diseño: Gerardo Miño
Composición: Eduardo Rosende

MIÑO y DÁVILA
◆ E D I T O R E S ◆

Dirección postal: Tacuarí 540
(C1071AAL) Buenos Aires, Argentina
Tel: (54 011) 4331-1565

e-mail producción: produccion@minoydavila.com
e-mail administración: info@minoydavila.com
web: www.minoydavila.com
facebook: http://www.facebook.com/MinoyDavila

Índice

Índice de siglas

AL: América Latina
CC: Capitalismos Comparativos
CM: Contratistas Manufactureras
CS: Contratistas de Servicios
DC: Diversidad del capitalismo
EA: Este Asiático
EEUU: Estados Unidos
ELM: Economías de Libre Mercado
EMC: Economías de Mercado Coordinado
IED: Inversión extranjera directa
ISI: Industrialización por Sustitución de Importaciones
ISTC: Industria de servicios de telecomunicaciones
ITN: índices de transnacionalidad
NA: Núcleo de Acumulación
NIE: Núcleo de Implicación Estatal
ODM: Original Design Manufacturing
OEM: Original Equipement Manufacturing
REG: Redes Económicas Globales
RPG: Redes Políticas Globales
SC-E: Sector científico-educativo
SE-IT: Sector electrónico-informático y de las telecomunicaciones
SHE: Sistemas de hegemonía de Estados
TLCAN: Tratado de Libre Comercio de América del Norte
TSM: Teoría del Sistema Mundo
VC: Variedades de Capitalismo

Agradecimientos

Este libro no se hubiera podido concretar sin la valiosa y desinteresada colaboración de colegas del Instituto de Humanidades y Ciencias Sociales del Litoral (IHuCSo, UNL-CONICET). Lucas Gabriel Cardozo y Alcides Bazza trabajaron concienzudamente en la tarea de revisión de los textos y la homogeneización de los criterios editoriales, así como en la comunicación constante con los diferentes autores que componen esta obra. Carina Davies estuvo a cargo de la traducción al español del capítulo perteneciente al profesor Bob Jessop. A todos ellos nuestro enorme agradecimiento.

Introducción

Víctor Ramiro Fernández

Instituto de Investigaciones de Humanidades
y Ciencias Sociales del Litoral (IHuCSo),
UNL-CONICET (Argentina)

Matthias Ebenau

Centro de Formación Sindical de Bad Orb
(Alemania)

A inicio de los noventa, bajo los efectos tangibles de la caída del muro de Berlín y el desplome del bloque soviético, la publicación *The End of History* de Francis Fukuyama (1989), marcó un punto de inflexión en las ciencias sociales. El fin de la historia proclamado por el teórico liberal-conservador, significaba, en una interpretación acotada, el fin del debate sobre el capitalismo y su destino, la culminación de las alternativas, el punto culmine de la trayectoria hegeliana de la evolución bajo un sistema finalmente triunfante.

La apabullante difusión de este relato de un capitalismo único y triunfante se realimentaba con un contexto crecientemente dominado por el impulso del Consenso de Washington y el esfuerzo de exportar un programa homogeneizador de reformas centradas en los beneficios del mercado y el fin de los proyectos reguladores y distributivos.

La idea, tan funcional al macro proyecto neoliberal que se expandió epidémicamente por todo el Sur Global —al tiempo que se consolidaban institucionalmente proyectos como los de la Unión Europea en el norte—, encontró en este último espacio, no obstante, tempranas resistencias académicas. En tal sentido, no puede dejarse de recordar el libro fundacional de Michael Albert (1993), *Capitalism Against Capitalism*. Intentando mostrar las potencialidades del llamado modelo renano (Alemania, Francia) que desafiaba el patrón individualista del proyecto anglosajón, Albert destacaba que no solo había diferentes rutas de construcción sino también, a partir de ellas, distintos efectos. No obstante, fue casi 10 años después, con la aparición del reconocido y muy difundido trabajo *Varieties of Capitalism* de Peter Hall y David Soskice (2001), que la perspectiva de que a pesar del fin de la competencia entre capitalismo y socialismo seguía habiendo múltiples formas alternativas de organizar economías políticas —ahora diferentes variedades de capitalismo– tomó popularidad y alcanzó amplia difusión en los circuitos académicos.

Su exitosa presencia en estos últimos contribuyó a desbaratar el intento de pensar la idea de "un capitalismo" finalmente triunfante y sin rivales, en medio de esa no bien fundada, pero, no obstante, provocativa idea del "fin de la historia". La afirmación sobre la necesidad de considerar las distintas formas de organización y sus diferentes resultados, dio lugar a un largo recorrido académico sobre las formas, métodos e instrumentos bajo los cuales reconocer esas variedades, asentando ello en la coordinación sistémica a partir de un conjunto de complementariedades institucionales (Kang, 2006). De estas últimas resultaron analíticamente dos tipos o modelos básicos de capitalismo, distinguidos por el grado en el que una economía capitalista es, o no, "coordinada": Las economías de mercado coordinado (EMC), ejemplificables a través de experiencias como las de Alemania y Japón, y las economías de mercado liberal (EML), expresadas por USA y el Reino Unido (Hall y Soskice, 2001).

Inicialmente fundado en ese esquema tipológico, la contribución de estos autores fue rodeada de un nutrido conjunto de nuevas aportaciones académicas que, con distintas variables y acentos conceptuales, apostaban por un enfoque comparativo de las variedades de capitalismo (VC), navegando sobre esa compatibilidad de la coordinación institucional (Streeck y Yamamura, 2001; Yamamura y Streeck, 2003; Schmidt, 2003; Amable, 2004; Morgan et al., 2005; Hancké, 2007, Hancké, 2009; Mahoney y Thelen, 2009; Streeck y Thelen, 2005) y las trayectorias divergentes en diferentes tipos de capitalismo (Hall y Thelen, 2009; Streeck, 2008; Witt y Lewin, 2007).

A medida que el enfoque evolucionó hacia un posicionamiento paradigmático, el mismo experimentó un proceso de difusión espacial que, con distintas miradas y adaptaciones idiosincráticas, instaló la discusión sobre las variedades en diferentes escenarios que trascendían el campo de los países industrializados, a los que expresamente había referido aquel trabajo seminal de Hall y Soskice. Ello demandó un proceso de adaptación, flexibilización y ampliación en las tipologías, a medida que se incorporaban nuevos escenarios al análisis (Ebenau, 2015; Fernández, 2017; Fernández et al. 2017).

Como se ve a lo largo de este libro, y en particular en el capítulo tercero, América Latina no estuvo ausente de dicho esfuerzo expansivo y contorsionista, destinado a encontrar la forma como las variedades calaron en la configuración de las diferentes trayectorias nacionales de esta región. Con sus distintos matices, los abordajes desarrollados en la región han sumado su propia impronta al debate e, incluso, han avanzado hacia un campo propositivo y alternativo.

Ahora bien, desde aquellos trabajos pioneros hasta estos últimos desarrollos, la arquitectura productiva del enfoque dominante de variedades de capitalismo ha exhibido, sin embargo, múltiples grietas problemáticas sobre las que, en buena parte, se esgrimen muchos de los argumentos de este libro:

El interés por las variedades llevó por delante la necesidad de debatir y precisar el capitalismo en sí mismo, su naturaleza constitutiva, y las formas contradictorias que lo acompañan —y dan cuenta de su evolución—. En tal sentido, la preocupación sobre los elementos institucionales que hacen a la variedad dentro de un espacio nacional dado desplazó la consideración de los elementos que explican la dinámica, los cambios, y la forma como las relaciones socioespaciales que constituyen el capitalismo pasan a operar a un nivel global.

Es decir, el enfoque inspirado por Hall y Soskice desplazó la consideración de las estructuras de poder así como las relaciones sociales y espaciales contradictorias que configuran el sistema en su conjunto, a escala global, y a partir de las cuales el capitalismo desarrolla su movimiento, regenera sus formas de supervivencia y produce renovadas lógicas estructuralmente desigualadoras. Ese cerramiento metodológicamente nacionalista y su basamento tipológico estático, terminan abortando una epistemología de abordaje más integral, capaz de reconocer las interrelaciones multi-escalares que operan bajo una estructura de poder socioespacial y una red de flujos que demanda entender las especificidades nacionales y macro-regionales en el marco de una dinámica global que las penetra y reconfigura constantemente, acorde se enfrentan las diferentes contradicciones.

Esta perspectiva para analizar la diversidad de formas del capitalismo, conlleva un doble desafío. El primero de ellos es desplazar la impronta dominante en la corriente principal que busca examinar la diversidad de configuraciones en el capitalismo a partir de concebir unidades capitalistas nacionales independientes en su formación, que logran su especificidad desde una determinada combinación de arreglos institucionales, para luego interaccionar globalmente (Ebenau, 2012; Suau Arinci et al., 2015).

El segundo desafío es su reemplazo por una perspectiva capaz de reconocer las especificidades a partir de la forma en que actores, flujos y decisiones que componen dichas redes y configuraciones multi-escalares actúan sobre las formas de acumulación y regulación que dan especificidad no solo a determinadas trayectorias nacionales, sino también subnacionales (Peck y Zhang, 2013; Crouch et al., 2009; Trigilia y Burroni, 2009; Rafiqui, 2010; Ebner, 2016; Zhang y Peck, 2015), aun cuando esas especificidades también trabajan sobre convergencias supra o macro regionales y nacionales (Fernández, 2017).

La introducción de esa perspectiva mutiescalar y, a su vez, dinámica para comprender las variedades, trascendiendo el nacionalismo metodológico (Peck y Theodore, 2007; Brenner et al., 2010), permite observar cómo las mismas experimentan variaciones en el tiempo y, en ella, la forma como operan las estructuras de poder que forman esas variedades y persisten a esas variaciones. En esas estructuras se configuran formas centro-periferia, desconocidas por el abordaje dominante de VC, aun en su innegable extensión geográfica hacia el Sur Global, pero largamente reconocidas en los enfoques tanto del estructuralismo latinoamericano y el dependentismo, como de la TSM. Lo cierto es que dichas formas resultan analíticamente pretéritas a las especificidades nacionales que la corriente principal y las "producciones asociadas" identifican al interior de los espacios nacionales, y proponen una mirada más abarcativa/holística, que desafía el nacionalismo metodológico y, a su vez, la circunscripción a las formas de coordinación institucional.

La recuperación de una perspectiva holística y dinámica del capitalismo, tomada en su conformación contradictoria, permiten reconocer como los cambios en sus formas de acumulación y regulación operan cíclicamente en los centros, a partir de sus relaciones de poder y, en el plano interestatal, del despliegue hegemónico de alguna de sus agencias estatales, más allá de las especificidades nacionales que existen en su interior, actúan modificatoriamente en las relaciones que los vinculan a la periferia. Las variaciones que ello genera sobre la periferia en particular, sin embargo, encuentra variedades al interior de ésta última, producto de las particulares conformaciones de las trayectorias nacionales y macro regionales.

Bajo ese cambio en la perspectiva analítica y a partir de esto último indicado, emerge la segunda grieta en la perspectiva analítica del mainstream, ligada a la determinación de los factores que forman esas especificidades de las trayectorias nacionales en —el interior de— la periferia y su vínculo con las dinámicas/variaciones que despliega el capitalismo en/desde los centros.

La perspectiva globalmente difundida, presenta una carencia de un instrumental que permita comprender cómo procesos históricos internos y formas particulares de articulación al centro han dado lugar a trayectorias que ayudan a explicar las especificidades macro regionales por las cuales, en el marco del creciente dinamismo del Sur Global, no son convergentes los dinamismos que dan cuenta de las divergencias de áreas como el este asiático respecto de otros, como África y América Latina (Fernández, 2017).

Una visión estática de formas institucionales coordinadas, nacionalmente circunscriptas, por más que incorpore elementos o amplíe las tipologías para alcanzar nuevos escenarios (Schneider y Soskice, 2009; Walter y Zhang, 2012), no da cuenta de las particularidades con que las relaciones sociales conflictuales configuran las trayectorias "internas" (subnacionales y nacionales), a partir de las especificidades locales y su interacción con las dinámicas externas (globales). Este factor emerge como un elemento central a tener en cuenta para evaluar resultados diferenciados a nivel de las propiedades que rigen el proceso de acumulación y marcan las capacidades –diferenciadas– con que se establecen las vinculaciones con el centro.

Por otro lado, la forma en que el Estado, tempranamente detectado como gran ausente en la teoría (Deeg y Jackson, 2007; Bizberg, 2014; Schmidt, 2009), se configura en estos escenarios de trayectorias históricas internas, y de creciente implicación de redes políticas y acciones interestatales para conformar propiedades que le habilitan diferencialmente para actuar configurativamente sobre los procesos de acumulación.

Observado más insistentemente desde un posicionamiento periférico, las grietas no resueltas por la perspectiva epistémica del enfoque dominante, y todas las consecuencias metodológicas que arrastra, dejan inhábil al enfoque para responder múltiples interrogantes que hacen al análisis situado de trayectorias nacionales:

- ¿Cuáles son y cómo inciden las relaciones históricas de los actores nacionales y regionales con las dinámicas globales impuestas por los Estados y organismos supranacionales en sus interrelaciones con las formas de capital productivo y financiero que se desplazan bajo ingenierías institucionales que procuran/condicionan las configuraciones nacionales periféricas –más débiles–?
- ¿Cuáles son las propiedades diferenciales que adoptan las formas acumulativas en los diferentes espacios nacionales y macro regionales a partir de las relaciones sociales conflictuales/contradictorias en la que interaccionan esos procesos internos y externos, y cómo esas propiedades se cuelan en las formas en que los estados regulan esa dimensión acumulativa?
- ¿Cómo opera la articulación escalar de múltiples relaciones de poder impuestas a través de las redes supranacionales y estados que las controlan, en la configuración de los procesos nacionales y regionales de acumulación?

- ¿Qué limitaciones tiene para la configuración de variedades alternativas al interior de la periferia que reviertan su condición subalterna? ¿Cuáles deberían ser las nuevas condiciones?
- ¿Cómo los cambios y variaciones del centro pueden afectar las variedades del capitalismo en otras latitudes y especialmente en la periferia?

Es a la luz del intento de formar elementos para responder a esos interrogantes, a partir de esa perspectiva holística y conflictual, y al tiempo nacional y regionalmente situadas de las variedades de capitalismo, que deben comprenderse las propuestas que emergen de los siete capítulos que integran este libro.

El primero de ellos, a cargo de Bob Jessop, introduce justamente una perspectiva fundante que interpela al enfoque dominante de VC desde la ausencia de una discusión del capitalismo como tal y, desde allí, sus combinadas restricciones de tipologías insertas dentro de un mapa argumental dominando tanto por un nacionalismo metodológico como una visión estática. En lugar de tal enfoque, Jessop propone concebir de la diversidad de modelos capitalistas como elemento de un capitalismo globalmente "abigarrado".

Más cerca de la perspectiva de Teoría del Sistema Mundo (TSM) en lo que hace a reconocer el orden global de organización del capitalismo –y sus instituciones– y las jerárquicas y relaciones de poder que ello impone, la propuesta de Jessop toma distancia sin embargo de esta última, al introducir una mirada que atiende la existencia de ese mercado global a partir de una tensión de variedades capitalistas que disputan sus formas de existencia entre sí, en un escenario en el que operan relaciones de poder. Producto de ello, los éxitos de determinadas variedades no resultan una fuente inspiradora e imitables para otras, en un campo que podría suponer una armónica posibilidad de inspiración y aprendizaje, como puede deducirse de la propuesta *mainstream*, sino que se explican a partir de los efectos y configuraciones que determinadas variedades pueden operar sobre otras con las que interaccionan.

En la propuesta de Jessop, las variedades nacionales y regionales detectables no deben ser entendidas entonces como regímenes diferenciados y autosuficientes, que actúan bajo la arena común de un mercado eficientizador que los audita. Se trata, más bien, de regímenes de acumulación y formas regulativas operando a diferentes escalas, dentro de un mercado mundial que potencia sus procesos contradictorios bajo una dinámica multiscalar donde se impone la lógica de la acumulación del capital a escala global. Lejos de una lógica unidireccional ésta: "comprende una jerarquía enmarañada y en desigual desarrollo de mercados locales, regionales, nacionales, transnacionales y supranacionales correspondientes a territorios estatales particulares conectados a través de varios espacios de flujos", teniendo en cuenta que en tal escenario los estados intervinientes contienen capacidades diferenciales para orientar una integración.

La dinámica acumulativa y regulatoria de orden multiescalar, resulta a su vez atravesada por un complejo de imaginarios y discursos que, en un marco contradictorio, conflictual y nunca predeterminado, aparecen envueltos en la formación de proyectos –estatales– y estrategias –acumulativas–. Bajo formas de prueba y error, éstos/éstas procuran regularizar y gobernar la acumulación a partir de arreglos espacio temporales transitorios e inestables. Bajo dichos arreglos, que en su variabilidad dan dinamismo al enfoque de las variedades de capitalismo, la compleja y cambiante interrelación multiescalar de las mismas no tiene lugar en este escenario bajo patrones horizontales, sino también verticales, que recrean las jerarquías y las formas asimétricas y desigualadoras de interrelación, algo que estando ausente en el enfoque *mainstream*, resulta central para comprender cómo las variedades capitalistas trabajan reconfigurando las relaciones entre centro y periferia.

El segundo capítulo "Variedades de Capitalismo en América Latina: en torno a un debate", a cargo de Matthias Ebenau y Lucía Suau Arinci, revisa en detalle los tres "ejes" de teorización sobre variedades de capitalismo que han tenido lugar en el escenario latinoamericano, cada una con su cuerpo de investigación empírica asociado.

Revisan en tal sentido, en primer lugar, el eje "estadounidense" formado centralmente por las aportaciones de Ben Ross Schneider, junto a otros académicos asociados al mismo. Como resultado de su indagación, tratan de mostrar –ampliatoriamente– la inadecuación de las tipologías de Hall y Soskice para la región, incorporando centralmente la categoría de 'economía de mercado jerárquicas', bajo las que toman protagonismo especificador –respecto de las variedades capitalistas de los países desarrollados– la formación de un sector empresarial dominado por filiales de empresas trasnacionales y grupos económicos. De ello deriva una forma de coordinación jerarquizadora, cuyos resultados son la formación de equilibrios y complementariedades negativas, en los que destacan economías dominadas por ventajas comparativas sustentadas en sectores de baja tecnología y bajo valor agregado, y una estructura industrial con escasa complejidad, así como mercados laborales altamente informales, segmentados y desiguales. Atento a que esta variedad resulta una forma de coordinación institucional inadecuada, reclama una alternativa obtenible a partir de decisiones correctas, que habilitan otra lógica de acción por parte de los actores.

El segundo eje destacado por Ebenau y Suau Arinci, de matriz brasileña, liderado por Renato Boschi y Flavio Gaitán, se inserta en iguales preocupaciones sobre las formas negativas de configuración económico-social de la región, pero vienen alternativamente a hacer hincapié en el Estado, al que se le adjudica un papel central y se le requiere una cierta autonomía –margen de acción– para configurar a partir del post consenso de Washington estrategias endógenas.

Insertos en la perspectiva neodesarrollista que alumbró la región a partir del inicio del nuevo siglo, particularmente representada por Bresser Pereira, apuesta por la posibilidad de conformar una variedad capitalista superadora de los resultados regresivos, similares a los identificados por Schneider, ya no solo a partir de un cambio en la forma de coordinación institucional que propone el sector empresarial y una mutación en el sistema educativo, como se desprende de este último, sino a partir de un protagonismo estatal –que no anula al sector privado sino que se sinergiza con el mismo–, y se sustenta en una articulación con "elites estratégicas" que tienen en la base empresarial, y complementariamente laboral, la plataforma para llevar adelante dicha estrategia.

El tercer y último eje destacado por Ebenau y Suau Arinci, con plataforma mexicana, ha sido el liderado por Ilán Bizberg, en asociación con el regulacionista francés Bruno Théret. Desarrolla una perspectiva que toma distancia de la idea de identificar la variedad latinoamericana como un todo, y se centra en identificar las especificidades nacionales que anida en su interior. Apela para ello no a un enfoque estrictamente empresarial, sino a un cuadro más complejo de actores, así como a una perspectiva institucional no desligada del complejo de relaciones sociales para desarrollar un abordaje comparado de cuatro países (Brasil, Argentina, México y Chile). Para ello se toman como variables centrales a: la orientación interna o externa de las economías y las formas de integración a mercados internacionales asociadas; la relación entre Estado y economía; y, finalmente, la llamada "relación salarial" –bajo el trípode de relaciones Estado, empresas y trabajo organizado–, acompañada de los sistemas de relaciones industriales y de bienestar social.

A partir de la presentación de los lineamientos centrales de estos tres ejes, los autores marcan las tensiones y convergencias, asociadas a aspectos que han sido examinados como críticos. Entre esos aspectos resaltan el funcionalismo y economicismo, asociado a la prioridad dada a la estabilidad y desde allí a las vinculaciones/funcionalidad con la competitividad y la eficiencia, al mismo tiempo que los límites vinculados a considerar el cambio, sus posibilidades y factores motorizadores, aspectos en los que la posición *statuquista* del enfoque de Schneider contrasta con la visualización del cambio que habilita el eje brasilero. Las tensiones se revierten hacia la compartida limitación –con una disidencia parcial del eje mexicano– en la restricción del nacionalismo metodológico y las limitaciones, ya destacadas en el mainstream del enfoque de VC, vinculadas a la ausencia de consideración de la forma en que tiene lugar coproducción de procesos globales y locales.

Teniendo como base ese análisis y la observación comparada de los tres ejes latinoamericanos de producción en torno a VC, con sus convergencias, diferencias y limitaciones, Ebenau y Suau Arinci resaltan, más allá de sus contribuciones, las restricciones de las tres líneas analíticas para capturar la(s) especificidad(es) del capitalismo latinoamericano. Consecuentemente dan cabida a las contribuciones novedosas que representaría un cuarto eje, instalando una nueva perspectiva de análisis de variedades, a partir de la que, en buena parte, se conforman los restantes capítulos del libro.

El tercer capítulo del libro, a cargo de Víctor Ramiro Fernández, Matthias Ebenau y Alcides Bazza, aborda precisamente esta cuarta línea alternativa de exploración, partiendo de una reconsideración del modo predominante en que es concebida actualmente la diversidad capitalista por la literatura institucionalista *mainsteam* de VC y perspectivas afines.

Regresando sobre la consideración de la naturaleza del capitalismo, y la forma contradictoria que lo constituye, resalta la significancia de la división entre centros y periferias, dimensión analítica que antecede la consideración de las variedades individuales nacionales, pero que permanece descuidada o severamente subestimada por la mayoría de los enfoques en esta literatura. Combinando las contribuciones regulacionistas, el pensamiento dependentista latinoamericano, y la TSM, toma como punto de partida –sustentado en la contradicción sistémica global– la reproducción estructural, desigual y jerárquica del capitalismo y su diferenciación entre centros y periferias. A su vez, y, por otro lado, resalta aquéllos elementos de las variantes periféricas del capitalismo que explican sus especificidades y divergencias.

A partir de la variedad pretérita centro-periferia pone en movimiento esa idea para considerar cómo los cambios/variaciones que experimenta el capitalismo, a partir de distintas fases, afectan la periferia y sus vínculos con el centro. En el marco de esas *variaciones*, se propone analizar las variedades que asumen las dinámicas macro-regionales y nacionales a partir de las especificidades que estas asumen en los procesos de acumulación y regulación. Los autores incorporan como herramienta analítica los conceptos de Núcleos de Acumulación (NA) e Implicación Estatal (NIE), los que, por su parte, contienen propiedades diferenciales que afectan la forma como cada núcleo incide en el otro, y cómo producto de esta incidencia, emergen trayectorias nacionales y macro regionales diferenciadas.

Ese instrumental permite, al interior de la periferia, observar las trayectorias específicas que siguen los procesos de acumulación y de las formas particulares de implicación estatal, identificando los factores que operan en el contrastante comportamiento del Este Asiático (EA) y América Latina (AL). Ello habilita analizar, por lo tanto, no solo una variedad pretérita – centro-periferia–, omitida, sino también una variedad al interior de la periferia, emergente en el marco de las variaciones a que da lugar el capitalismo en su dinámica contradictoria, y las que desarrolla esa periferia a partir de las nuevas formas bajo las que se recrean las relaciones centro-periferia.

Bajo ese instrumental, el análisis se ubica asimismo en un intento de trascender el nacionalismo metodológico que, como se indicó, ha dominado la perspectiva dominante e incluso las nuevas actualizaciones del enfoque de VoC. Para ello la perspectiva da entrada a su relación dialéctica y conflictiva con redes políticas y económicas globales, que caracterizan la actual fase del capitalismo. Son las propiedades del NA y las del NIE, así como sus vínculos configurados al interior de las diferentes trayectorias nacionales, las que marcan fortalezas diferenciales de ciertas variedades para articularse a dichas redes, y, por lo tanto, para constituir performances divergentes.

Lejos de operar en un vacío, los autores argumentan que la formación de los núcleos y sus interrelaciones están condicionados por factores de viabilidad interna, asociados a la trayectoria histórica sobre la que se conforman los actores y el estado; y a la permisividad externa, que conllevan las selectivas admisiones geopolíticas al desarrollo de ciertas estrategias por parte de las estructuras hegemónicas del centro.

Este es precisamente el marco analítico sobre el que se monta el análisis comparativo entre el EA y AL, el que es iniciado en este mismo capítulo para ser el centro argumental del siguiente, a cargo de Víctor Ramiro Fernández, Cristhian Seiler y Alcides Bazza. Utilizando el categorial conceptual de los núcleos, este capítulo analiza las divergencias macro-regionales en el heterogéneo sur global, para resaltar sus diferentes trayectorias nacionales y macro regionales del Este Asiático y América Latina respecto a su variación en sus inserciones globales.

Mostrando su capacidad analítica diferencial frente al enfoque VC y similares, se retoma el argumento acerca de la forma como la construcción de los NA y NIE deben ser entendidos en el marco de su relación dialéctica con las estructuras y dinámicas internas (asociados a la estructura del capital, el poder del trabajo y la trayectoria institucional), y las dinámicas globales enmarcadas por las redes económicas y políticas.

En función de ello, la fortaleza endógena de los NA y su maleabilidad desde el accionar estatal puede ser lograda, particularmente en los contextos periféricos, atendiendo tanto a la permisividad de los actores globales por un lado, y –fundamentalmente– por las condiciones de viabilidad de su propia trayectoria histórica y calidad del NIE, por otro. Por lo tanto, la interacción de los núcleos con el marco geoeconómico y geopolítico da cuenta de condiciones de permisividad (otorgada a los países del EA en el contexto de la Guerra fría) o inhabilitación (para el caso de AL), que convergen con la viabilidad interna de las respectivas trayectorias nacionales y/o macro regionales.

Así, las distintas viabilidades endógenas, emergentes de esas trayectorias, convergen con esas permisividades externas diferenciadas para conformar performances divergentes que se observan en la comparación de esas macro regiones. Núcleos endógenos y dinámicos a partir de Estados cuyas propiedades se asocian a la coherencia organizacional y funcional, arrojan capacidad de direccionamiento en su implicación en el Este Asiático, y contrastan con la realidad latinoamericana. En esta última, campean núcleos de acumulación concentrados y rentistas, de escaso dinamismo, con núcleos de implicación estatal capturados y fragmentados desde la sociedad civil, que los hace incapaces de revertir la conformación de esos núcleos acumulativos.

Sin embargo, el trabajo resalta que el examen de los procesos comparados da cuenta que las relaciones entre los núcleos y las redes económicas y políticas globales no tienen un camino unidireccional ni, mucho menos, estático. Este aspecto es central para comprender como la acción constante de redes globales –y su proyección neoliberal– ha actuado debilitadoramente en la configuración endógena de los núcleos de acumulación y la capacidad directiva del núcleo de implicación estatal en el Este Asiático (particularmente, en Corea del Sur). Una vez más, la variedad macro regional que marca las trayectorias diferentes al interior de la periferia está sujeta a variaciones (cambios), a partir de considerar un aspecto limitante del enfoque dominante de VC destacado en éste y el anterior capítulo: la dialéctica de procesos locales (nacionales y macro-regionales) y globales.

Ahora bien, la capacidad analítica de este instrumental –enriquecible desde otros aportes– genera el desafío de mostrar cómo puede permitir la indagación de análisis de casos específicos. En tal sentido, los últimos tres capítulos están orientados al análisis de las experiencias de Argentina, Brasil y México. Apelando al categorial de los núcleos y las redes globales, cada uno de ellos impone una impronta analítica cuyo objetivo no está orientado a incorporar nuevas variantes tipológicas, sino a comprender aspectos que han dado especificidad a la experiencia analizada.

En el examen del caso argentina, Alcides Bazza, Carolina Lauxmann y Víctor Ramiro Fernández proponen una revisión de la trayectoria capitalista específica de su desenvolvimiento histórico, que va desde su inserción global bajo la hegemonía británica, pasando por el periodo sustitutivo emergente después de la crisis de los años setenta, hasta la más reciente experimentación con el proyecto neodesarrollista. Así se considera en el plano interno, a la forma como la contradicción capital-trabajo –centrada en la puja distributiva entre clases– actuó en la formación del NA; y, las particulares formas asumidas por el NIE para administrar los conflictos que ello conlleva. A su vez, procurando trascender las limitaciones del nacionalismo metodológico y reconocer la presencia de la "variedad pretérita" centro-periferia, se evalúa la forma como la trayectoria nacional fue desplegando su inserción en la división internacional del trabajo, atravesando sucesivamente problemas de restricción externa.

La dominancia de un NA concentrado y rentista emergente del período de inserción británica, dominado y configurado a partir del control de las clases dominantes y su asociación al capital externo británico, no logra ser alterado durante la posterioridad de la crisis de los treinta. Los desafíos de profundizar los procesos de industrialización a partir de la restricción externa, asociadas con las limitaciones para trascender la "etapa fácil" de la sustitución de importaciones, bajo una conflictividad distributiva emergente entre los actores/sectores activados durante dicho proceso y la preservación del poder de las oligarquías locales, se realimentó con un NIE dominado por la captura fragmentaria y corporativa por parte de los actores que expresaban sus intereses contrapuestos y buscaban cuasirentas de protección. Ello limitó la capacidad operativa de dicho NIE para superar los obstáculos del NA y los comportamientos demandados a los distintos actores para lograr estos últimos.

Bajo un contexto de crisis mundial, fuertes cambios en el patrón reproductivo del capitalismo global, y la consolidación de un nuevo contexto regulatorio, a mediado de los setenta, con la cobertura de los gobiernos autoritarios, el NIE se mostró funcional para operar el desmantelamiento de los procesos sustitutivos y la desactivación de los actores comprometidos en el proceso distributivo (fuerza de trabajo). Esos procesos dieron lugar a un patrón que incluso acrecentó su carácter monopólico y rentista, galvanizado por la financierización que se profundiza a partir de los años noventa, bajo una dinámica donde se hace pleno el ingreso del Consenso de Washington.

El desplazamiento de los grupos locales a partir de privatizaciones y desregulación no significó la alteración sino el fortalecimiento del proceso de concentración, con una inusitada trasnacionalización desposesiva del NA, que no altera el posicionamiento rentista de los actores dominantes de este último. Por su parte, el NIE fue sometido a un proceso de penetración de las redes políticas globales a través de la captura e influencia directiva de los organismos de financiamiento internacional, aspecto esencial para operar la acumulación desposesiva.

La vulnerabilidad y subalternidad resultantes para ambos núcleos, a partir de la acción penetrante de ambas redes (económicas y políticas), se asoció a los efectos socioproductivos destructivos y un alto endeudamiento que dio legitimidad al patrón acumulativo. La reacción a ello, a partir del inicio del siglo, bajo un nuevo emprendimiento neodesarrollista, a pesar de conllevar una nueva dinámica del núcleo de implicación estatal, no registró una transformación del proceso de fragmentación, captura y funcionalidad del mismo, heredada de los procesos antes indicados. Ello fue un obstáculo para redireccionar una matriz del NA que, no obstante los avances en redistribución e inclusión socioeconómica, permaneció con las propiedades trasnacionalizadas, concentradas y rentistas, y se manifestó en una reedición del problema estructural de restricción externa.

El capítulo referido a Brasil, a cargo de Carlos Brandão y Marcos Barconcellos, parte del reconocimiento de la importancia del enfoque de VC para contraponerse a la "monomorfología del capitalismo"; para retomar la crítica a las debilidades contenidas en el *mainstream* del enfoque convencional. Para ello destacan las contribuciones cualificadoras introducidas por enfoques como los de "sistemas sociales de producción" y, en particular, el regulacionismo, bajo la impronta de Polanyi. También se toma la perspectiva del capitalismo "abigarrado" (variegated capitalism), con la incorporación de las "dinámicas de la geometría variable de los capitalismos, la multiplicidad de espacios nacionales y regionales, y sus respectivas y peculiares capacidades de respuesta", ante la constante penetración y reconfiguración realizada por las redes y agentes institucionales y económicos multiescalares".

En dicho contexto, Brandão y Barconcellos lanzan el desafío de hacer dialogar las mismas con aquellas provenientes del pensamiento crítico latinoamericano, acumulado desde el siglo pasado como un patrimonio rico e inédito para el reconocimiento de las especificidades de las sociedades capitalistas, que tienen lugar en la periferia (latinoamericana). Su riqueza –plena para comprender la "economía política" que reproduce los múltiples desequilibrios y arritmias estructurales de la configuración periférica, e incluso revivir el debate sobre los estilos de desarrollo originados–, demanda avanzar superadoramente sobre el nacionalismo metodológico y actualizar el entendimiento del capitalismo global bajo su nueva dinámica multiescalar.

En esta recuperación y desafío, aquella perspectiva de las "variaciones" resulta esencial para comprender el nuevo mapa conflictual y los nuevos experimentos socioespaciales bajo los que no se alteran, sino que se renuevan las condiciones de la periferia y, en ella, las formas de explotación laboral, la desposesión de bienes y recursos comunes, el aumento de la inseguridad y de la individualización, con el desmonte de las regularidades y de los compromisos de clase.

Bajo ese paraguas de redefinición insertan la consideración del caso brasilero como variedad (periférica) de capitalismo. Tras una breve discusión de las diversas coyunturas históricas de moldeo del capitalismo brasileño y las transformaciones en su patrón de acumulación, concluyen en el inacabado, heterogéneo y contradictorio procesos de industrialización y complejización de los cincuenta años gloriosos, con los sobrevinientes procesos que no hicieron sino consolidar la condición periférica a partir de la incapacidad de formar un NA más integrado y dinámico, así como un NIE con capacidades nodales para conducirlo.

En tal contexto, los autores se detienen a analizar las especificidades del proceso de "variaciones" que experimentó el capitalismo brasilero a partir de las reestructuraciones regulatorias de su etapa más reciente de neoliberalización. Comprendiendo los gobiernos Cardoso (1995-2002); Lula-Dilma (2003-2015) y el golpe jurídico-mediático-parlamentario (2016), consideran entonces, desde mediados de la década de los noventa, tres diferentes oleadas de reestructuración regulatoria: una primera ronda de desmantelamiento (roll-back) de instituciones, desorganización de centros de poder y espacios burocráticos orientados a disciplinar sujetos colectivos. Luego, una segunda ronda, de re-regulación (roll-out), que recrea formas contradictorias de protección al capital financiero con formas de distribución y protección social; para finalizar en una tercera ronda desmantelatoria (nuevo roll-back), que regresa en forma radical y autoritaria a las crudas formas de mercantilización lideradas por las oligarquías locales.

A lo largo de los cambios regulatorios que conllevan esas rondas, la condición estructural de los NA, crecientemente trasnacionalizados y rentistas, y el NIE incapacitado –por ausencia de una capacidad nodal y estratégica para redireccionar desde un proyecto el patrón acumulativo– no recibe estímulos sustantivos para alterar la condición periférica del capitalismo brasilero.

Por último, el caso mexicano es discutido por Sergio Ordóñez. El capítulo aborda el neoliberalismo como variedad actual del pasaje a una nueva fase de desarrollo del capitalismo en México, centrado en el estudio del sector electrónico-informático y de las telecomunicaciones (SE-IT), y su capacidad de convertirse en núcleo dinámico de un nuevo ciclo industrial.

En el tratamiento de esa problemática se pretende llevar a cabo una aportación al debate sobre variedades de capitalismo, reconociendo la pertinencia de la incorporación de los conceptos de núcleo de acumulación (NA) y núcleo de implicación estatal (NIE), aun cuando despojados de su matriz gnoselógica estructuralista, en favor de una perspectiva que incorpore la relación entre las bases tecnológico-productivas de los espacios nacionales con las clases y grupos sociales y sus posibilidades de acción.

Asimismo, se considera apropiado el análisis de la relación de ambos conceptos con las redes económico-político globales en el marco de la actual fase de desarrollo del capitalismo, pero en una dinámica bidireccional en donde al mismo tiempo que esas redes son portadoras de los intereses del sistema de hegemonía de Estados y de grupos trasnacionalizados financiero/productivos, también constituyen el ámbito en el cual tanto grupos financiero/productivos transnacionalizados de origen nacional de países en desarrollo, como miembros de las burocracias dirigentes de sus Estados-nacionales, promueven y proyectan sus propios intereses transnacionales.

La importancia de estudiar a México desde esta perspectiva, radica en que es el único país mayor de América Latina que se integra plenamente a la división global del trabajo del SE-IT, en tanto que núcleo dinámico de un nuevo ciclo industrial mundial a partir de los años ochenta del siglo XX, con la consiguiente potencialidad de endogenizar su dinamismo en una perspectiva de desarrollo, como lo han hecho países bajo otras variedades de capitalismo como los escandinavos y del Este Asiático.

En esa perspectiva se argumenta que el concepto de ciclo industrial debe ser parte integrante fundamental del NA, y que el concepto gramsciano de bloque histórico es un concepto de mediación necesaria entre aquél y el NIE, sin el cual no pueden entenderse integral y plenamente los determinantes, así como los alcances y limitaciones, del accionar de éste en una perspectiva de desarrollo de largo plazo.

Se concluye que en México la emergencia de una nueva base tecnológico-productiva y su articulación con el bloque histórico corporativo emergido de la revolución, pero reconfigurado, abre paso a la variedad neoliberal del pasaje a una nueva fase de desarrollo del capitalismo. A ello corresponde un accionar estatal reducido drásticamente y regido por el equilibrio fiscal, que opera en el marco de asociaciones público-privadas donde el Estado tiene el doble papel del establecimiento de las reglas del juego y "facilitador" de la operación de los agentes concurrentes, pero siempre bajo un liderazgo empresarial; con una organización interna orientada a arreglos institucionales para mejorar la posición competitiva global, que implica un redespliegue espacial resultante en una descentralización institucional pro-activa a un proceso de desmantelamiento y fragmentación del espacio nacional.

Una perspectiva posneoliberal supondría la necesidad de endogenizar el dinamismo del SE-IT que consolide el nuevo ciclo industrial, como eje de un nuevo NA endógeno y competitivo, lo que requeriría de un nuevo bloque histórico en torno al aprendizaje y la innovación sociales. Lo anterior sería la condición para una nueva forma estatal multiescalar, con un accionar extendido al aseguramiento de las condiciones generales de la acumulación basada en el conocimiento, que reconfigurara el espacio nacional e incluyera el desarrollo de capacidades intelectuales, financieras e institucionales propias. El actual tránsito acelerado a la multipolaridad pudiera posibilitar las condiciones geo-económico-políticas para una trayectoria en esa dirección.

En síntesis, el conjunto de trabajos que componen este libro, junto a una actualizada recomposición de las distintas perspectivas que han venido alimentado la corriente principal de las VC y su inserción en el escenario latinoamericano, procura aportar una mirada alternativa a dicha corriente. Para ello, se ha recuperado el análisis de la naturaleza sistémica y contradictoria del capitalismo y la compleja trama de relaciones que vinculan los procesos globales y nacionales aportando una caja de herramientas analíticas con la que viabilizar aquella mirada alternativa. Esta última, partiendo de resaltar y anteponer la persistente variedad centro-periferia, brinda una lectura que no apela a las "fotografías" de las variedades, sino a un examen dinámico del capitalismo, en el que la realidad latinoamericana puede observarse en el contexto de su compleja, jerárquica e interrelacionada trasformación multiescalar. Esta lectura facilita una perspectiva más realista, que la que la comparación de las trayectorias diferenciadas al interior de la periferia, así como las particularidades de los procesos nacionales más relevantes de la región.

Sin embargo, lejos de pensarse como una aportación cerrada, este libro puede ser leído como un cuerpo analítico abierto y dialogante con otros abordajes, dentro y fuera de Latinoamérica, que aporten a la comprensión de las variedades y variaciones que experimentan los capitalismos de la región en particular, y la periferia en general. Dicha tarea figura aún bajo el desafío imperioso de rescatar el rico caudal teórico endógeno, que los centros han esmerilado y escondido sistemáticamente para hacer ver, bajo sus distorsivos espejos analíticos, la heterogénea y desigual conformación de los capitalismos del Sur Global.

Referencias bibliográficas

ALBERT, M. (1993). *Capitalism against capitalism*. London: Whurr.

AMABLE, B. (2004). *The Diversity of Modern Capitalism*. Oxford: Oxford University Press.

BIZBERG, I. (2014). "Types of capitalism in Latin America". *Revue Intervention économiques* [en ligne], https//interventionseconomiques.revues.org/1772.

BRENNER N., PECK J. y THEODORE N. (2010). "Variegated neoliberalization: geographies, modalities, pathways". *Global Networks* 10: 1 –41.

CROUCH, C., SCHRÖDER, M. y VOELZKOW, H. (2009). "Regional and sectoral varieties of capitalism". *Economy and Society* 38: 654–678.

DEEG, R. y JACKSON, G. (2007). "Towards a more dynamic theory of capitalist diversity". *Socio-Economic Review* 5: 149–180.

EBENAU, M. (2012). "Varieties of Capitalism or Dependency." *Competition and Change* 16: 206–223.

EBENAU, M. (2015). "Directions and Debates in the Globalization of Comparative Capitalisms Research", en: Ebenau, M., Bruff I. and May, C. (eds.) *New Directions in Comparative Capitalisms Research*, 45-61. London: Palgrave Macmillan.

EBNER, A. (2015). "Editorial: Exploring Regional Varieties of Capitalism". *Regional Studies*, DOI: 10.1080/00343404.2015.1039227.

FERNÁNDEZ, V. R. (2017). *La trilogía del erizo-zorro. Redes globales, trayectorias nacionales y dinámicas regionales desde la periferia*. Barcelona: Anthropos Editorial-Universidad Nacional del Litoral.

FERNÁNDEZ, V. R.; EBENAU, M. y BAZZA, A. (2017). "Rethinking Varieties of Capitalism from the Latin American Periphery". *Review of Radical Political Economics*.

FUKUYAMA, F. 1989. "The end of History?" *The National Interest* (16), Washington DC.

HALL, P. A. y SOSKICE, D. W. (2001). *Varieties of capitalism: the institutional foundations of comparative advantage*. Oxford: Oxford University Press,

HALL, P. A. y THELEN, K. A. (2009). "Institutional change in varieties of capitalism". *Socio-Economic Review* 7 (1), 7-34. Oxford: Oxford University Press.

HANCKÉ, B., RHODES, M., y THATCHER, M. (2007). "Introduction", en: Hancké, B., Rhodes, M. y Thatcher, M. (eds.) *Beyond Varieties of Capitalism: Conflict, Contradiction and Complementarities in the European Economy*. Oxford: Oxford University Press.

HANCKÉ, B. (2009). *Debating Varieties of Capitalism*. Oxford University Press.

KANG, N. (2006). *A critique of the 'varieties of capitalism' approach*. Nottingham: Nottingham University, ICCSR Research Paper Series (45).

MAHONEY, J. y THELEN, K. (2009). *Explaining institutional change*. Cambridge: Cambridge University Press.

MORGAN, G., WHITLEY, R. y MOEN, E. (2005). *Changing Capitalisms: Internationalism, Institutional Change, and Systems of Economic Performance*. New York: Oxford University Press.

PECK J. y THEODORE N. (2007). "Variegated capitalism". *Progress in Human Geography* 31:731–772.

PECK J. y ZHANG J. (2013). "A variety of capitalism … with Chinese characteristics?" *Journal of Economic Geography* 13:357–396.

RAFIQUI, P. S. (2010). "Varieties of capitalism and local outcomes: a Swedish case study". *European Urban and Regional Studies* 17: 309–329.

SCHMIDT, V. (2003). "French Capitalism Transformed, Yet Still a Third Variety of Capitalism." *Economy and Society* 32:526-554.

SCHMIDT, V.A. (2009). "Putting the political back into political economy by bringing the state back in yet again". *World Politics*, 61(3), 516-46.

SCHNEIDER, B.R. y SOSKICE, D. (2009). "Inequality in developed countries and Latin America: coordinated, liberal and hierarchical systems". *Economy and Society* 38:17 –52.

STREECK, W. (2008). *Re-forming capitalism: Institutional change in the German political economy*. Oxford: Oxford University Press.

STREECK, W. y YAMAMURA, K. (2001). *The Origins of Nonliberal Capitalism: Germany and Japan in Comparison*. Ithaca: Cornell University Press.

STREECK, W. y THELEN, K. A. (2005). *Beyond continuity*. Oxford: Oxford University Press.

SUAU ARINCI, L., PESSINA, N. y EBENAU, M. (2015). "All Varieties Are Equal… Contributions from Dependency Approaches to Critical Comparative Capitalisms Research", en: Ebenau, M., Bruff I. and May, C. (eds.) *New Directions in Comparative Capitalisms Research*, 189-206. London: Palgrave Macmillan.

TRIGILIA, C. y BURRONI, L. (2009). "Italy: rise, decline and restructuring of a regionalized capitalism". *Economy and Society* 38:630–653. doi:10.1080/03085140903190367.

WALTER, A. y ZHANG, X. (2012). "East Asian capitalism: issues and themes", en Walter, A. y Zhang, X. (Eds) *East Asian Capitalism: Diversity, Continuity and Change*, pp. 3–25. Oxford University Press, Oxford.

WITT, M. y LEWIN, A. W. (2007). "Outward foreign direct investment as escape response to home country institutional constraints". *Journal of International Business Studies*, 38(4): 579–594.

YAMAMURA, K. y STREECK, W. (2003) *The End of Diversity? Prospects for German and Japanese Capitalism*. New York: Cornell University Press.

ZHANG, J. y PECK, J. (2015). "Variegated capitalism, Chinese style: regional models, multi-scalar constructions". *Regional Studies* 50:52–78.

Capitalismo: ¿diversidad, variedad o *abigarramiento?*[1]

Bob Jessop

Universidad de Lancaster (Reino Unido)

El interés teórico y práctico en la diversidad capitalista y las variedades específicas de capitalismo no es nuevo. El centro de aquella literatura cambia con diferentes estadios y fases en el desarrollo capitalista y, más específicamente, con crisis y otros desafíos que conducen a diferentes respuestas desde diferentes tipos de capitalismo. Dos suposiciones la guían. Primero, además de los estudios especializados en imperialismo comparativo (ver debajo), la mayoría de los trabajos sobre variedades de capitalismo (VC) deja sin definir al capitalismo, concebido como sistema y modo de producción, centrándose en su lugar en distintas familias de capitalismo, y descuidando sus interrelaciones. Segundo, todas las variedades de capitalismo son tratadas como analíticamente iguales o, si un tipo prueba ser superior, las presiones competitivas obligarán a las variedades menos exitosas a copiarlo, adaptarse o morir. La visión alternativa presentada en este capítulo identifica un núcleo racional que se interesa en la variación, pero rechaza la idoneidad de ambas suposiciones para analizar las complejidades de la economía global.

Primero, esto destaca los límites de la variabilidad entre tipos de capitalismo coexistentes en el mercado mundial. Segundo, esto argumenta que, mientras las variedades pueden ser de igual interés analítico intrínseco, algunas son sustantivamente más importantes que otras. De ello se deduce que se centra en las comparaciones 'horizontales' de variedades de capitalismo locales, nacionales o regionales, lo cual desvía la atención de las

---

1   Este capítulo proviene de una investigación financiada por el Consejo de Investigación Económica y Social de Gran Bretaña (RES-051-27-0303) y ha sido completado durante una beca para invitados en el programa WISERD sobre sociedad civil financiado por ESRC (ES / L009099 / 1). Las limitaciones de espacio evitan la referencia completa de la literatura analizada (ver Jessop, 2011b y 2012). Se han recibido comentarios valiosos por parte de Matthias Ebenau. Traducción a cargo de Carina Davies.

relaciones "verticales" que vinculan economías del centro y la periferia (Radice, 2000) tanto como de otras capacidades asimétricas no despreciables de diferentes variedades que dan forma al mercado mundial (Jessop, 2012). En consecuencia, mi contribución critica el trabajo de la corriente principal sobre la diversidad de variedades de capitalismo desde una perspectiva inspirada por la crítica de economía política de Marx. Esto muestra también que los enfoques de VC y diversidad del capitalismo son especialmente inapropiados, por estas y otras razones, para el estudio de América Latina.

Sobre el estudio de diversidad y variación

Los númerosos estudiosos existentes –algunos de los cuales ya se tocaron en la introducción al presente libro– emplean vocabularios, enfoques y métodos bastante diversos para estudiar la diversidad del capitalismo (DC) o sus variedades. Existen cuatro amplias estrategias de investigación:

(1) La clasificación de diferentes clases, modelos, tipos y variedades de capitalismo de acuerdo a las semejanzas familiares. Mientras las taxonomías ideales deben ser claras y comprehensivas, la mayoría de los ejemplos no son exhaustivos. Algunos analistas optan por unos pocos taxones (el caso límite son dos, ilustrado en la perspectiva VC por Hall y Soskice, 2001). Otros multiplican los taxones a medida que miran más allá de las economías capitalistas "avanzadas" hacia otros casos o hacia otras escalas inferiores, superiores o transversales respecto a la escala nacional. Así, siguiendo el esquema Hall/Soskice, más familias son identificadas o el conjunto inicial es subdividido (por ejemplo, sobre el postsocialismo, Myant y Drahokoupil, 2011; Nölke y Vliegenthart, 2009; sobre América Latina, Schneider 2013; Bizberg 2014; y, más extenso y críticamente, Ebenau, 2012 y en este libro).

(2) En contraste a la precisión de las taxonomías, la construcción de tipos ideales presupone impureza, hibridez y otras formas de complejidad del mundo real, en tanto propone varios tipos puros para propósitos heurísticos específicos. Los tipos ideales son constituidos a través de la acentuación tendenciosa de ciertas características empíricas de casos reales para describir una entidad lógicamente factible (pero quizás inexistente) con características mutuamente consistentes (Weber, 1979: 90). Luego, ellos son utilizados para revelar aspectos comunes y especificidades en los análisis históricos y/o comparativos del capitalismo. A partir de la consideración de las cuestiones a ser exploradas, el número y el rango de tipos ideales varían. Por ejemplo, Max Weber discutió seis clases de

orientación por el lucro, distinguiendo tres clases políticas, así como el capitalismo tradicional comercial, el capitalismo moderno productor de ganancias y el capitalismo financiero (Weber, 1968: 160-4). Posteriormente, consideraré la relevancia de estas clases de capitalismo político.

(3) Los análisis estadísticos de casos empíricos seleccionados revelan cómo ellos pueden ser agrupados dentro de un pequeño conjunto de características compartidas y fuertemente correlacionadas (por ejemplo, Amable, 2003). Estas características son frecuentemente más latentes que manifiestas, "descubiertas" a través de las prácticas codificadas y las técnicas analíticas empleadas (para un análisis de un conjunto de economías en desarrollo, incluyendo varios casos de América Latina, ver Rougier y Combarnous, 2017). En este sentido, los conjuntos resultantes no son ni taxones empíricamente observables ni son tipos ideales. En general, el número y el carácter distintivo de los conjuntos (y sub-conjuntos) depende de la muestra, los datos y las técnicas estadísticas utilizadas (para una discusión sobre aspectos metodológicos, Ahlquist y Breunig, 2009).

(4) Los análisis lógico-históricos perfeccionan conceptos de forma sistemática y gradual en –y mediante su aplicación a una variedad de– casos históricos. La elaboración de conceptos parte desde los más abstractos y simples hacia aquellos más concretos y complejos; mientras los primeros derivan de forma lógica, las relaciones entre los segundos son históricamente contingentes y varían coyunturalmente. El objetivo es producir una descripción consistente de casos específicos en los cuales las similitudes y las diferencias reciban el debido peso. Este enfoque rechaza la taxonomía (la cual se inclina a la estática comparativa) para la dinámica, en tanto es favorecida por algunos análisis marxistas y, en parte, por el institucionalismo histórico y/u organizacional (Jessop, 2002; Jessop y Sum, 2006).

En general, los estudios de la literatura VC, ampliamente concebida, prefieren taxonomías restringidas y que, por lo tanto, tienden a ignorar las principales diferencias entre regímenes capitalistas sobre la base de que reflejan una variación dentro del tipo o de lo contrario no son importantes. A la inversa, los estudios que enfatizan la diversidad pluralista están más dispuestos a reconocer la diferencia, la heterogeneidad e incluso el desorden del/de los capitalismo/s existente/s y, como es de esperar, sus estrategias de análisis tienden a reflejar esta predisposición. Este contraste está vinculado a diferencias metodológicas (para más detalles, ver Jackson y Deeg, 2006).

Diversidad y variación

A pesar de las diferencias metodológicas entre los enfoques recientes, ellos comparten cuatro serias debilidades que obstruyen un análisis más integrado y dinámico de la acumulación del capital a escala mundial. A continuación, presentaré cuatro críticas a toda la gama de estudios de VC y DC al tiempo que resaltaré las características distintivas de mi propio enfoque. Un análisis más detallado podría identificar potenciales superposiciones.

(1) La literatura VC está demasiado preocupada en los distintos (familias de) modelos nacionales de capitalismo, tratándolos como rivales compitiendo sobre el mismo terreno por las mismas inversiones, e ignorando potenciales complementariedades entre estos modelos dentro de una división internacional del trabajo más amplia. Esto da a entender que cada modelo (o familia de modelos) tiene sus propias características distintivas que están atadas a su particular economía territorialmente organizada (típicamente concebida a escala nacional). Este centro territorial desvía la atención del espacio de flujos que está implicado en el desarrollo del mercado mundial (Arrighi, 1994; Harvey, 2005). Dicho problema se agrava cuando se agrupan casos de todo un continente, como con las supuestas variantes latinoamericanas o asiáticas del capitalismo (ver Schneider, 2013[2] y Carney, Gedajlovic y Yang, 2009, respectivamente). Esto conduce al descuido de la inserción diferencial de las variedades de capitalismo dentro de los circuitos de capital imperiales y/o sub-imperiales u otras formas de relación de dependencia (ver Marini, 1973, 1978; Shaw, 1979; Luce, 2015; Cardoso y Falleto, 1979; Bizberg, 2014; Sotelo Valencia, 2014). Ello no solo constituye un serio defecto en relación al Sur Global sino también desvía la atención del colonialismo interno, los circuitos sub-imperialistas y demás en el Norte. Una fijación en lo nacional también ignora las configuraciones socio-espaciales alternativas tales como los bloques supranacionales, las redes de ciudades globales o las cadenas globales de mercancías.

(2) Las supuestas variedades de capitalismo son frecuentemente estudiadas desde el punto de vista de sus respectivas formas de coherencia interna (consideradas en términos de isomorfismo institucional o complementariedades institucionales). Ello reposa sobre las falsas suposiciones de que esas variedades coexisten, en gran medida, en mutuo aislamiento y que sus ventajas comparativas son generadas pura y exclu-

---

2   Schneider analizó Argentina, Brasil, Chile, Colombia, México y Perú.

sivamente en el ámbito doméstico. Esto es inapropiado para los espacios económicos que dependen fuertemente del comercio mundial, ya sea por importaciones o por exportaciones. Dos casos contrastantes son la exportación de bienes de capital y bienes de consumo de alta calidad de Alemania; y la exportación de minerales, recursos energéticos, productos forestales y productos agrícolas en las economías extractivistas y neo-extractivistas de América Latina (sobre este último, ver Burchardt y Dietz, 2014). Este problema no puede ser resuelto meramente por señalar el papel clave de los Estados nacionales en la configuración de las estructuras institucionales y regulatorias en sus respectivas economías, especialmente porque los Estados a otras escalas y los regímenes internacionales se han vuelto más importantes en estos aspectos (como ya señalado por Fernández y Ebenau y Bazza y desarrollado más detalladamente por Ebenau y Suau Arinci en este libro). Otro problema es que la implicación de los ritmos y horizontes temporales de una variedad determinada son internos, específicos, a corto o mediano plazo y sin relación con los shocks externos, las externalidades positivas o negativas derivadas de la integración en el mercado mundial o la dinámica global del capital a largo plazo con su desarrollo desigual, sus ondas largas y sus tendencias a crisis (ver también el siguiente punto).

(3) Los estudios sobre VC se inclinan hacia el análisis estático de las complementariedades entre diferentes formas institucionales descuidando, primero, la articulación inter-temporal entre varios órdenes institucionales que afectan la acumulación diferencial y, segundo, los problemas arraigados en las contradicciones fundacionales del capital. Esto debilita su enfoque en relación a la periodización, el desarrollo desigual y combinado, la sucesión de los principales sectores y los principales espacios nacionales y regionales, y las tendencias a entrar en crisis.

(4) La literatura sobre VC también tiende a suponer que las diferentes variedades simplemente surgen para ocupar diferentes lugares en un conjunto definido de posibles casos y, si uno es más "productivo" o "progresivo" que los otros, este podría y debería ser copiado, exportado o incluso impuesto en otra parte. Esto ignora hasta qué punto cualquier modelo, especialmente el modelo dominante, podría generalizarse a escala global sin que se socaven sus propias condiciones de existencia. En efecto, las afirmaciones sobre la superioridad de uno u otro modelo de capitalismo frecuentemente se abstraen de su implantación en contextos específicos y de la dependencia de su éxito en su articulación con otras variedades. Por ejemplo, no todas las economías pueden establecer su moneda nacio-

nal como la moneda mundial y contraen masivos y crecientes déficits comerciales; ni todos los estados nacionales podrían ser los amos militares en un mundo unipolar. Esto no es sólo una cuestión de *compossibility* lógica. También involucra una *compossibility* discursiva-material y espacio-temporal, es decir, el ajuste sustantivo (o no) entre variedades de capitalismo (*compossibility* denota la posibilidad –o no– de dos cosas, en este caso ciertas variedades o modelos de capitalismo, de co-existir; véase abajo para una definición más acabada del término). En resumen, la creciente integración del mercado mundial hace que sea inapropiado estudiar las VC como formas diferenciadas y autosuficientes que se interrelacionan tan sólo a través de la competencia externa y posterior a su conformación.

Estas cuatro críticas remiten a la creciente importancia del mercado mundial en la acumulación del capital. Un defensor del enfoque de VC podría responder que el mercado mundial aún está asociado a una pluralidad de Estados nacionales que buscan gobernar sus respectivos espacios nacionales. También podría agregar que la integración del mercado mundial está lejos de ser completa incluso en la era neoliberal debido a la cruda realidad de la geografía física y los efectos dependientes de la trayectoria *(path dependent)* de modos pasados de inserción en la división global del trabajo y la jerarquía global de Estados. Estos son puntos válidos y, como tales, indican que indudablemente existe un núcleo racional en los análisis de VC que, en este caso, es generalmente un núcleo nacional. Estos estudios reflejan la naturaleza de un terreno económico global más "puntiagudo" que "plano", con diversas fricciones asociadas a las fronteras nacionales, las especificidades institucionales nacionales, el desarrollo notablemente desigual y las capacidades dispares para aprovechar oportunidades ofrecidas por el mercado mundial emergente. Pero una mirada parcial sobre variedades (nacionales) deja de lado la coexistencia de variedades dentro de un orden político y económico más amplio que surge, y se configura, desde sus respectivos lugares e interacciones dentro de ese orden.

Estudiar el mercado mundial en términos de "capitalismo abigarrado" perfecciona las afirmaciones vinculadas a que: (1) las distintas variedades de capitalismo coexisten en una economía mundial inevitablemente heterogénea y pueden ser estudiadas en sus propios términos; o (2) existe una economía mundial integrada en la cual la competencia empuja a todos los capitales y a sus "economías espaciales" asociadas a converger en un único modelo de capitalismo. El enfoque de capitalismo abigarrado (*variegated capitalism*) busca trascender (y contradecir) estas alternativas. A este respecto el concepto de capitalismo abigarrado tiene más afinidad con el análisis de sistemas mundiales que con las dos primeras posiciones, pero también difiere significativamente de este enfoque. Este postula un sistema mundial duradero (emergente en 1450-1650) con una lógica preestablecida por medio de la cual los espacios económicos y sus Estados asociados compiten de la mejor manera posible en términos tecno-económicos y político-militares para posicionarse dentro de los tres niveles del sistema mundial, es decir, el centro, la semiperiferia y la periferia (Wallerstein, 2000). Sobre todo, el enfoque de capitalismo abigarrado considera la dinámica del mercado mundial como un resultado contingente del acoplamiento estructural y la co-evolución de diferentes variedades de capitalismo dentro de un conjunto complejo y cambiante de relaciones espacio-temporales (ver debajo). En este sentido, está más cerca de las contingencias históricas de algunas versiones de la teoría de la dependencia (por ejemplo, Ebenau et al., 2013; Sotelo Valencia, 2014). Las respectivas diferencias y similitudes pueden ser vistas en cuatro respuestas del planteo de capitalismo abigarrado a las críticas al trabajo sobre variedad y diversidad del capitalismo.

(1) El nacionalismo metodológico que se observa en muchos trabajos sobre VC encuentra dos problemas. Primero, frecuentemente hay una amplia variación entre sectores y/o regiones dentro de cualquier economía nacional individual, lo que arroja dudas sobre la economía nacional como unidad analítica válida. Pocas economías nacionales son dominadas por sus sectores o aglomerados competitivos representativos. Hay muchas otras actividades económicas que reflejan herencias históricas, campos emergentes, servicios no comerciables, actividades públicas y del sector terciario. Algunas de estas pueden apoyar o complementar los sectores y aglomerados competitivos, otros pueden coexistir más o menos armoniosamente con ellos, mientras otros pueden ser subsidiados, antagonistas o parasitarios de ellos. Las ondas largas de crecimiento económico, el desarrollo regional desigual y los roles cambiantes del Estado en el ámbito doméstico y externo son importantes aquí. Este problema es a veces explorado en el alternativo y, en ese sentido, superior trabajo sobre DC. El nacionalismo metodológico es engañoso porque las performances económicas no sólo dependen de los marcos institucionales nacionales y la forma y las acciones de los Estados nacionales sino también del gobierno y la gobernanza que se encuentra por encima, por debajo y de manera transversal a la escala nacional. Esto tiene importancia por al menos dos razones. Por un lado, la escala nacional ha perdido la presupuesta primacía de la cual disfrutaba en la organización econó-

mica y política de posguerra en las economías capitalistas avanzadas y, por otro lado, el desarrollo de las economías capitalistas dependientes está fuertemente influenciado por los poderes coloniales, las potencias imperialistas y las instituciones internacionales.

Tabla 1. Variedades de capitalismo vs. capitalismo abigarrado

Variedades de capitalismo	Capitalismo abigarrado
Distintos (familias de) modelos locales, regionales, nacionales vistos como rivales en la misma escala o terreno por las mismas inversiones.	Complementariedades y tensiones en una amplia división del trabajo localizada en un capitalismo tendencialmente singular y global pero abigarrado.
Describe las formas de coherencia *interna* de distintas VC sobre la falsa presunción de que ellas pueden existir y existen en un relativo aislamiento entre sí y, por lo tanto, que la estabilidad es también endógena.	Las zonas de relativa estabilidad están vinculadas a la inestabilidad en o más allá de espacios nacionales dados en una ecología compleja de regímenes de acumulación, modos de regulación y arreglos espacio-temporales.
Estudia los ritmos y horizontes temporales de las VC como internos, específicos, de corto o mediano plazo y sin relación con la dinámica global del capital a largo plazo.	Analiza costos asociados con las capacidades desiguales para desplazar y diferir las contradicciones, los conflictos y las tendencias a crisis.
Todas las variedades son iguales y, si una es más 'productiva', eficiente' o 'progresiva', esta podría y debería ser copiada, exportada o incluso impuesta en otra parte.	Algunas variedades son más iguales que otras, con un neoliberalismo tendiente a la dominancia ecológica. No todas las formaciones económicas pueden adoptar el modelo dominante.

Fuente: adaptado de Jessop, 2014: 49.

Una crítica relacionada es el descuido de cómo los tratos inusuales con la autoridad política, el capitalismo predatorio y los beneficios asegurados a través de la fuerza y la dominación contribuyen a la variegation (Weber, 1968). Estas clases de capitalismo político son especialmente importantes en América Latina debido a las herencias de colonialismo dependientes de la trayectoria (*path dependence*), los regímenes políticos autoritarios, el desarrollo dependiente y las intervenciones imperiales a través de la fuerza y la dominación y/o debido al poder de los bancos transnacionales y de las instituciones financieras internacionales. Segundo, el período de la primacía de la escala nacional ha resultado relativamente corto en términos históricos mundiales, incluso en los candidatos más obvios: los Estados capitalistas avanzados de posguerra, los Estados desarrollistas basados en las exportaciones y los Estados comprometidos con la industrialización por sustitución de importaciones para superar la dependencia. En términos más generales, un enfoque centrado en las economías nacionales ignora las configuraciones socio-espaciales alternativas tales como los bloques supranacionales emergentes, las redes de ciudades globales, las relaciones centro-periferia o las cadenas globales de mercancías. Estas otras configuraciones son importantes en América Latina, ya sea por la naturaleza semiperiférica de muchas economías latinoamericanas, el impacto del extractivismo, su integración dentro de las cadenas globales de valor o de mercancías (con una creciente presencia continental de China en estos aspectos y su desafío a Estados Unidos y, por el extractivismo, al dominio canadiense) y las nuevas formas de sub-imperialismo.

(2) En lugar de describir cada variedad como si ocupara su propio silo, los eruditos deberían examinar el alcance de la rivalidad, la competencia, el antagonismo, la complementariedad o la co-evolución entre las diferentes variedades. Además, como se ha señalado anteriormente, el énfasis de la literatura VC sobre las comparaciones "horizontales" desvía la atención de las relaciones "verticales" entre centro, semiperiferia y periferia; economías sub-imperiales y periféricas; regiones dominantes y dependientes; metrópolis y satélites; etc. Esto es un asunto serio cuando "América Latina es hoy, y ha sido desde el siglo XVI, parte de un sistema internacional dominado por las naciones ahora desarrolladas" (Bodenheimer, 1971: 157). Su desarrollo económico ha sido configurado desde el comienzo por relaciones de dependencia, ya sea a través de la colonización, el control externo del comercio y la recaudación de impuestos, la inversión extranjera directa en tierra, minería, infraestructura, servicios públicos, manufacturas y servicios, así como la deuda pública y privada, la intervención militar extranjera o a través de la diplomacia de los cañones o las instituciones financieras internacionales y la imposición de políticas de ajuste estructurales. En relación a ello, las comparaciones horizontales ignoran las principales asimetrías en la competencia y la co-evolución de las variedades de capitalismo que están fundadas en las desiguales capacidades para configurar el mercado mundial y para aprovechar, desplazar y/o diferir sus respectivos problemas, conflictos y tendencias a crisis.

(3) El trabajo de la corriente dominante a menudo insinúa que la competencia entre variedades de capitalismo es esencialmente pacífica porque es mediada por las fuerzas del mercado. Al separar las cuestiones del monopolio y del poder monopólico estatal, la competencia también se da a través de la depredación, la dominación estructural y el uso de medios militares (aquí son relevantes los estudios de variedades de imperialismo

y los análisis de Weber sobre el capitalismo político). Esto destaca el papel del Estado y las formas del régimen político (por ejemplo, dictaduras militares, regímenes autoritarios burocráticos, "populismo") en la organización de la acumulación, la apropiación del excedente y la asignación de recursos a los grupos de clientes. El hecho de no incluir al Estado como actor clave es una crítica común del trabajo inspirado por el enfoque de Hall y Soskice sobre Latinoamérica, Asia y, en efecto, casos europeos como Francia (por ejemplo, Bizberg, 2014; Schmidt, 2009). En términos más generales, deberíamos considerar la compleja "ecología" de regímenes de acumulación, modos de regulación y arreglos espacio-temporales. Una performance económica superior en ciertos espacios depende no sólo de condiciones internas y externas favorables, sino también –y de forma crucial– de la capacidad para desplazar o diferir contradicciones y tendencias a crisis hacia el futuro y/o hacia zonas de relativa incoherencia, inestabilidad e incluso catástrofe. Por el contrario, la débil performance de un espacio económico puede ser el resultado de ser un "consumidor de problemas" en lugar de un "fabricante de problemas" y de esa forma convertirse en el sitio donde las externalidades negativas de otros espacios se desplazan y/o difieren.

(4) Las temporalidades de los diferentes modelos de capitalismo deben ser exploradas para evaluar su compatibilidad. El sitio más obvio de conflictos es entre el cálculo a corto plazo del capital dinero y el énfasis en el valor de cambio y los horizontes de tiempo a más largo plazo del capital productivo con su vehemencia en la apropiación y transformación de la naturaleza. Esto se refleja en la literatura sobre VC en la medida en que examina las relaciones entre bancos e industrias pero, incluso entonces, hay una tendencia a considerar a los bancos públicos y privados (junto con los mercados bursátiles) principalmente como *intermediarios* en la asignación de capital a actividades no-financieras (potencialmente) rentables y en la gestión del riesgo. Por lo tanto, existe un limitado reconocimiento, sí es que lo hay, de los roles de las finanzas y la especulación financiera, incluido el control del fraude y la "crimininnovación" financiera, los cuales han sido fundamentales para la acumulación dominada por las finanzas tan importante desde la década de 1980 y el alcance resultante para que los regímenes dominados por las finanzas se disocien del capital productivo. No resulta nada sorprendente, entonces, que la crisis financiera del Atlántico Norte no se haya previsto en gran parte dentro de la literatura sobre VC (así como en la economía ortodoxa) y esta laguna haya requerido alguna rápida jugada para disimular o remediar este fracaso teórico. Más significativo desde la perspectiva del

Sur Global es el descuido en la literatura sobre VC de las implicancias de las asimetrías en las relaciones acreedor/deudor, su enredo con las jerarquías de divisas (las monedas principales como la libra esterlina en el siglo XIX o el dólar desde 1945, las monedas dominantes como la libra esterlina en el imperio británico o el euro en la Unión Europea, y las monedas negociadas donde el regateo político y las transacciones económicas mantienen su uso) y el papel de la deuda y las jerarquías monetarias en la dominación económica y política a diferentes escalas (sobre jerarquías de divisas, ver Strange, 1971). Finalmente, el trabajo sobre VC también tiende a focalizarse en la organización racional de la producción y el comercio en mercados libres y, por lo tanto, tiende a ignorar el rol del capitalismo político, refiriéndose en el mejor de los casos al "capitalismo clientelista" en economías de mercado emergentes o dependientes sin reparar en su papel en el capitalismo avanzado.

La especificidad histórica del modo de producción capitalista

Estos comentarios pueden desarrollarse aún más proporcionando una explicación más sólida del capitalismo y la improbabilidad de la acumulación del capital que se basa en las contradicciones inherentes al modo de producción capitalista. Desarrollaré este argumento en tres etapas: (1) una definición de capitalismo que identifica su carácter inherentemente contradictorio; (2) un contraste entre el tratamiento de estas contradicciones en el trabajo de la corriente principal y en la economía política crítica; y (3) una elaboración de tres conceptos que han sido marginalizados o están completamente ausentes en el trabajo de la corriente principal pero son cruciales para un análisis del capitalismo abigarrado en un mercado mundial, a saber, los arreglos espacio-temporales, la *compossibility* y el dominio ecológico[3].

Definiendo capitalismo como modo de producción

Los análisis comparativos presuponen una definición genérica de capitalismo como base para identificar su diversidad o variación. Aunque son raras las definiciones sólidas y explícitas (véanse las críticas de Bohle y Greskovits, 2009; Bruff y Horn, 2012), y más aun las que refieren a la explotación económica y la dominación de clase, cuando éstas se ofrecen, la lista de características raramente excede la propiedad privada, la producción de mercancías, el trabajo asalariado, el intercambio mercantil, la compe-

---

3   Variegation y el mercado mundial fueron introducidos anteriormente. Los otros tres conceptos adquieren significado e importancia en relación con estos dos conceptos.

tencia y una orientación al beneficio. Para Marx, sin embargo, lo que más distingue al modo de producción capitalista de otras formas de producción de mercancías es la generalización de la forma mercancía que alcanza a la fuerza de trabajo, es decir, su tratamiento como si esta fuese una mercancía. Es crucial aquí la distinción entre el trabajo asalariado considerado como un factor de producción y la fuerza de trabajo considerada como el trabajo vivo que por sí solo genera plusvalía. La literatura dominante sobre VC o DC frecuentemente se focaliza sobre el trabajo asalariado, los mercados de trabajo, las relaciones industriales, los niveles de cualificación, etc. Pero esto pasa por alto la explotación y la expropiación de la fuerza de trabajo en el proceso laboral, así como la complejidad multidimensional de la competencia, la cooperación y el conflicto dentro y entre el capital y el trabajo como fuerzas económicas. En otras palabras, tiende a perder lo que es crucial desde una perspectiva marxista acerca de estos fenómenos. Marx exploró la naturaleza dual de la producción como un proceso de apropiación material y transformación de la naturaleza a través de prácticas laborales concretas y, simultáneamente, como un proceso organizado para valorizar el trabajo abstracto y el plusvalor apropiado dentro de los circuitos generales de capital. Tratar la fuerza de trabajo como si fuera una mercancía determina algunos aspectos de las relaciones de producción social capitalistas, sus contradicciones centrales, sus tendencias a las crisis y los problemas básicos de regulación y dirección que deben ser resueltos, aunque sólo sea de manera temporal y parcial para facilitar la reproducción ampliada. Este proceso tiene una lógica emergente que funciona a espaldas de los productores. Esto no es reducible, como sugieren el enfoque centrado en la empresa de Hall y Soskice y la teoría social fundante de aquel, la de elección racional, a los "juegos" micro-nivel con agentes representativos cuyas identidades e intereses están preestablecidos y donde la cooperación y la coordinación son mutuamente beneficiosas. Esto margina, si no niega implícitamente, el alcance del antagonismo de clase dentro y más allá de la esfera de la producción. Por lo tanto, pasa por alto cómo estas contradicciones contribuyen a la fragilidad de los compromisos institucionalizados que sostienen las variedades estables del capitalismo (Jessop, 2011b; Becker y Jäger, 2012) y cómo esta lógica específicamente capitalista subordina todas las fuerzas sociales, incluso las más poderosas actualmente, a sus leyes (tendenciales) de movimiento, lo cual implica algo más que la competencia entre capitales individuales y/o variedades de capitalismo.

Marx (2008) identificó una contradicción esencial en la forma de valor de la mercancía entre sus aspectos de valor de uso y valor de cambio. El valor de uso refiere a su utilidad material y/o simbólica para el comprador; el valor de cambio hace alusión al valor monetario mediado por el mercado de una mercancía para el vendedor. Sugiero que todas las formas de relación de capital en el modo de producción capitalista encarnan versiones diferentes pero interconectadas de esta contradicción básica y que ellas impactan de diferentes maneras sobre (diferentes fracciones de) el capital y sobre (diferentes categorías y niveles de) el trabajo en diferentes tiempos y espacios. Cada contradicción tiene sus propios aspectos y es actualizada de formas específicas en diferentes contextos institucionales y socio-temporales. Esto se cumple en términos generales y para casos individuales. Por lo tanto, el capital productivo es tanto un stock concreto de los activos específicos del tiempo y el lugar ya invertidos en el curso de la valorización como un valor abstracto en movimiento (especialmente en la forma de beneficios realizados disponibles para la reinversión); el trabajador es tanto un individuo concreto (o, de hecho, un miembro de una fuerza laboral colectiva particular) con cualificaciones más o menos específicas, conocimiento y creatividad capaces de producir bienes y servicios particulares como una unidad abstracta de fuerza de trabajo sustituible por otras unidades (o, en efecto, por otros factores de producción); el salario es a la vez una fuente de demanda y un costo de producción; el dinero circula como monedas nacionales sujetas a ciertas medidas de control estatal (con la moneda de la economía dominante que tiende a convertirse en el punto de referencia para el dinero mundial) y como dinero potencialmente mundial (idealmente en un espacio sin Estado); las funciones de la tierra como un recurso natural (modificado por acciones pasadas) que es más o menos renovable y reciclable y como una forma de propiedad (basada en la apropiación privada de la naturaleza) asignada en términos de ingresos esperados en forma de renta; el conocimiento es un recurso colectivo (el patrimonio intelectual) y también apuntala el desarrollo y la expansión de los derechos de propiedad intelectual. Del mismo modo, el Estado no sólo tiene la tarea de mantener la cohesión en una sociedad pluralista y dividida sino también de reproducir la fuerza de trabajo como una mercancía ficticia y asegurar otras condiciones clave para la valorización. A su vez, los impuestos son tanto un medio para financiar la inversión colectiva y el consumo para compensar las "fallas del mercado" como una deducción improductiva de los ingresos privados (ganancias de la empresa, los salarios, los intereses y las rentas). Y así sucesivamente (Jessop, 2000).

¿Cómo aborda estos asuntos la corriente principal de VC y DC?

La literatura dominante sobre VC y DC no es consciente de estas contradicciones estructurales y sus dilemas estratégicos asociados o, en caso los reconozca, asume que ellos pueden ser armonizadas de forma relativamente efectiva, al menos en formaciones capitalistas avanzadas, desarrollando y manteniendo instituciones para resolver los problemas de coordinación asociados. Estas instituciones frecuentemente se desarrollan a través de intentos de prueba y error para regularizar y gobernar la acumulación diferencial y pueden culminar en *complementariedades institucionales* mutuamente reforzadas (como en la literatura sobre VC) o en un repertorio de diversas *instituciones* que proveen resiliencia (como en la literatura sobre DC) (Crouch, 2005). En ambos casos, sin embargo, la literatura tiende a focalizarse unilateralmente sobre los problemas de coordinación social en relación a la producción y el intercambio de valores de uso y descuida su relación con la auto-valorización del capital a través de la subsunción de la producción bajo el control capitalista y los imperativos para vender mercancías con un beneficio. Por ejemplo, la investigación sobre VC examina la organización del mercado, la formación profesional y el papel del trabajo organizado en la coordinación económica como uno entre varios grupos productores. Considera el trabajo como un factor pasivo de producción o como capital humano y trata a la organización de la producción como un potencial juego de suma positiva en el que ambos lados (o todos) podrían/ deberían cooperar en un juego jugado conjuntamente contra la naturaleza, las firmas competidoras, las redes de firmas, las regiones o las naciones para construir una ventaja comparativa y maximizar la riqueza disponible para la división entre las partes cooperantes. Así, los compromisos institucionalizados, donde ellos son examinados, son tratados como relaciones entre agentes del mercado o grupos productores en lugar de fuerzas de clase.

Tres conceptos clave para estudiar el abigarramiento en el mercado mundial

Con base en estos argumentos, el presente enfoque asume un emergente y único capitalismo abigarrado[4], pero organizado de forma fractal[5], que se constituye a la sombra de una variedad de capitalismo. Este abigarramiento es el producto de un acoplamiento estructural y una co-evolución entre tipos o variedades de capitalismo. Estos procesos establecen límites a las variedades que son *compossible* dentro de una envoltura espacio-temporal dada, ya sea local, regional, nacional, supranacional, internacional o global.

---

4 Peck y Theodore (2007) también utilizan el concepto de "capitalismo abigarrado" en su crítica a la literatura sobre VC pero ellos no lo relacionan con las contradicciones de la relación de capital ni con el mercado mundial como horizonte en el cual la variegation se desarrolla.

5 Está fractalmente organizado en el sentido de que la variegation opera en muchas escalas, no es solo evidente a escala global.

Para comprender mejor cómo el abigarramiento es mediado, necesitamos explorar cómo las instituciones configuran tipos o variedades de capitalismo y median su co-existencia en una envoltura espacio-temporal específica o en un conjunto de tales envolturas. Esto es considerado en la siguiente sub-sección.

Arreglos institucionales espacio-temporales

Cada forma básica de la relación de capital implica un nexo contingente de instituciones que da expresión a la misma, que le brinda cierta estabilidad a través de la institucionalización y configura la matriz institucional en la cual pueden darse los conflictos en torno a esa forma. Estos órdenes y conjuntos institucionales pueden ser estudiados como arreglos institucionales y espacio-temporales entrelazados. Un arreglo institucional comprende un nexo de instituciones que, a través del diseño institucional, la imitación, la imposición o la simple evolución casual, proporciona una solución temporal, parcial y relativamente estable a los problemas de coordinación implicados en asegurar el orden económico, político o social. La dimensión espacio-temporal concierne su capacidad para externalizar los costos metabólicos y sociales de asegurar esa coherencia más allá de las fronteras espaciales, temporales y sociales del arreglo institucional, ya sea desplazándolos (dentro de zonas de inestabilidad) y/o difiriéndolos (pateando el problema hacia adelante). Estos arreglos institucionales espacio-temporales establecen límites espaciales y temporales dentro de los cuales, en la medida en que esto ocurra, se asegura la coherencia estructural relativa, incompleta y provisional (y, por lo tanto, las complementariedades institucionales) de un orden determinado. Identificar tales arreglos es esencial para captar la diversidad y/o variedad de los regímenes de acumulación, su regulación y gobierno, y su integración dentro de configuraciones sociales más amplias.

Sobre esta base, un análisis lógico-histórico abordaría la variación, diversidad o, mejor aún, el abigarramiento del capitalismo en el marco del mercado mundial. Desde esta perspectiva, urge investigar cómo los regímenes económicos específicos manejan diferentes contradicciones y dilemas. Entre las estrategias relevantes, podemos enumerar:

- jerarquización (tratando algunas contradicciones como más importantes que otras),
- priorización (dando prioridad a algunos aspectos de una contradicción o dilema por sobre el otro),

- espacialización (contando con diferentes escalas y sitios de acción para abordar una u otra contradicción o aspecto, o desplazando los problemas asociados con el aspecto descuidado a un espacio, lugar o escala marginal o liminal), y
- temporalización (alternando regularmente entre el tratamiento de diferentes aspectos o focalizando unilateralmente sobre un subconjunto de contradicciones, dilemas o aspectos hasta que sea urgente abordar lo que hasta la fecha se había descuidado).

Por lo tanto, una etapa o una variedad dadas diferirían en términos de los pesos atribuidos a las diferentes contradicciones o dilemas (jerarquización), la importancia concedida a sus diferentes aspectos (priorización), el rol de los diferentes espacios, lugares y escalas en estas consideraciones (espacialización) y los patrones temporales de su tratamiento (temporalización). Si estas soluciones son coherentes, y de qué manera, son preguntas cruciales en el estudio del capitalismo abigarrado en el mercado mundial. Y, como se destacó anteriormente, el enfoque de capitalismo abigarrado no implica que estos arreglos sean exclusivamente nacionales. Más bien, son configuraciones multi-espaciales complejas (Jessop, 2016).

La relación de capital se produce –en la medida en que lo es– a través de una agencia social y conlleva formas, intereses y sitios de conflicto y lucha específicos. Esto significa que los arreglos institucionales espacio-temporales nunca son puramente técnicos, sino que están típicamente vinculados a diferentes patrones de conflicto y compromiso institucionalizados. Esto implica la construcción de apoyo en y a través de muchos campos conflictivos y disputados por las estrategias de acumulación correspondientes, sus proyectos estatales asociados y, cuando proceda, las visiones hegemónicas. Esta disputa implica diferentes fuerzas económicas, políticas y sociales y diversas estrategias y proyectos; conduce a la inclusión-exclusión diferencial, a la consecución de ventajas y desventajas por parte de clases particulares, fracciones de clase, categorías sociales y otras fuerzas. Esto es también un proceso frágil y experimental. De hecho, dada la naturaleza incompleta, contradictoria y dilemática de la relación de capital, las condiciones específicas necesarias para la acumulación tienden a ser opacas, indeterminadas y variables. Esto otorga una fuerza especial al rol de la semiosis, los imaginarios y los discursos en la configuración, mediación y orientación de los esfuerzos de prueba y error para regularizar y gobernar la acumulación, los proyectos y las estrategias.

Debido a que las contradicciones y dilemas básicos son incomprensibles e involucran relaciones sociales antagónicas, todos los arreglos son parciales, provisionales e inestables. Cuando el circuito del capital se rompe, por cualquier conjunto de causas, el espacio se abre hacia diferentes trayectorias. Además, por muy bien institucionalizadas que estén las instituciones particulares, los conjuntos particulares de complementariedades institucionales y los arreglos espacio-temporales e institucionales particulares, no pueden evitar que los conflictos sociales los desborden. Las contradicciones eventualmente se intensificarán, cambiarán sus formas de apariencia, producirán efectos 'rebote' o generarán una resistencia que socavará estos arreglos, arrollará las rutinas de gestión de crisis o, en caso de resistencia, debilitarán, neutralizarán o derrocarán las formas de explotación y dominación prevalecientes.

Compossibility

Compossibility significa que "no todo lo que es posible es *compossible*" (capaz de existir simultáneamente) y, como tal, sugiere límites importantes para la combinación de variedades de capitalismo y/o para la diversidad del capitalismo a escala mundial. El mercado mundial está marcado por muchas asimetrías para nada despreciables, con sus propias formas de complejidad estructurada. Por ejemplo, algunos Estados territoriales (por ejemplo, Estados Unidos, la República Popular China, Alemania), algunos lugares (por ejemplo, las ciudades globales interconectadas), algunas escalas (por ejemplo, la Unión Europea) y algunos espacios de flujos (por ejemplo, la negociación extrabursátil de contratos de tipos de interés) importan más que otros. La *compossibility* implica algo más que una coexistencia fugaz debido a la posibilidad de variación: depende del alcance real de la co-selección, luego de la co-retención y, más tarde, de la co-institucionalización de las características institucionales y sus apoyos sociales.

La literatura sobre VC considera la *compossibility*, en todo caso, *dentro* de una variedad dada (con su isomorfismo o, alternativamente, con sus complementariedades institucionales que se refuerzan mutuamente). Esto se refleja en la afirmación de que los híbridos no funcionan tan bien como las formas puras. Una cuestión más importante se refiere al grado en el cual las diferentes variedades pueden coexistir en el mismo espacio económico y, donde ellas sean *compossible*, ¿tiene esto efectos benignos, neutrales o negativos sobre la performance económica individual y colectiva (o sobre algunos otros criterios, tales como la legitimidad democrática, el bienestar social, o la degradación ambiental)? Estas diferentes formas de asimetría pueden también combinarse dentro de espacios económicos bilaterales o multilaterales relativamente distintos, con sus propias dinámicas relativamente distintas. Dos ejemplos negativos son la patológica co-dependencia de Estados Unidos y China (*Chinamerica*) a nivel del mercado mundial y la creciente articulación disfuncional del *Modell Deutschland* con el resto de la Eurozona, en especial pero no únicamente, con el sur de Europa. Se pueden extraer otros ejemplos de las relaciones (sub-)imperiales - imperiales en América Latina. Un caso reciente es el rol sub-imperial de Brasil como relevo regional de las políticas neoliberales, otorgando legitimidad a un proyecto que emana de los centros imperialistas (Misoczky e Imasato, 2014). Estas interdependencias asimétricas implican más que una eficiencia *económica* relativa ya que, además de la mano invisible del mercado (la cual es socavada por el poder oligopólico y monopólico), la competencia también depende del ejercicio implícito o real del poder blando, la fuerza y la dominación que afectan la acumulación diferencial.

Dominio ecológico

La *compossibility* se relaciona, a su vez, con la sospecha de que algunas variedades son más iguales que otras. En parte, esto implica la capacidad diferencial del Estado y las fuerzas políticas para utilizar el poder blando, la fuerza y la dominación para imponer patrones específicos de valorización, apropiación y desposesión. También implica un "dominio ecológico". Este último término refiere al peso relativo de varios regímenes económicos en el mercado mundial considerado como un sistema ecológico auto-organizado que comprende diferentes variedades de capitalismo y/o el impacto relativo de diferentes circuitos de capital en la dinámica general de la acumulación del capital. El dominio ecológico se manifiesta en las externalidades positivas y negativas que cada variedad genera para los demás, tanto en los tiempos "buenos" como en los "difíciles". Esto revela hasta qué punto las variedades son fabricantes o consumidores de problemas (Jessop, 2011a). El carácter fractal del capitalismo abigarrado crea lugar y oportunidad para que otras variedades desarrollen sus propias hegemonías regionales o el dominio a escalas por debajo de la global (por ejemplo, a través de relaciones sub-imperiales) pero su impacto global aún depende de su inserción en el mercado mundial.

Examinar el capitalismo abigarrado en términos de relaciones centro-periferia así como en términos de simple diferenciación nacional plantea importantes preguntas socio-espaciales acerca de las capacidades estatales. Además, partiendo de la tipología de modos de *Erwerbsorientierung* de Weber, podemos agregar que el dominio ecológico implica algo más que la eficiencia económica relativa de las variedades de capitalismo consideradas como modos de capitalismo racional. Esto también depende del papel del Estado y los vínculos con el capitalismo político, lo cual se refleja en la "acumulación por desposesión" (incluido el saqueo políticamente permitido de fondos públicos y del patrimonio intelectual), en la historia (de variedades) del imperialismo clásico basado en la fuerza y la dominación y, más recientemente, en los "acuerdos especiales con la autoridad política" que facilitaron la desregulación del capital industrial y financiero en la era neoliberal. El mercado mundial no constituye un simple "sistema mundial" con una lógica preestablecida (como la teoría del sistema mundial a veces presupone) sino que comprende una jerarquía enmarañada y en desigual desarrollo de mercados locales, regionales, nacionales, transnacionales y supranacionales correspondientes a territorios estatales particulares conectados a través de varios espacios de flujos. Mientras el mercado mundial tiende a unificarse e integrarse a través de la competencia orientada al beneficio y mediada por el mercado, sobre la base del comercio, los flujos financieros y la producción mercantil (capitalista), el orden político mundial aún se encuentra caracterizado por una "diversidad variopinta" de Estados que pueden ser "hermanos hostiles" o enemigos mortales, y que varían en tamaño, capacidades y aptitudes para configurar el funcionamiento del mercado mundial así como defender sus respectivos capitales y/o aquellos que operan en su espacio económico.

Esto invita a la consideración de las "variedades de imperialismo" tanto como a las "variedades de capitalismo", su acoplamiento estructural y, de hecho, su coordinación estratégica. Tomando los casos de Estados Unidos y Alemania como representativos de las economías de mercado liberales y coordinadas respectivamente, por ejemplo, hay importantes contrastes entre el poder estructurador de la economía estadounidense y el Estado norteamericano en el mercado mundial y el del *Modell Deutschland* en relación con la Unión Europea y más allá. En ningún caso, como demuestran la crisis financiera global y la crisis de la Eurozona, lo que es bueno para Estados Unidos o Alemania necesariamente beneficia a la economía mundial o al espacio económico europeo, respectivamente.

Al combinar los conceptos de *compossibility* y dominio ecológico, uno podría preguntarse acerca del desarrollo desigual y el acoplamiento estructural de diferentes regímenes capitalistas en una división regional o global del trabajo (por ejemplo, las relaciones de dependencia entre América Latina y Europa o, más tarde, Estados Unidos o los modelos de mercado renano, nórdico y liberal en el espacio económico europeo, o el dominio del liberalismo en el mercado mundial); o, nuevamente, acerca del dominio relativo del capital comercial, industrial y financiero dentro de los circuitos de capital a diferentes escalas (lo cual podría proporcionar la base para una periodización de la dependencia latinoamericana). Estos aspectos están normalmente interrelacionados. Entonces, uno podría argumentar que el dominio ecológico de la coordinación del mercado neoliberal refleja el relativo predominio de la acumulación dominada por las finanzas en las economías neoliberales en el mercado mundial y del dominio ecológico relativo del capital financiero en los circuitos globales del capital (Jessop, 2011). La lógica de financiarización transforma el papel de las finanzas de su función intermediaria convencional, siempre propensa a la crisis, en el circuito del capital, a un rol más dominante orientado a la extracción de rentas a través de la influencia excesiva, el arbitraje financiero y la innovación. Esto debilita la primacía de la producción en la lógica general de acumulación de capital y, finalmente, se enfrenta contra los límites de un papel parasitario, más que intermediario. Tales cuestiones han sido ignoradas por el enfoque de variedades de capitalismo de Hall/Soskice, en el cual las mismas están centradas en las firmas y las economías nacionales son consideradas como los centros analíticos primarios.

Conclusiones

El enfoque de capitalismo abigarrado desarrollado aquí parte del mercado mundial como la presunción, así como el postulado (resultado) de la acumulación de capital. Además, la creciente integración del mercado mundial hace aún menos apropiado el estudio de las "variedades de capitalismo" como regímenes distintos y autosuficientes que participan en la competencia externa que resultará más o menos eficiente y competitiva de acuerdo con la despiadada auditoria *ex post* de las fuerzas del mercado. La creciente importancia del mercado mundial requiere, en su lugar, focalizarse en cómo los regímenes de acumulación a diferentes escalas y sus modos de regulación-gobernanza interactúan dentro del mercado mundial. Tomar el mercado mundial como horizonte de análisis no implica que haya una lógica singular operando con una direccionalidad particular a nivel global (el error en las versiones crudas de la teoría del sistema mundial). Por el contrario, la dinámica del mercado mundial tiene una lógica emergente, tendencial, sintética y contradictoria basada en el creciente "dominio ecológico" global de la acumulación de capital. De hecho, cuanto más estrechamente integrada está la economía mundial, más fuertemente entran en juego las contradicciones del capital a escala mundial (Marx, 1973: 227). Dicho de otro modo, esto subraya el papel del acoplamiento estructural, la co-evolución y las mutuas complementariedades-exclusividades entre diferentes VC y su impacto en la acumulación global.

Un paso más allá en el análisis del capitalismo abigarrado está explorar los efectos positivos y negativos del dominio ecológico de algunas variedades de capitalismo (o regímenes de acumulación) sobre otras. Cómo esto funciona depende no sólo de la fuerza relativa de los diferentes circuitos de capital y su articulación a las llamadas variedades de capitalismo sino también de las formas, el alcance y la intensidad de la resistencia que esto genera desde la escala local hasta la global. Recordemos aquí que estas ponderaciones no son un resultado automático y mecánico de las fuerzas del mercado, sino que dependen de estrategias económicas y políticas específicas, las cuales pueden incluir el uso de la violencia, así como la manipulación de las reglas del mercado. Comparado con el trabajo sobre VC y DC, esto requiere horizontes de análisis espacio-temporales más complejos tanto como atención a la dinámica de crisis. De hecho, como se señaló anteriormente, mientras el último horizonte de acumulación es el mercado mundial, es evidente que la *variegation*, la *compossibility* y el dominio ecológico son fenómenos *fractales*, es decir, que surgen e interactúan de maneras (auto) semejantes en muchos sitios y escalas.

Referencias bibliográficas

AHLQUIST, J. S. y BREUNIG, C. (2009). *Country clustering in comparative political economy*. Köln: MPIFG Discussion Paper 09/5.

AMABLE, B. (2003). *The Diversity of Modern Capitalism*, Oxford: Oxford University Press.

ARRIGHI, G. (1994). *The Long Twentieth Century: Money, Power and the Origins of Our Times*, London: Verso.

BECKER, J. y JÄGER, J. (2012). "Integration in crisis: a regulationist perspective on the interaction of European varieties of capitalism", *Competition and Change*, 16 (3), 169-187.

BIZBERG, I. (2014). "Types of capitalism in Latin America". Revue Interventions économiques [en línea], https//interventionseconomiques.revues.org/1772

BODENHEIMER, S. (1971). "Dependency and imperialism: the roots of Latin American underdevelopment", en: Fann, K.T. y Hodges, D.C. (eds), *Readings in U.S. Imperialism*, Boston: Peter Sargent, 155-82.

BOHLE, D. y GRESKOVITS, B. (2009). "Varieties of capitalism and capitalism «tout court»". *European Journal of Sociology*, 50, 355-386.

BRUFF, I. y HORN, L. (2012). "Varieties of capitalism in crisis?", *Competition and Change*, 16 (3), 161-168.

CARDOSO, F. H. y FALLETO, E. (1979) *Dependency and Development in Latin America*, Berkeley: University of California Press.

CARNEY, M., GEDAJLOVIC, E. y YANG, X. (2009). "Varieties of Asian capitalism: Toward an institutional theory of Asian enterprise", *Asian Pacific Journal of Management*, 26, 361-80.

CROUCH, C. (2005) *Capitalist Diversity and Change: Recombinant Governance and Institutional Entrepreneurs*, Oxford: Oxford University Press.

EBENAU, M. (2012). "Varieties of capitalism or dependency? A critique of the VoC approach for Latin America", *Competition and Change*, 16 (3), 206-223.

EBENAU, M., PARÉS, F. y SUAU ARINCI, L. (2013). "Zurück in die Zukunft? Dependenzperspektiven in der Analyse der Diversität des Gegenwarts-kapitalismus", *Peripherie*, 130/131, 220-42.

EBENAU, M. y SUAU, A. (2018). Variedades de capitalismo en América Latina: en torno a un debate. En este libro.

FERNÁNDEZ, V. R.; EBENAU, M. y BAZZA, A. (2018). Repensando las variedades de capitalismos desde la periferia latinoamericana. En este libro.

HALL, P.A. y SOSKICE, D. (eds) (2001). *Varieties of Capitalism: The Institutional Foundations of Comparative Advantage*, Oxford: Oxford University Press.

HARVEY, D. (2005). *The New Imperialism*, Oxford: Oxford University Press.

JACKSON, G. y DEEG, R. (2006). *How many varieties of capitalism? Comparing the comparative institutional analyses of capitalist diversity*. Köln: MPIFG Working Paper 06/2.

JESSOP, B. (2002). *The Future of the Capitalist State*, Cambridge: Polity.

JESSOP, B. (2011). "Rethinking the diversity of capitalism: varieties of capitalism, variegated capitalism, and the world market", en: Wood, G. y Lane, C. (eds) *Capitalist Diversity and Diversity within Capitalism*, London: Routledge, 209-237.

JESSOP, B. (2012). "The world market, variegated capitalism, and the crisis of European integration", en Nousios, P. Overbeek, H. y Tsolakis, A. (eds) *Globalisation and European Integration*, London: Routledge, 91-111.

JESSOP, B. (2014). "Capitalist diversity and variety: Variegation, the world market, compossibility and ecological dominance", *Capital and Class*, 38 (1), 45-58.

JESSOP, B. (2016). "Territory, politics, governance and multispatial metagovernance", *Territory, Politics, Governance*, 4 (1), 8-32.

JESSOP, B. y SUM, N. L. (2006). *Beyond the Regulation Approach: Putting Capitalist Economies in their Place*, Cheltenham, UK: Edward Elgar.

LUCE, M. (2015). "Sub-imperialism, the highest stage of dependent capitalism", en: Bond, P. y Garcia, A. (eds) *BRICS: An Anti-Critique*, Auckland Park, S. Africa: Jacana Press, 27-41.

MARINI, R. M. (1973). *Dialéctica de la dependencia*. México: Editorial ERA.

MARINI, R. M. (1978). "World capitalist accumulation and sub-imperialism", *Two Thirds*, 1 (Fall), 29-39.

MARX, K. (1967). *Capital, vol. I*, London: Lawrence & Wishart.

MARX, K. (1973). *Grundrisse: Foundations of the Critique of Political Economy (Rough Draft*, Harmondsworth: Penguin.

MISOCZKY, M. C. y IMASATO, T. (2014). "The Brazilian sub-imperialist strategy of regional insertion", *Critical Perspectives on International Business*, 10(4), 274-90.

MYANT, M. y DRAHOKOUPIL, J. (2011). *Transition Economies: Political Economy in Russia, Eastern Europe and Central Asia*, Chichester: Wiley.

NÖLKE, A. y VLIEGENTHART, A. (2009). "Enlarging the varieties of capitalism: the emergence of dependent market economies in East Central Europe", *World Politics*, 61(4), 670-702.

PECK, J. y THEODORE, N. (2007). "Variegated capitalism", *Progress in Human Geography*, 31(8), 731-72.

RADICE, H. (2000). "Globalization and national capitalisms: theorizing convergence and differentiation", *Review of International Political Economy*, 7(4), 719-42.

ROUGIER, E. y COMBARNOUS, F. (2017). "The 2 + 4 varieties of capitalist systems", en: Rougier, E. y Combarnous, F. (eds) *The Diversity of Emerging Capitalisms in Developing Countries: Globalization, Institutional Convergence and Experimentation*, London: Palgrave-Macmillan, 297-328.

SCHMIDT, V. A. (2009). "Putting the political back into political economy by bringing the state back in yet again". *World Politics*, 61(3), 516-46.

SCHNEIDER, B. R. (2013). *Hierarchical Capitalism in Latin America: Business, Labor, and the Challenges of Equitable Development*, Cambridge: Cambridge University Press.

SHAW, T. M. (1979). "The semiperiphery in Africa and Latin America: Sub-imperialism and semi-industrialism", *Review of Black Political Economy*, 9(4), 341-58.

SOTELO VALENCIA, A. (2014). "Latin America: Dependency and super-exploitation", *Critical Sociology*, 40(4), 539-49.

STRANGE, S. (1971). "The politics of international currencies", *World Politics*, 23, 215–31.

WALLERSTEIN, I. (2000). *The Essential Wallerstein*. New York: New Press.

WEBER, M. (1968). *Economy and Society*, New York: Bedminster Press.

WEBER, M. (1979). *The Methodology of the Social Sciences (1903-17)*, New York: Free Press.

Variedades de capitalismo en América Latina: en torno a un debate

Matthias Ebenau

Centro de Formación Sindical de Bad Orb
(Alemania)

Lucía Suau Arinci

Universidad de Kassel (Alemania)

Introducción

Como ya se ha destacado en la introducción a este libro, la región latinoamericana se ha convertido en sitio –tanto espacial como intelectualmente hablando– de un animado debate sobre la existencia (o no) y la configuración de una o múltiples 'variedades del capitalismo' específicamente latinoamericanas, su relación con otros modelos regionales y su diferenciación interna. Ese debate, en su encarnación actual, tomó su ímpetu e inspiración iniciales principalmente de la discusión sobre las llamadas Variedades de Capitalismo (VC). Este término constituye la pieza fundamental de una familia de perspectivas de economía política comparada, arraigada sobre todo en el mundo anglófono y es, a la vez, el denominador común de esas perspectivas (Bruff, Ebenau y May, 2015). Naturalmente, el debate que parte de las perspectivas VC no ha sido el primero en plantear esas y similares preguntas sobre las especificidades de las configuraciones del sistema capitalista en el ámbito regional. Tal vez el antecedente de mayor trascendencia haya sido el pensamiento 'dependentista' que, a partir de la década del 60, discutió el capitalismo latinoamericano como manifestación particular de relaciones transnacionales de dependencia político-económica y las luchas locales alrededor de aquellas (Ebenau, 2012; Vliegenthart, 2010). Sin embargo, el debate centrado en la noción de 'variedades' representa una inflexión tanto novedosa como importante, debido a su gran resonancia no sólo en el ámbito académico sino también en espacios intelectuales cercanos al *policy-making*.

A lo largo de la última década, el debate en cuestión se ha desarrollado de modo dinámico y a menudo controversial. Aquellas controversias hallaron sus fundamentos tanto en diferencias de tipo intelectual como en las resultantes posturas divergentes respecto de los principales experimentos institucionales del ciclo político post-neoliberal en la región. Tal ha sido el dinamismo del debate en torno a las 'variedades de capitalismo' que a esta altura se ha vuelto posible distinguir tres 'ejes' de teorización. Como es de esperarse, cada una tiene su cuerpo asociado de investigación empírica.

- El primer eje (en orden cronológico de su constitución como perspectivas distintivas y relativamente homogéneas) es aquel que llamamos 'estadounidense', encabezado por Ben Ross Schneider, politólogo del *Massachussets Institute of Technology*, y asociado fuertemente con la perspectiva VC convencional. Basado en esa variante específica de institucionalismo de elección racional, Schneider y sus colaboradores argumentan que el capitalismo en la región puede ser caracterizado como aglomerado de variantes nacionales del tipo –ineficiente y defectuoso– de 'economía de mercado jerárquicas'.
- El segundo eje, el que llamaremos 'eje brasileño', se constituye principalmente en aquel país, particularmente en universidades del sistema estatal en el Estado de Rio de Janeiro. Tiene su origen en las discusiones sobre la diversidad capitalista de intelectuales de centro-izquierda, ligados en mayor o menor medida con el proyecto político del PT liderado por Lula da Silva y luego Dilma Roussef. Entre ellos, se destacan por sus aportes al debate en cuestión Renato Boschi y el argentino Flavio Gaitán. Apoyándose en una línea del institucionalismo centrada en el rol del Estado en procesos de desarrollo, los exponentes de ese eje ven la coyuntura regional reciente marcada por la oposición de un modelo de capitalismo 'liberal-dependiente', incapaz de sostener trayectorias socio-económicas deseables, y un 'modelo de desarrollo' como principal alternativa a aquel.
- Finalmente, el tercer eje se denomina 'eje mejicano', debido al arraigo geográfico e intelectual de sus contribuyentes. Entre ellos, resalta como figura principal el sociólogo y economista Ilán Bizberg, del Colegio de México. Bizberg y sus colaboradores parten de las teorías de la regulación, más específicamente en sus variantes institucionalistas, para formular una concepción de la diversidad capitalista latinoamericana más matizada, y que abarca una multiplicidad de tipos ideales.

En este capítulo presentamos los puntos clave de cada uno de estos tres ejes (secciones 2, 3, y 4), indicando a la vez sus similitudes y diferencias (sección 5). Con el desarrollo político-económico reciente como trasfondo, discutimos tanto sus fortalezas como sus debilidades. Así desarrollamos, con un mayor grado de atención a las especificidades de las perspectivas surgidas desde la región latinoamericana que los capítulos anteriores, la crítica a los enfoques convencionales en los debates sobre variedad y diversidad capitalista (sección 6). De esta forma también sentamos las bases para las discusiones más específicas que posteriormente presentan otros contribuyentes a este libro. A partir de las debilidades identificadas en el debate, argumentamos a favor de la necesidad de continuar desarrollando lo que podría constituirse como cuarto eje en el debate, un eje apoyado en tradiciones críticas de pensamiento, entre ellas el ya mencionado dependentismo, pero también perspectivas con origen fuera de la región, como la escuela de la regulación en su encarnación materialista (sección 7).

1. El eje estadounidense y la noción de economías de mercado jerárquicas

Como ya mencionamos, el eje estadounidense del debate sobre la diversidad capitalista en América Latina y su noción central de 'economías de mercado jerárquicas' (EMJ) encuentran su fundamento principalmente en los trabajos de Ben Ross Schneider. En colaboración con varios colegas, entre ellos David Soskice –uno de los principales impulsores del enfoque original de VC–, Schneider combinó su trabajo histórico sobre las empresas latinoamericanas con una óptica inspirada en la economía de costos de transacción de VC. El marco analítico resultante se basa en la transposición del aparato conceptual de VC, pero considerando al mismo tiempo las especificidades de la lógica económica y empresarial en América Latina. Es por esta razón que las enmiendas conceptuales de esta perspectiva resultan significativas, posicionándola como un enfoque VC de 'segunda generación' (véase Bruff, Ebenau y May, 2015: 30-34). Según el propio Schneider, el énfasis de VC respecto al papel de las empresas en el desarrollo del capitalismo constituye, en el contexto latinoamericano, un correctivo importante, por un lado, a las perspectivas que él denomina 'internacionalistas' y que rechaza por "ignorar la mayoría de las economías políticas nacionales"; y, por otro lado, a las perspectivas que denomina 'estatistas' y que critica por invisibilizar el rol de agentes económicos fundamentales –empresas y trabajadores– como impulsores del desarrollo (Schneider, 2013).

En relación al enfoque VC, la adición conceptual clave que Schneider (2013, capítulo 2) propone es una ampliación del conjunto de posibles tipos de coordinación económica. Tomando como punto de partida la crítica a la dicotomía fundacional entre 'economías de mercado liberales' (EML) y 'economías de mercado coordinadas' (EMC) por subestimar la diversidad existente en el capitalismo contemporáneo, argumenta que para llegar a un mapeo más apropiado de la diversidad capitalista global se deben distinguir cuatro modos diferentes de coordinación: mercados, negociación, confianza y jerarquías. Por lo tanto, sugiere que además de EML y EMC existen otros dos tipos distintivos de capitalismo, a saber, las 'economías de mercado en red' (EMR) y las 'economías de mercado jerárquicas' (EMJ).

Schneider sostiene que la caracterización de la variedad latinoamericana ideal-típica como EMJ es apta en particular para las economías más grandes y más ricas de América Latina: Argentina, Brasil, Chile, Colombia y México. Sin embargo, considera que las diferencias entre la región como un todo y los casos clásicos de EML y EMC son lo suficientemente grandes como para generalizar la caracterización. El último tipo de coordinación jerárquica sería, entonces, prevaleciente en toda América Latina (Schneider, 2009; 2013).

Schneider y sus colegas buscan establecer una conexión entre su propuesta tipológica y el desempeño inferior, tanto económico como social, observado en las economías nacionales que clasifican como EMJ respecto a las 'variedades avanzadas'. Su análisis apunta a una serie de problemas estructurales que consideran presentes en toda América Latina: la persistente concentración de ventajas comparativas relativas en sectores de baja tecnología y bajo valor agregado –agroindustria, minerales y metales– y la existencia de sistemas de producción industrial de baja complejidad. De esto, postulan, surgen una serie de problemas sociales que incluyen la escasez de empleos de calidad, un alto grado de informalidad laboral, falta general de protección social y altos niveles de desigualdad socioeconómica (Schneider y Karcher, 2010; Schneider y Soskice, 2009; Schneider, 2013).

Partiendo de una óptica centrada en las dinámicas empresariales, los proponentes del análisis EMJ sugieren como explicación de la persistencia de estos problemas estructurales las diferencias entre los sectores empresariales de la región de América Latina y los de las regiones económicamente avanzadas (véase Schneider, 2013). Una diferencia clave, argumentan, consiste en que las posiciones dominantes en el esquema empresarial de América Latina están ocupadas, en primer lugar, por las subsidiarias de empresas transnacionales y, en segundo lugar, por grupos económicos. El poder relativo de éstas sobre otras empresas y actores político-económicos, a su vez, otorga a la coordinación económica y las instituciones que la sustentan su carácter fundamentalmente jerárquico (Schneider, 2009; Schneider y Karcher, 2012).

En la misma línea, los partidarios del análisis EMJ consideran que las relaciones industriales en general y las relaciones laborales a nivel de las empresas individuales son muy desiguales y atomizadas. Los mercados laborales están polarizados entre un pequeño segmento de trabajadores, tanto en el sector privado como en el público, que gozan de cierta estabilidad, representación sindical y protección legal; y un segmento mucho más grande de trabajadores generalmente menos calificados que solo cuentan con contratos a corto plazo, escasamente regulados y están débilmente sindicalizados. Como resultado, las relaciones laborales son individualizadas, de escaso respaldo sindical y se caracterizan por la posición generalmente fuerte de los empleadores, frente a una alta vulnerabilidad de la mayoría de los trabajadores (Schneider y Karcher, 2010; Schneider, 2009).

Finalmente, Schneider y sus colegas observan que los niveles de educación y capacitación para gran parte de la población de los países de América Latina son bajos y que los perfiles de cualificación existentes solo contienen una especialización débil. Los sistemas de innovación de estos países son mínimos y la participación del sector privado es limitada (Schneider y Soskice, 2009; Schneider, 2009).

Surge de lo anterior, que los autores asociados con esta perspectiva consideren la coordinación jerárquica como menos propicia para organizar acciones económicas colectivas que la coordinación estratégica o basada en el mercado. Para proporcionar una explicación de por qué una configuración estructuralmente disfuncional como la EMJ sería tan resistente como parece ser en América Latina, Schneider y sus colegas postulan una ampliación del concepto de complementariedad institucional, tomado de la literatura VC, para incluir lo que ellos llaman 'complementariedades negativas' (vease Schneider, 2013). Estas son, en palabras de Schneider y Karcher (2010: 633), "ineficiencias que se refuerzan mutuamente, [...] similares a las fallas del mercado y los equilibrios múltiples en la teoría económica". De acuerdo con esta noción, la prevalencia de la coordinación jerárquica en todas las esferas institucionales relevantes de las economías políticas de América Latina genera un alto nivel de resiliencia en estas configuraciones, a pesar de su desempeño socioeconómico problemático. Con respecto a los mercados laborales, por ejemplo, Schneider y Karcher (2010: 634-39) argumentan que en América Latina estos están caracterizado por una "trampa de equilibrio de baja cualificación". De acuerdo con esta hipótesis, es poco probable que las firmas busquen estrategias de producción de alta calidad siempre que falte una fuerza de trabajo adecuadamente calificada, mientras que los trabajadores, en ausencia de empleos mejor remunerados y mejor protegidos, no realizarán las inversiones necesarias para mejorando su cualificación.

Más allá de las instituciones económicas en un sentido estricto, también se supone que estas complementariedades negativas existen en relación más amplia con el sistema político (véase Schneider y Soskice, 2009). Dichas complementariedades negativas son responsables, según los autores, de obstaculizar los esfuerzos del 'Consenso de Washington' para empujar a las EMJ en América Latina hacia un camino más parecido al de sus 'primos' liberales (véase, por ejemplo, Schneider y Karcher, 2010; Schneider y Soskice, 2009; Schneider, 2009).

En cuanto a las implicaciones políticas de este análisis, Schneider y sus colaboradores argumentan que es necesaria una estructura institucional que incentive a los actores económicos a coordinarse de manera diferente, a fin de resolver los problemas apremiantes de la acción económica colectiva, en particular mediante el cambio de los fundamentos institucionales del gobierno corporativo y los mercados laborales. Schneider mantiene, sin embargo, una postura general escéptica respecto de los procesos que tuvieron lugar en América Latina a comienzos de los 2000s: "A pesar de los grandes cambios de política en América Latina en la década de 2000 y la divergencia general en las estrategias de desarrollo (liberal, nacionalista y populista), pocos gobiernos atacaron, de frente, las características principales del capitalismo jerárquico" (Schneider, 2013: 182)

Esta argumentación nos permite inferir que los partidarios del análisis EMJ conciben el capitalismo jerárquico como un orden cuya trascendencia no depende principalmente de ninguna postura política particular –'desarrollista', 'liberal' o similar–, sino más bien de la implementación de las políticas 'correctas'. En cualquier caso, la recomendación final es que debe adoptarse un enfoque que deliberadamente acabe con los incentivos que hacen al equilibrio perverso de EMJ (véase, por ejemplo, Schneider y Karcher, 2010; Schneider y Soskice, 2009; Schneider, 2013).

2. El eje brasileño: variedades de capitalismo y desarrollo en América Latina

Otra de las principales ramas de investigación institucionalista de CC en América Latina, en este caso de origen brasileño, surge del trabajo de los politólogos Renato R. Boschi y Flavio Gaitán, así como de algunos colaboradores en otras partes del continente. Este 'eje brasileño' del debate comprende una variante estatista y específicamente latinoamericana de las perspectivas sobre la diversidad capitalista.

Al igual que los partidarios del análisis EMJ, los académicos asociados con este enfoque están fundamentalmente preocupados por las diferencias en el desempeño económico y social a largo plazo entre la región latinoamericana y las variedades 'avanzadas'. Sin embargo, un importante factor de fondo en el surgimiento de este enfoque es la crítica explícita a la perspectiva unívoca de EMJ, centrada en las empresas: "Por supuesto, en los escenarios de reforma post-mercado con economías abiertas, las condiciones para la competitividad y el crecimiento están estrechamente relacionadas con la consolidación de un sector empresarial nacional dinámico. Sin embargo, en el caso de América Latina, y las regiones (semi) periféricas del mundo en general, el papel del Estado es crucial para revertir los círculos viciosos y las complementariedades negativas derivadas de las desigualdades estructurales y sociales dentro y entre los países de la región" (Gaitán y Boschi, 2015: 2).

Este auto posicionamiento coloca al programa de investigación brasileño en el campo de la 'economía política estatal' contemporánea (véase Selwyn, 2014). En consecuencia, su inserción principal en el debate sobre diversidad capitalista es a través de la forma temprana de neo-institucionalismo que surgió de las interpretaciones heterodoxas de la experiencia histórica de los 'tigres' de Asia Occidental (véase, por ejemplo, Wade, 1990). Según estas interpretaciones 'neo-estatistas' (Schmidt, 2006), el ascenso de países como Corea del Sur y Taiwán fue en gran medida un logro de las estrategias dirigidas por el Estado que desafiaron las recomendaciones de política económica neoliberales.

Un tema recurrente en los escritos más conceptuales del eje brasileño es el surgimiento del llamado 'pos-consenso de Washington' en América Latina (véase, por ejemplo, Diniz 2011; Diniz, Boschi y Gaitán 2012; Gaitán 2011). En contraste con la perspectiva más bien escéptica sobre el Estado del eje estadounidense, en el programa de investigación de Boschi, Gaitán y otros, el Estado se conceptualiza como un actor con grados considerables de libertad. Esta posición se contrapone a lo que es percibido como un pesimismo excesivo en los análisis centrados en las restricciones que el contexto global impone sobre las posibilidades de desarrollo del capitalismo en América Latina y, en un sentido más amplio, en el tipo de perspectivas que Schneider llama 'internacionalistas' (ver arriba): "El reconocimiento del carácter jerárquico del sistema capitalista y sus efectos sobre las economías (semi) periféricas no implica negar la capacidad de los Estados Nacionales para revertir las dinámicas arraigadas de reproducción del subdesarrollo" (Gaitán y Boschi, 2015: 3).

En términos generales, la generación de tipologías es menos importante para el programa de investigación de Boschi y Gaitán que, por ejemplo, para las perspectivas de VC convencionales, o también para el eje mejicano. Sin embargo, los promotores de este enfoque comparten el supuesto de que el capitalismo en los diferentes países de América Latina tiene una serie de características comunes, en buena parte condensadas en una tipología desarrollada por Bresser-Pereira (2012). Los criterios subyacentes a su diferenciación tipológica de modelos capitalistas incluyen, en particular, "el tamaño del Estado y el grado de regulación destinado a promover el desarrollo económico, proteger el trabajo y reducir la desigualdad económica" (Bresser-Pereira, 2012: 24). Sobre esta base, Bresser-Pereira distingue entre un 'modelo democrático-liberal' –en gran parte coincidente con los EML de VC–, un 'modelo de bienestar' –las EMC europeas– y un 'modelo endógeno de integración social' –Japón–. A estos tres tipos, agrega otros dos para expandir la tipología a países capitalistas en otras regiones del mundo: el 'modelo de desarrollo', que considera predominante en China, India y otros países asiáticos dinámicos, y que se basa en la existencia de una estrategia de desarrollo nacional efectiva, implementada a través de una fuerte intervención estatal; y el 'modelo liberal-dependiente' prevaleciente en países como Argentina, Brasil, México, Turquía y Sudáfrica, similar al EMJ de Schneider, y que se caracteriza precisamente por la ausencia de dicha estrategia.

Interesante para la discusión sobre la diferenciación del capitalismo en América Latina y otras regiones (semi-)periféricas es que esta tipología viene a incorporar una idea de dinamismo, especialmente en lo que respecta a los dos últimos tipos de capitalismo 'en desarrollo', anteriormente ausente. Podría decirse, por lo tanto, tanto parafraseando como simplificando, que el objetivo intelectual subyacente de los investigadores brasileños es determinar las oportunidades institucionales y los límites para 'ascender' de la categoría 'liberal-dependiente' a la de 'desarrollo', entendiendo este paso como la clave para alcanzar estándares de desempeño económico y social similares a los encontrados en los países emblemáticos de VC (véase, por ejemplo, Boschi, 2011a; Diniz, 2011).

En esta dirección, el gobierno tiene un rol central. Se lo considera responsable, entre otras cosas, de dirigir los flujos de inversión, incentivar sectores clave, estimular la competitividad y, en general, dirigir el comportamiento económico de los actores privados sin privarlos de su independencia. A fin de cumplir dichas funciones éste requiere capacidad regulatoria y burocrática, autonomía frente al sector privado y la capacidad de implementar decisiones de manera efectiva. Simultáneamente, se necesitan asociaciones fuertes que organicen los intereses privados, en particular en el aspecto comercial, para garantizar la existencia de interlocutores para el Estado y así forjar una 'sinergia público-privada', en la que el gobierno y las instituciones estatales puedan en última instancia compensar las fallas de la coordinación basada puramente en el mercado, romper con las complementariedades negativas e impulsar la formación de un modelo de competitividad duradero (véanse, por ejemplo, Boschi, 2011a: 10-11; Diniz, 2011: 42-49; Gaitán, 2011: 67-69).

El enfoque desplaza la atención de la coordinación de las empresas con otros actores secundarios a las interacciones más amplias entre Estado y empresas, y las instituciones que proporcionan el marco para las mismas.

En consecuencia, los espacios de nexo entre el Estado y los negocios (cuerpos corporativos tradicionales; foros sectoriales; instituciones de apoyo para investigación y desarrollo tecnológico; proveedores públicos de financiamiento; y empresas estatales y mixtas). constituyen áreas focales de atención empírica para los estudiosos cuyos trabajos nos conciernen aquí (ver, por ejemplo, Delgado et al., 2010; las contribuciones en Boschi 2011b; Boschi y Santana 2012).

Estos autores hacen especial hincapié en la importancia de la formación de una coalición de 'élites estratégicas', entendida como una alianza de actores estatales y empresariales que se articule en torno a un conjunto de objetivos de desarrollo definidos políticamente (véase, por ejemplo, Diniz, Boschi y Gaitán, 2012; Santana, 2011). A su vez, se espera que los sectores trabajadores integren, redistribución de la renta mediante, una 'coalición de apoyo social' para el proyecto neo-desarrollista. De una articulación exitosa surgiría un 'proyecto' o 'estrategia nacional de desarrollo', instancia clave para alcanzar los objetivos asociados con proyectos neodesarrollistas y cerrar gradualmente las brechas de desigualdades socioeconómicas globales (Bresser-Preira, 2010; vease también Boschi y Gaitán, 2009; Diniz, 2011; Gaitán, 2011). Para mantener la coherencia tanto de la alianza de élites estratégicas como de la coalición de apoyo social más amplia, se consideran cruciales las capacidades del sistema político y de las instituciones corporativas para canalizar los conflictos emergentes (Gaitán, 2011; 2012a; Dos Santos de Moraes, 2011).

Esta perspectiva reúne muchos de los aspectos centrales del neo-desarrollismo como forma de pensamiento político, entre ellos: la orientación hacia el crecimiento y la competitividad internacional, el nacionalismo normativo, el énfasis en una alianza del Estado y los sectores empresariales y trabajadores en una conciliación de clase amplia y, por supuesto, el rol central del Estado (véase Gaitán, 2011).

3. El eje mejicano: la diversidad capitalista desde una perspectiva regulacionista

El tercer eje del debate en torno a la diversidad capitalista en América Latina que discutimos en el presente capítulo es a la vez el más novedoso y el que más se aleja, en términos teóricos y empíricos, de la perspectiva VC y su extensión regional a través de la literatura sobre las EMJ. Se trata del llamado 'eje mejicano', aunque 'mejicano-francés' podría constituir la denominación más apropiada, dado que esta línea de la discusión la encabeza el sociólogo mesoamericano Ilán Bizberg, pero en estrecha colaboración con el economista francés Bruno Théret. Esta asociación pone en relieve la fundamentación teórica de los aportes que han surgido desde el eje mejicano, ya que Théret es un conocido representante de la escuela de la regulación en la Francia contemporánea (véase, por ejemplo, Théret, 2003).

Al igual que los autores asociados con el eje brasileño, Bizberg y Théret parten de una crítica explícita de la perspectiva VC y la –a su modo de ver– pretensión de englobar a todas las economías de la región en una sola variedad 'jerárquica' de capitalismo. Pero, en comparación con el eje brasileño, más que en demostrar la viabilidad de proyectos político-económicos alternativos, basados en el pensamiento neo-desarrollista, la motivación principal de Bizberg, Théret y autores asociados parece consistir en volver a atraer la atención intelectual y política hacia la diferenciación interna del capitalismo latinoamericano (véase por ejemplo Bizberg y Théret 2015). De ahí que estos autores ponen más énfasis en la dimensión tipológica de análisis y en la construcción de una base analítica sólida para la misma.

¿Qué componentes integran, entonces, esta base? En la *Introducción* de Bizberg y Théret al libro *Variedades de Capitalismo en América Latina: los casos de México, Brasil, Argentina y Chile* (Bizberg, 2015b) –hasta ahora la principal publicación de los autores asociados con el eje mejicano respecto al tema– desarrollan su herramental analítico, con fuerte apoyo en la teoría de la regulación institucionalista, como ya mencionamos. Un primer punto de distanciamiento de las perspectivas VC convencionales refiere a la tendencia de estas últimas a concebir las abstracciones teóricas de variedades de capitalismo ideal-típicas como los únicos modelos empíricos de capitalismo capaces de sostenerse en el largo plazo. Así, según los pensadores regulacionistas, subestiman la diversidad real de tipos de capitalismo relativamente estables.

En contraste con la atención puesta por las perspectivas VC en las empresas, cuyo comportamiento y relaciones son considerados clave para explicar el desarrollo político-económico de una determinada variedad, el eje mejicano propone una visión de los actores más amplia, enfocada en los 'sistemas sociales de producción' (SSP, noción desarrollada en buena medida por el regulacionista francés Robert Boyer). Un SSP se compone tanto del sistema empresarial –un concepto que, por su parte, va más allá de la 'perspectiva relacional sobre la empresa' de la teoría VC, al integrar el sistema de producción y de innovación– como de las esferas de la política, el constitucionalismo y el derecho.

Un tercer distanciamiento se desprende de la crítica a la conceptualización, intrínseca a las perspectivas VC, de las instituciones como variables determinantes de las diversas configuraciones de capitalismo, como si las instituciones tuvieran una existencia autónoma respecto a las relaciones sociales que las engloban. Bizberg y Théret, citando al regulacionista francés, Bruno Amable, abogan otra forma y finalidad de comprender las instituciones, que presenta un contraste particularmente marcado con la noción de complementariedades negativas de Schneider y Karcher: "[L] o que nos interesa de las instituciones no son ellas mismas y la manera en la que resisten o permiten el cambio, sino la forma en la que los conflictos dan lugar a un compromiso que resulta en una institución [...]. [E]sto significa, a diferencia de lo que postula la escuela neoinstitucionalista, que las instituciones no son neutras. [...] Eso explica por qué en general existe un equilibro de situaciones que parecen totalmente disfuncionales o, como dice Amable, las instituciones no cambian aun en sociedades en las que los costos de transacción son muy elevados. Esto sucede porque, aunque en abstracto parezca que los costos son muy elevados, el statu quo beneficia a alguien" (Bizberg y Théret 2015: 26).

De todo ello, los autores del eje mejicano desarrollan una estructura analítica que encuadra las siguientes dimensiones (véase Bizberg, 2015a; Bizberg y Théret, 2012): la orientación interna o externa de las economías y las formas de integración a mercados internacionales asociadas; la relación entre Estado y economía, incluyendo tanto el posicionamiento del Estado frente a los sectores empresariales como el rol que asume en dirigir y modificar dicha integración económica internacional; y, finalmente, la llamada 'relación salarial', es decir, el conjunto de relaciones sociales entre Estado, empresas y trabajo organizado, mediadas en buena parte a través de los sistemas de relaciones industriales y de bienestar social.

En el plano empírico, Bizberg, Théret y sus colaboradores centran su análisis sobre todo en las cuatro economías más grandes de la región: México, Brasil, Chile y Argentina. Con respecto a la primera dimensión analítica, la de la integración a mercados internacionales, encuentran similitudes y diferencias entre las cuatro economías en cuestión: México y Chile, por una parte, comparten una orientación externa, aunque la primera está fuertemente volcada hacia exportaciones manufactureras a Estados Unidos mientras la última exporta principalmente productos primarios y manufacturas simples a un amplio abanico de países. En contraste, los gobiernos de centroizquierda tanto en Argentina como Brasil dieron pasos importantes hacia una reactivación de economías basadas en el mercado interno. En conjunto con diferencias en los padrones de intervención del Estado en el desarrollo de la integración internacional, los autores del eje mejicano constatan un tipo de integración ofensivo y proactivo en los casos de Brasil y Argentina, otro más reactivo y defensivo para el caso chileno y, finalmente, una integración netamente pasiva y dependiente para México (Bizberg 2011, 2012, 2014).

También respecto de la segunda dimensión, Bizberg y Théret observan marcadas diferencias entre los cuatro casos, no obstante los procesos compartidos de 'neoliberalización' (Brenner, Peck y Theodore, 2010) de las décadas del 1980 y 90. Mientras los gobiernos mejicanos de esa época lograron implementar amplias privatizaciones, liberalización y apertura de la economía nacional, esos cambios fueron mucho menos rotundos y eficaces en Brasil, debido a la coyuntura política específica pos-democratización y a la estructura económica más densa y consolidada. La dictadura en Chile primero buscó implementar políticas claramente monetaristas-neoliberales, pero conservó el control estatal sobre el sector estratégico del cobre. Luego, los gobiernos de la Concertación volvieron a políticas de intervención selectiva, constituyendo así un Estado autónomo con relación colaborativa con el sector privado. En Argentina bajo los gobiernos de Menem en los años 1990, la retirada del Estado de la economía fue la más radical de los cuatro casos, en particular en cuanto a las privatizaciones. No obstante, el panorama en ese país cambió drásticamente bajo los gobiernos kirchneristas (Bizberg, 2014).

Finalmente, en cuanto a la dimensión de la 'relación salarial', las diferencias identificadas por Bizberg y sus colaboradores son incluso más amplias que en las primeras dos: Argentina conservó las tasas de afiliación sindical más altas de América Latina y la fuerza de los sindicatos se vio incluso reactivada tras una reafirmación de la vieja alianza entre ellos y el peronismo. Tanto en Argentina como en Brasil, se pudo apreciar una complementariedad entre las relaciones industriales, políticas sociales e intentos de fortalecer las economías internas. En México y Chile, en cambio, el sistema de relaciones industriales tanto como el Estado de bienestar fueron desmantelados de forma radical durante los procesos de neoliberalización (Bensusán, 2015; Bizberg 2014; véase también Neffa, 2010).

En resumen, la literatura latinoamericana sobre diversidad capitalista desarrollada por el 'eje mejicano' argumenta que el capitalismo en las economías más grandes de la región ha evolucionado dando lugar a tres grandes tipos –y no uno, como argumentan los autores de la perspectiva VC 'convencional' bajo la noción de EMJ–. El primer tipo, característico de Brasil, es un capitalismo liderado por el mercado interno y guiado por el Estado. El segundo tipo es el capitalismo de articulación externa de México. Chile, en cambio, está caracterizado por un tipo de capitalismo de orientación externa, pero con un importante grado de regulación estatal. Argentina, finalmente, a lo largo de las últimas décadas, atravesó las más grandes y constantes fluctuaciones en su economía política. En consecuencia, sigue representando un caso 'híbrido', menos consolidado que los otros, y con fuertes oscilaciones entre los tres tipos, asociadas a la orientación del respectivo gobierno de turno (Bizberg, 2014; 2015a).

4. Los tres ejes: resumen y comparación

Antes de pasar la evaluación crítica de estas perspectivas, retomando y desarrollando así las discusiones al respecto de la introducción de este libro y el capítulo anterior, de Bob Jessop, vamos a sistematizarlas brevemente y comparar sus aspectos centrales. Con este fin, la *Tabla 1* resume los aspectos clave de los tres enfoques expuestos anteriormente.

Tabla 1. Comparación de marcos conceptuales de los ejes 'estadounidense', 'brasileño' y 'mejicano'

	Economías de mercado jerárquicas – el eje estadounidense	Variedades de capitalismo, política y desarrollo en América Latina – eje brasileño	Diversidad capitalista desde una perspectiva regulacionista – eje mejicano
Proponentes	Ben Ross Schneider, David Soskice, Sebastian Karcher, y otros	Renato Boschi, Eli Diniz, Flavio Gaitán, y otros	Ilán Bizberg, Bruno Théret y otros
Referencias teórico-conceptuales	Economía de costos de transacción, institucionalismo de elección racional, Variedades de Capitalismo	Institucionalismo centrado en el Estado, neodesarrollismo, Variedades de Capitalismo abiertas	Escuela de la Regulación, Variedades de Capitalismo abiertas
Nociones centrales	Acoplamiento problemático de jerarquía y mercados, complementariedades negativas, dependencia de trayectoria	Sinergia público-privada, estrategia nacional de desarrollo, continuidad de trayectoria	Sistemas Sociales de Producción
Nivel de análisis, interés empírico	Estados-Nación. Foco en la dinámica empresarial (empresas transnacionales y grupos económicos, mercados laborales segmentados)	Estados y economías nacionales. Foco en el Estado, articulaciones público-privadas (bancos de desarrollo, foros corporativos etc.)	Estados y economías nacionales. Foco en orientación interna o externa de las economías y formas de integración a mercados internacionales; relación entre Estado y economía, y 'relación salarial'
Tipología	Economías de Mercado liberales, coordinadas, jerárquicas (y de red)	Énfasis en modelos desarrollistas y liberal-dependientes (menos importancia a la tipologización)	Capitalismo liderado por el mercado interno y guiado por el Estado; capitalismo de articulación externa; casos 'híbridos' (poca importancia a la tipologización)
Consideraciones sobre el cambio	Estabilidad de la variedad jerárquica, cambio (probablemente en una dirección liberal) difícil y dependiente de la ruptura con la trayectoria anterior	Cambio guiado por el Estado de formas liberal-dependientes a modelos de desarrollo es posible y deseable	Cambio hacia modelos más propicios de capitalismo es posible y deseable, pero requiere de transformaciones en el SSP amplias y difíciles de lograr
Orientación práctico-política	Sin línea política explícita, pero de tácito sesgo liberal	Pos-consenso de Washington, apoyo explícito a proyectos neodesarrollistas de centroizquierda	Sin línea política explícita, pero de tácito sesgo de centroizquierda y simpatías desarrollistas

Fuente: Elaboración propia.

5. Diversidad capitalista en América Latina: algunos comentarios críticos sobre los tres 'ejes'

Los promotores de los tres enfoques responden, cada uno a su manera, a las críticas de excesiva simplificación que han sido hechas al enfoque original de VC. Así, Schneider y sus colegas enmarcan su análisis del capitalismo jerárquico en una tipología cuádruple de variedades capitalistas, mientras que Bresser-Pereira ha presentado una clasificación alternativa de cinco tipos. Sin embargo, tanto los marcos tipológicos como, más fundamentalmente, las conceptualizaciones subyacentes a las dos primeras perspectivas respecto de las unidades básicas de análisis exhiben algunas similitudes importantes con VC. Ambos asumen que las diferentes variantes (nacionales) del capitalismo son lo suficientemente similares en toda la región latinoamericana como para hacer factible su inclusión analítica en un tipo ideal capitalista único (capitalismo jerárquico o liberal-dependiente). Esto está relacionado con la presuposición compartida de que, en última instancia, existe un criterio decisivo según el cual las variedades capitalistas deben clasificarse y determinar su desempeño económico y social (la forma de coordinación de los actores empresariales o el carácter de la participación del Estado en la economía). Dicha presuposición, y las 'variedades' que de ella surgen, al igual que el nivel de análisis estríctamente nacional han sido cuestionados, refutados y contra-argumentados por parte de varios académicos (véase, entre otros, Friel, 2011; Nölke, 2011). También los autores del eje mejicáno argumentan decididamente en contra de esa presuposición, planteando que las economías grandes de la región abarcan por lo menos tres tipos de capitalismo fundamentalmente diferentes entre sí.

Estos puntos de crítica sugieren la necesidad de (re) considerar cuidadosamente la extensión y el alcance de la diversidad del capitalismo en la región en relación con las desigualdades económicas y sociales. La pregunta clave es si el capitalismo puede ser interpretado plausiblemente a través de los marcos conceptuales propuestos por cualquiera de los tres ejes. ¿Cuáles son los indicadores que permiten una caracterización de la diversidad capitalista que sea significativa para entender la realidad latinoamericana?

Funcionalismo y economismo

Las críticas al supuesto funcionalismo y al economicismo de VC y otras de las principales perspectivas sobre la diversidad capitalista están estrechamente relacionadas, dado que la funcionalidad o no de las instituciones se interpreta abrumadoramente en términos económicos, es decir, con vistas a si generan mejoras de eficiencia y facilitan el crecimiento económico, la competitividad global de los negocios nacionales, y similares. En este sentido, los ejes estadounidense y brasileño comparten una serie de suposiciones fundamentales con VC en términos de sus fundamentos funcionalistas. Una suposición clave, ya sea en términos de elección racional como en el análisis EMJ y en la visión desarrollista-estatista brasileña, es que las instituciones nacionales son cruciales para el desempeño económico y social; y que, viceversa, el bajo rendimiento debe explicarse principalmente por los déficits institucionales; y, en consecuencia, que debe superarse mediante la (re) ingeniería institucional. La búsqueda de un orden institucional más propicio para la funcionalidad económica se concibe como un proyecto cuyos protagonistas son, en diferentes grados, los negocios y el Estado.

Estas características comunes indican que es útil tomar en cuenta las críticas sobre el funcionalismo y el economicismo de muchos enfoques neo-institucionalistas y, en particular, de VC cuando se examina la extensión de este campo de estudios al contexto latinoamericano. La crítica a la visión funcionalista de las instituciones ha sido desarrollado y especificado en relación con el enfoque VC extendido por diferentes académicos que coinciden en su insistencia en la necesidad de ampliar la concepción de las instituciones y el cambio institucional y, en particular, incorporar ideas sobre la forma en que se les da forma por conflicto social y laboral (véase, por ejemplo, Fernández y Alfaro, 2011; Fishwick, 2014). La utilidad del enfoque funcional-económico y la posición analítica privilegiada otorgada a las empresas y al gobierno, por lo tanto, deben analizarse detenidamente cuando se intenta evaluar estos enfoques de CC.

En esta dimensión de la crítica, es menester hacer un reconocimiento a los trabajos del eje mejicano por su crítica incisiva al funcionalismo de otros enfoques institucionalistas y su adaptación de la perspectiva regulacionista sobre las instituciones para el estudio de la diversidad capitalista en América Latina.

Cambio institucional

En segundo lugar, el debate de VC puso de relieve la cuestión del cambio político, económico e institucional más amplio. Es aquí donde los tres enfoques aquí presentados han revelado quizás su mayor contraste. La perspectiva original de VC había sido ampliamente cuestionada por lo que sus críticos perciben como un énfasis excesivo en la estabilidad del modelo. El mismo énfasis se puede observar en el análisis EMJ que está imbuido de un escepticismo constitutivo respecto a las capacidades de los actores políticos latinoamericanos para desarticular efectivamente las múltiples complementariedades negativas que caracterizan al capitalismo jerárquico. Los defensores del programa de investigación brasileño, a su vez, han rechazado explícitamente este tipo de pesimismo en el enfoque de VC extendido, que constituye uno de los motivos centrales subyacentes a su crítica de la noción de capitalismo jerárquico. Más bien, observaban en los procesos de centroizquierda de los 2000s un cambio amplio ya en marcha en toda la región.

El trasfondo contemporáneo para este desacuerdo está constituido por las diferentes evaluaciones del cambio (o no) ocurrido durante los gobiernos de centroizquierda en gran parte de América del Sur. Los exponentes del eje brasileño, como se discutió anteriormente, observaban este proceso con considerable optimismo y veían en él un cambio sostenido de un predominio del modelo liberal-dependiente a estrategias neodesarrollistas que consideraban más propicias para la región. Otros estudiosos también habían notado cómo el cambio de centroizquierda en la región dio motivos para cuestionar el énfasis de la estabilidad en el análisis EMJ (véase también Schmalz y Ebenau, 2012; Schrank, 2009). Por el contrario, Schneider y sus colaboradores pusieron en duda la efectividad de que este cambio, que consideran ser facilitado por el reciente boom de los precios de los productos primarios, y sus consecuencias transformadoras para las economías políticas de la región.

Con un ímpetu diferente, varios economistas políticos críticos como Lecio Morais y Alfredo Saad-Filho (Morais y Saad-Filho, 2011) o Reinaldo Gonçalves (2012) también han señalado las limitaciones y contradicciones del cambio que los gobiernos alineados con el pensamiento político neodesarrollista han logrado realmente en Brasil y en otros lugares. Sobre la base de estos y análisis similares, otros estudios se han preguntado si los protagonistas del programa de investigación brasileño podrían estar exagerando respecto de los márgenes para la acción política transformadora en la mayor parte de América Latina, no necesariamente por las razones que Scheider y sus colegas enfatizan (véase Ebenau y Liberatore, 2013; Suau Arinci, Pessina y Ebenau, 2015).

La perspectiva asociada con el eje mejicano se posiciona entre los dos primeros enfoques: rechaza, por un lado, la fuerte insistencia en la autoestabilización de los modelos de capitalismo caracterizados como EMJ de parte de los protagonistas del eje estadounidense, pero también cuestiona el quizás excesivo 'optimismo de la voluntad' del eje brasileño. Por su parte, argumentan a favor de un análisis más diferenciado y multicausal del cambio institucional y sus motores, incluyendo la posibilidad de una transformación profunda del modelo de capitalismo.

El carácter nacional de las variedades del capitalismo

Los protagonistas tanto del enfoque de EMJ, del programa de investigación brasileño, como del enfoque regulacionista mejicano continúan apegándose al enfoque nacionalista característico de la gran mayoría de la literatura sobre diversidad capitalista convencional, incisivamente criticado por Jessop en su aporte a este libro. Como se vio anteriormente, Schneider rechaza explícitamente las llamadas perspectivas 'internacionalistas' que, afirma, enfatizan demasiado los factores externos, así las variedades nacionales del capitalismo constituyen la principal unidad de análisis en la perspectiva EMJ. Las formas en que estas variedades se insertan en la economía global son, desde esta perspectiva, concebidas como los resultados de su constitución interna. Lo mismo es cierto para el marco brasileño, cuyos autores insisten de manera similar en la centralidad analítica y sobre todo política del nivel nacional. En resumen, las consideraciones sistemáticas sobre la relación entre las variedades del capitalismo concebidas a nivel nacional y las estructuras y procesos político-económicos transnacionales –comercio e inversión, redes de producción, flujos de rentas, regímenes regulatorios internacionales, etc.– no han formado parte de estos dos programas de investigación (para una excepción parcial véase Gaitán y Boschi, 2015).

Su énfasis en el nivel nacional ha constituido otro foco principal de crítica hacia estos enfoques. Adam Fishwick (2014), por ejemplo, ha argumentado que para comprender adecuadamente por qué las acciones de empresas transnacionales extranjeras podrían en algunos casos obstaculizar las estrategias políticas y económicas destinadas a reducir las desigualdades mundiales, la respectiva situación nacional debe contextualizarse en el marco de competencia global. Uno no puede entenderse aislado del otro y ambos, argumenta, son cruciales para configurar la estructura de incentivos, oportunidades y restricciones que enfrentan las transnacionales (y otras empresas). Este argumento ha sido hecho con aún más fuerza por parte un grupo de académicos que se basan en la tradición latinoamericana de la dependencia, que tradicionalmente ha enfatizado la co-constitución mutua de estructuras y procesos globales y locales (véase, por ejemplo, Bruszt y Greskovits, 2009; Ebenau, 2014; Fernández y Alfaro, 2011; Suau Arinci, Pessina y Ebenau, 2015).

De nuevo, la perspectiva del eje mejicano difiere de las dos primeras, pero es en ésta dimensión que la divergencia permanece lo más limitada y parcial. Por un lado, el marco conceptual regulacionista presenta la integración económica transnacional como una de las dimensiones analíticas principales para entender la configuración de los distintos tipos de capitalismo. Por otro, al concebir las múltiples dimensiones de análisis como 'paralelas' y aditivas, no contempla la importancia fundamental y determinante que han demostrado tener ciertos tipos de integración transnacional 'dependiente' sobre todos los aspectos de las relaciones sociopolíticas internas a las sociedades en cuestión. En ello, el eje mejicano presenta una similitud importante con su contraparte brasileña: ambas perspectivas ven la integración económica como decisiva para caracterizar el tipo de capitalismo, pero no como constitutivas de la misma. La conclusión política es, en ambos casos, la de apuntar a la necesidad de cambiar el tipo de integración transnacional a través del accionar Estatal y la reconfiguración de las alianzas sociales internas que lo dirigen. Esa perspectiva, en resumen, representa un avance importante sobre las nociones de VC convencionales, pero no va lo suficientemente lejos como para captar la constitución y permanente re-constitución del abigarramiento del capitalismo global.

6. Ir más lejos: conclusión interina

Como consecuencia de las críticas al estado actual del debate sobre variedades de capitalismo en la región latinoamericana y sus tres ejes principales —el estadounidense, el brasileño y el mejicano— concluimos que es necesario replantear los términos fundamentales de dicho debate. Naturalmente, podemos tomar valiosos aportes teóricos y empíricos de los trabajos asociados con cada uno de esos ejes, particularmente, en nuestra opinión, del mejicano y, en medida algo menor, del brasileño. Sin embargo, incluso los trabajos regulacionistas de Bizberg, Théret y sus colaboradores, que han ido más lejos en el indispensable distanciamiento de las perspectivas VC convencionales, permanecen limitados en su capacidad de captar la diversidad capitalista en la región, como así también los puntos en común entre las diferentes variedades. Esto se debe al arraigo exclusivo en la vertiente institucionalista de la teoría de la regulación. Es nuestra observación que esta escuela ofrece un herramental prometedor, pero en última instancia limitado en cuanto a su capacidad de responder a los desafíos asociados con entender el capitalismo latinoamericano, particularmente la influencia constitutiva que tienen los padrones predominantes de integración económica transnacional en la configuración de distintos tipos de capitalismo.

En los siguientes capítulos de este libro, como ya se ha anticipado en el capítulo introductorio, se reúnen trabajos de un grupo de autores cuya pretensión es la de elaborar una línea de análisis novedosa que –eventual-mente– podría constituirse como un cuarto eje de la discusión sobre la diversidad capitalista en América Latina. Para ser consistente con el lenguaje propuesto aquí para estructurar la discusión, este eje tendría que ser llamado, por su predominante arraigo geográfico, el 'eje argentino', aunque de nuevo esa denominación sería algo imprecisa, obviando los aportes de autores tanto de otros países de América Latina como de Europa. Tomando el estado actual del debate sobre la diversidad capitalista en la región como punto de referencia, el objetivo de los autores asociados con ese potencial cuarto eje puede ser caracterizado como el de ir 'más lejos' en al menos dos sentidos: Primero, en tomar las críticas a los enfoques VC convencionales como inspiración para desarrollar una perspectiva innovadora capaz de aportar a una comprensión más completa de la diversidad, pero también de los puntos que son comunes a los diferentes tipos de capitalismo 'abigarrado' en América Latina. Y segundo, en tomar los aportes de los ejes brasileño y mejicano como contribuciones valiosas a esa nueva perspectiva innovadora, pero simultáneamente incluir perspectivas teóricas que hasta ahora han estado menos presentes en el debate en cuestión pero que son potencialmente capaces de superar las debilidades restantes de los tres ejes aquí discutidos.

Referencias bibliográficas

BENSUSÁN, G. (2015). "Los sistemas de relaciones laborales y las políticas públicas en cuatro países de América Latina: rupturas, continuidades, contradicciones", en: Bizberg, I. (ed.) *Variedades de Capitalismo En América Latina: Los Casos de México, Brasil, Argentina Y Chile*. México D.F.: Colegio de México, pp. 545–620.

BIZBERG, I. (2011). "The Global Economic Crisis as Disclosure of Different Types of Capitalism in Latin America", *Swiss Journal of Sociology*, 37(2), 321–39.

BIZBERG, I. (2014). "Types of Capitalism in Latin America", *Revue Interventions économiques*, 49, pp.1–26.

BIZBERG, I. (2015a). "Tipos de Capitalismo en América Latina", en: Bizberg, I. (ed.) *Variedades de Capitalismo En América Latina: Los Casos de México, Brasil, Argentina Y Chile*. México D.F.: Colegio de México, pp. 41–94.

BIZBERG, I. (ed.) (2015b). *Variedades de Capitalismo En América Latina: Los Casos de México, Brasil, Argentina Y Chile*. México D.F.: Colegio de México.

BIZBERG, I. y THÉRET, B. (2012). "La diversidad de los capitalismos latinoamericanos: los casos de Argentina, Brasil y México", *Noticias de la regulación*, (61), 1–22.

BIZBERG, I. y THÉRET, B. (2015). "Introducción", en: Bizberg, I. (ed.) *Variedades de Capitalismo En América Latina: Los Casos de México, Brasil, Argentina Y Chile*. México D.F.: Colegio de México, pp. 11–40.

BOSCHI, R. R. (2011a). "Instituições, trajetórias e desenvolvimento: uma discussão a partir da América Latina", en: Boschi, R. R. (ed.), *Variedades de capitalismo, política e desenvolvimento na América Latina*. Belo Horizonte: Editora UFMG, pp. 7–30.

BOSCHI, R. R. (ed.) (2011b). *Variedades de capitalismo, política e desenvolvimento na América Latina*. Belo Horizonte: Editora UFMG.

BOSCHI, R. R. y GAITÁN, F. (2009). "Politics and Development: Lessons from Latin America", *Brazilian Political Science Review*, *3*(2), 11–29.

BOSCHI, R. R. y SANTANA, C. H. (eds.) (2012). *Development and Semi-periphery. Post-neoliberal Trajectories in South America and Central Eastern Europe*. Londres: Anthem Press.

BRENNER, N., PECK, J. y THEODORE, N. (2010). "Variegated neoliberalization: geographies, modalities, pathways", *Global Networks*, *10*(2), 182–222.

BRESSER-PEREIRA, L. C. (2010). *Globalization and Competition. Why Some Emergent Countries Succeed while Others Fall Behind*. Cambridge: Cambridge University Press.

BRESSER-PEREIRA, L. C. (2012). "Five models of capitalism", *Brazilian Journal of Political Economy*, *32*(126), 21–32.

BRUFF, I., EBENAU, M. y MAY, C. (2015). "Fault and fracture? The impact of new directions in comparative capitalisms scholarship on the wider field", en: Ebenau, M., Bruff, I. y May, C. (eds.), *New directions in Comparative Capitalisms: critical and global perspectives*. Londres: Palgrave Macmillan, pp. 28-44.

BRUSZT, L. y GRESKOVITS, B. (2009). "Transnationalization, Social Integration, and Capitalist Diversity in the East and the South", *Studies in Comparative International Development*, *44*(4), 411–34.

DELGADO, I. G., CONDÉ, E. S., ÉSTHER, A. B. y DA MOTTA SALLES, H. (2010). "Cenários da Diversidade: Variedades de Capitalismo e Política Industrial nos EUA, Alemanha, Espanha, Coreia, Argentina, México e Brasil (1998-2008)", *DADOS. Revista de Ciências Sociais*, *53*(4), 959–1008.

DINIZ, E. (2011). "Depois do neoliberalismo. Rediscutindo a articulação estado e desenvolvimento no novo milênio", en: Boschi, R. R. (ed.), *Variedades de capitalismo, política e desenvolvimento na América Latina*. Belo Horizonte: Editora UFMG, pp. 31–55.

DINIZ, E., BOSCHI, R. R. y GAITÁN, F. (2012). "Elites estratégicas y cambio institucional: la construcción del proyecto post-neoliberal en Argentina y Brasil", *Revista de Estudos e Pesquisas sobre as Américas*, *6*(2), 14–53.

DOS SANTOS DE MORAES, W. (2011). "Capitalismo sindicalista de conciliação e "capitalismo de las calles". Brasil e Venezuela no pós-neoliberalismo", en: Boschi, R. R. (ed.), *Variedades de capitalismo, política e desenvolvimento na América Latina*. Belo Horizonte: Editora UFMG, pp. 347–72.

EBENAU, M. (2012). "Varieties of Capitalism or Dependency? A Critique of the VC Approach for Latin America", *Competition & Change*, *16*(3), 206–23.

EBENAU, M. (2014). "Comparative capitalisms and Latin American neodevelopmentalism: A critical political economy view", *Capital & Class*, 38(1), 102–14.

EBENAU, M. y LIBERATORE, V. (2013). "Neodevelopmentalist state capitalism in Brazil and Argentina: chances, limits and contradictions", *dms - Der moderne Staat*, 6(1), 105–25.

FERNÁNDEZ, V. R. y ALFARO, M. B. (2011). "Ideas y políticas del desarrollo regional bajo variedades del capitalismo: contribuciones desde la periferia", *Revista Paranaense de Desenvolvimento*, (120), 57–99.

FISHWICK, A. (2014). "Beyond and beneath the Hierarchical Market Economy: Global production and working class conflict in Argentina's automobile industry", *Capital & Class*, *38*(1), 115–27.

FRIEL, D. (2011). "Forging a comparative institutional advantage in Argentina: Implications for theory and praxis", *Human Relations*, *64*(4), 553–72.

GAITÁN, F. (2011). "O desenvolvimento esquivo e as tensões do desenvolvimentismo. Reflexões sobre a América Latina na hora atual", en: Boschi, R. R. (ed.), *Variedades de capitalismo, política e desenvolvimento na América Latina*. Belo Horizonte: Editora UFMG, pp. 56–85.

GAITÁN, F. y BOSCHI, R. R. (2015). "State-Business-Labour Relations and Patterns of Development in Latin America", en: Ebenau, M., Bruff, I. y May, C. (eds.), *New directions in Comparative Capitalisms: critical and global perspectives*. Londres: Palgrave Macmillan, pp. 172-188.

GONÇALVES, R. (2012). "Novo desenvolvimentismo e liberalismo enraizado", *Serviço Social & Sociedade*, (112), 637–71.

MORAIS, L. y SAAD-FILHO, A. (2011). "Da economia política à política econômica: o novo-desenvolvimentismo e o governo Lula", *Revista de Economia Política*, *4*(124), 507–27.

NEFFA, J. C. (2010). "Modelos productivos y sus impactos sobre la relación salarial. Reflexiones a partir del caso argentino", en: De la Garza Toledo, E. y Neffa, J. C. (eds.), *Trabajo y modelos productivos en América Latina. Argentina, Brasil, Colombia, México y Venezuela luego de la crisis del modelo de desarrollo neoliberal*. Buenos Aires: CLACSO, pp. 261–374.

NÖLKE, A. (2011). "A "BRIC"-variety of capitalism and social inequality: The case of Brazil", *Revista de Estudos e Pesquisas sobre as Américas*, *4*(1), 1–14.

SANTANA, C. H. (2011). "Conjuntura crítica, legados institucionais e comunidades epistêmicas. Limites e possibilidades de uma agenda de desenvolvimento no Brasil", en: Boschi, R. R. (ed.), *Variedades de capitalismo, política e desenvolvimento na América Latina*. Belo Horizonte: Editora UFMG, pp. 121–63.

SCHMALZ, S. y EBENAU, M. (2012). "After Neoliberalism? Brazil, India, and China in the Global Economic Crisis", *Globalizations*, *9*(4), 487–501.

SCHMIDT, V. (2006). "Institutionalism", en: Hay, C., Lister, M. y Marsh, D. (eds.), *The State. Theories and Issues*. Basingstoke: Palgrave Macmillan, pp. 98–117.

SCHNEIDER, B. R. (2009). "Hierarchical Market Economies and Varieties of Capitalism in Latin America", *Journal of Latin American Studies*, *41*(3), 553–75.

SCHNEIDER, B. R. (2013). *Hierarchical Capitalism in Latin America. Business, Labour, and the Challenges of Equitable Development*. Cambridge: Cambridge University Press.

SCHNEIDER, B. R. y KARCHER, S. (2010). "Complementarities and continuities in the political economy of labour markets in Latin America", *Socio-Economic Review*, *8*(4), 623–51.

SCHNEIDER, B. R. y SOSKICE, D. (2009). "Inequality in developed countries and Latin America: coordinated, liberal and hierarchical systems", *Economy and Society*, *38*(1), 17–52.

SCHRANK, A. (2009). "Understanding Latin American political economy: varieties of capitalism or fiscal sociology?", *Economy and Society*, *38*(1), 53–61.

SELWYN, B. (2014). *The Global Development Crisis*. Londres/Malden: Polity Press.

SUAU ARINCI, L., PESSINA, N. y EBENAU, M. (2015). "All varieties are equal... Contributions from dependency approaches to critical Comparative Capitalisms research", en: Ebenau, M., Bruff, I. y May, C. (eds.), *New directions in Comparative Capitalisms: critical and global perspectives*. Londres: Palgrave Macmillan, pp. 189-206.

THÉRET, B. (2003). "As instituições entre as estruturas e as ações", *Lua Nova* n.58, pp.225-254.

VLIEGENTHART, A. (2010). "Bringing Dependency Back In: The Economic Crisis in Post-socialist Europe and the Continued Relevance of Dependent Development", *Historical Social Research/Historische Sozialforschung*, *35*(2), 242–65.

WADE, R. H. (1990). *Governing the Market. Economic Theory and the Role of Government in East Asian Industrialization*. Princeton, N.J.: Princeton University Press.

Repensando las variedades de capitalismo desde la periferia latinoamericana

Víctor Ramiro Fernández

Instituto de Investigaciones de Humanidades
y Ciencias Sociales del Litoral (IHuCSo),
UNL-CONICET (Argentina)

Matth as Ebenau

Centro de Formación Sindical de Bad Orb
(Alemania)

Alcides Bazza

Instituto de Investigaciones de Humanidades
y Ciencias Sociales del Litoral (IHuCSo),
UNL-CONICET (Argentina)

Introducción

El objetivo central de este artículo es la reconsideración del modo predominante en que es concebida actualmente la diversidad capitalista por la literatura institucionalista *mainstream* de los "capitalismos comparativos" (CC). Esta literatura resalta la significancia de la división entre centros y periferias como un eje fundamental de diferenciación que es previo a la constitución de variedades individuales, pero que permanece descuidado o severamente subestimado por la mayoría de los enfoques en esta literatura. Para ello, se basa en las contribuciones de diferentes corrientes de la economía política crítica, incluyendo las perspectivas regulacionistas en las fases capitalistas, el pensamiento dependentista latinoamericano, y la teoría del sistema mundo (TSM). Al mismo tiempo, busca incorporar la noción de que la diferenciación fundamental centro-periferia es permanentemente modificada y asociada con dinámicas locales específicas, que constituyen los "núcleos racionales" (Jessop, 2015) de investigación de los enfoques del CC centrado en las instituciones. Por lo tanto, el marco conceptual que se desarrolla aquí busca simultáneamente: por un lado, analizar la reproducción estructural, desigual y jerárquica del capitalismo y su diferenciación entre centros y periferias; y, por otro lado, resaltar aquéllos elementos de las variantes periféricas del capitalismo que explican sus especificidades y divergencias.

Con este objetivo, el artículo introduce elementos conceptuales novedosos para la investigación sobre la diversidad capitalista, en particular, lo que denominamos como "núcleo de acumulación" (NA) (Fajnzylber, 1983) y "núcleo de implicación estatal" (NIE) (Chibber, 2003 y 2009; Evans, 1998;

Kohli, 2004 y 2009). La relevancia teórica y las extensas discusiones sobre las diferencias entre el desarrollo tardío del Este Asiático (EA) y el menor éxito de los países de América Latina (AL) constituyen un importante punto empírico de referencia para este trabajo. Así se busca demostrar que la noción de los núcleos puede guiar un entendimiento de por qué las trayectorias –de los procesos de acumulación y de las particulares formas de implicación estatal– de esas regiones mundiales tienen divergencias tan marcadas. En otras palabras, por qué las elites económicas y políticas del Este Asiático (Amsdem, 2001; Johnson, 1982) han podido desarrollar repuestas a su condición periférica que les permitió saltar a un cambio estructural mientras que los países latinoamericanos permanecieron en sus posiciones originales (Fernández, Lauxmann, y Trevignani, 2013).

No obstante, el trabajo insiste en la necesidad de ubicar estos instrumentos dentro de un marco analítico que no incurra en los confines *mainstream* del CC (Hall y Soskice, 2001), y se aparte de los análisis caracterizados por su nacionalismo metodológico. Por lo tanto, se propone estudiar estos núcleos como resultados inestables y cambiantes debido a su relación dialéctica y conflictiva con redes políticas y económicas globales, que caracterizan la actual fase del capitalismo.

Para abordar lo expuesto, este artículo se estructura en cinco secciones. En la primera, se presentan los enfoques que desarrollan la investigación y principales debates sobre el CC y su diseminación global, en particular referencia a la periferia latinoamericana. La segunda sección provee los elementos teóricos que contribuyen a nuestra reconsideración de la diversidad capitalista, en particular, la diferenciación fundamental del capitalismo global en economías centrales y periféricas, y sus respectivas variaciones temporales. A continuación, la tercera sección introduce los conceptos aludidos anteriormente: NA y NIE.

La cuarta sección recupera los argumentos teóricos desarrollados en las secciones anteriores para discutir las causas que explican las trayectorias espaciales desigualdades de las economías del Este Asiático y América Latina para salir de su posición periférica. Así se hace especial énfasis en las diferentes capacidades de actores claves en esas macro-regiones para impulsar cambios estructurales. Finalmente, el artículo cierra con unas breves conclusiones finales.

2. Los enfoques convencionales de los CC y su diseminación global

La literatura contemporánea de los CC se relaciona centralmente con el estudio de las variaciones institucionales entre diferentes "variedades" o "modelos" de capitalismo concebidos territorialmente (normalmente nacionales) y sus desiguales performances a largo plazo en términos de desarrollo económico y social. El emblemático enfoque de "Variedades de Capitalismo" (VC) desarrollado por Peter Hall y David Soskice (2001), con su característica distinción entre "economías liberales" y "coordinadas" de mercado (ELM/ECM), fue el que dirigió la predominante presencia de los CC en círculos académicos y políticos, contribuyendo decisivamente también a su diseminación global a través de los años recientes (Coates, 2015). Este cuerpo teórico ha llegado especialmente a América Latina mediante el trabajo de Ben Ross (Schneider, 2009 y 2013; Schneider y Soskice, 2009). Aplicando la "visión relacional de las firmas" –propia del modelo de Hall y Soskice– a la región, el mencionado autor buscó caracterizar las variedades capitalistas, y observó al conjunto de las economías latinoamericanas como un ejemplo de tipo defectuoso, al que denominó como "Economías Jerárquicas de Mercado" en razón del dominio ejercido en ellas por los grupos empresarios locales y las corporaciones trasnacionales extranjeras.

Las contribuciones intelectuales que el enfoque de VC ha realizado para la comprensión de la diversidad capitalista y su significancia política ha sido reconocida por muchos de sus críticos (ver, por ejemplo, Coates, 2015). No obstante, la aparición en escena de las VC ha desencadenado largos debates que han expuesto numerosos defectos y omisiones inherentes al enfoque, y se extienden a muchos aspectos de la agenda de investigación global inspirada por el mismo (para una visión general de estos debates, ver Bruff, Ebenau y May, 2015). Las razones por las cuales estos problemas se presentan, su relevancia empírica, y sus consecuencias político-intelectuales han tenido un extenso tratamiento (especialmente en el contexto latinoamericano, ver Boschi, 2011; Ebenau, 2012; Fernández y Alfaro, 2011; Fishwick, 2014), y este trabajo no pretende repetir estos argumentos. Más bien, en línea con David Coates (2015:24), "es tiempo de buscar nuevas direcciones" para el desarrollo de perspectivas alternativas de los modelos capitalistas que vayan más allá de los resultados provenientes de las perspectivas convencionales, tomando para ello los mejores enfoques –centrados en las instituciones– críticos y combinándolos con la teoría del materialismo crítico.

En lo que sigue, solo se reafirman cuatro líneas críticas fundamentales a las VC que son relevantes para su re-conceptualización:

a) La primera de ellas se relaciona con la tendencia de las VC a reificar tipos ideales para analizar las diversidades capitalistas (ELM, EMC, etc.). Esto, como han señalado muchos críticos, conduce a una serie de deficiencias y omisiones analíticas, incluida la indebida indiferencia hacia los aspectos de diferenciación no considerados como parte de estos tipos y la subestimación del grado de diversidad capitalista realmente existente (ver, por ejemplo, Boyer, 2005; Hay, 2005).

b) La segunda línea de crítica se refiere a la conformación de un enfoque analítico que otorga prioridad a la estabilidad (institucional) sobre el cambio, y que subestima el alcance y la complejidad de los procesos históricos y contemporáneos de transformación político-económica, que se desarrollan en América Latina y en otros lugares (ver, por ejemplo, Hay, 2005; Lane y Wood, 2009).

c) Los argumentos dentro de la tercera línea crítica señalan que el enfoque de VC (como la mayoría de las investigaciones institucionalistas del CC) aplica un modelo analítico monoescalar, cerrado y sub-complejo al construir sus variedades ideales típicas. Ello es producto de un nacionalismo teórico y metodológico que no tiene en cuenta el equilibrio y la interrelación permanentemente cambiante de las diferentes escalas y la redefinición contemporánea de la lógica funcional de la escala nacional (ver, por ejemplo, Brenner, 2003; Peck y Theodore, 2007).

d) Finalmente, la cuarta línea aborda el escaso tratamiento dado a los actores no empresariales. Desde el principio, se ha señalado la subestimación del Estado o incluso su dilución analítica como "solo otra institución" (Schmidt, 2007). Esta crítica también fue recogida por académicos latinoamericanos en la tradición (neo)desarrollista (véase, por ejemplo, Boschi 2011). Más recientemente, la ausencia virtual de cualquier tratamiento serio de la mano de obra organizada también ha sido criticada como una omisión (ver, por ejemplo, Fishwick, 2014).

Lo que vincula estos puntos y los destaca para el propósito de este artículo es un factor que se ha discutido con menos frecuencia en debates críticos en el campo del CC, ello es que la lógica de difusión global de estos enfoques mantuvo, en detrimento considerable, la lógica espacial habitual de emergencia y transferencia del centro a la periferia. Esto significa que, implícita o explícitamente, las características y las trayectorias de las variedades capitalistas en los centros se universalizan y se utilizan indebidamente como marcos de referencia para las periferias (Tilley, 2015). Esta es la causa última del desempeño analítico insatisfactorio y las cuestionables implicaciones políticas de la extensión de las VC y enfoques similares, cuando se trata de entender el capitalismo en la periferia (documentado en muchas de las contribuciones críticas citadas anteriormente).

3. La variedad pretérita: reconceptualizando la diversidad capitalista y el cambio entre centro y periferia

Las deficiencias y omisiones descriptas en la sección previa son centrales para reconceptualizar la forma en que se piensa a las variedades de capitalismo. Por ello, es necesario un redefinido entendimiento de la diversidad capitalista en al menos tres cuestiones: primero, la incorporación de las diferencias/variaciones y similitudes entre las variantes territorialmente distintas del capitalismo, incluida, en particular, su naturaleza contradictoria y propensa a las crisis; segundo, a través de la reconceptualización de las diversas variantes regionales del capitalismo, integradas y estructuralmente acopladas en el marco del mercado mundial; y tercero, al colocar los procesos de cambio político-económico (institucional y de otro tipo) en su contexto apropiado, como procesos íntimamente relacionados con cambios transformadores más amplios en los centros capitalistas y su relación con la periferia. Analizamos brevemente cada uno de estos puntos a continuación.

En el primer aspecto, la lógica histórica de cualquier modelo de capitalismo es que se basa en una relación social contradictoria entre el capital y el trabajo humano. Al mismo tiempo, los capitales individuales se encuentran en una relación de competencia permanente en diferentes mercados tendencialmente globales. Estas relaciones conflictivas y tensas entre capital y trabajo, por un lado, y entre capitales diferentes, por el otro, pueden considerarse las "contradicciones fundantes" del capitalismo (Marx, 1989; con respecto a la aplicación de este conocimiento a la investigación de CC, ver Jessop, 2015), que a su vez están en el corazón de su propensión estructural a la crisis. La primera de ellas proporciona la base para el surgimiento de las clases sociales, donde los capitalistas pueden acceder a los beneficios de la acumulación en detrimento de las masas (trabajo). La segunda conduce, en el largo plazo, a una dinámica dual de concentración y centralización, y, por lo tanto, al desplazamiento de capitales individuales, cuestión que está asociada con dislocaciones económicas y sociales (Sweezy, 1981).

Las lógicas contradictorias antes mencionadas, inherentes a cualquier modelo de capitalismo, forman parte de un sistema de acumulación global espacialmente diferenciado.

Por lo tanto, la multiplicidad de configuraciones político-económicas localmente específicas y sus expresiones institucionales, que son las variedades individuales del capitalismo, se analizarán teniendo en cuenta la diferenciación histórica y analítica anterior –y más fundamental– del sistema capitalista mundial, es decir, su división en estructuras centro-periferia. Esta división analítica fue representada en América Latina, en particular, a través del trabajo de los primeros estructuralistas y dependentistas (Cardoso y Faletto, 1979; Furtado, 1979; Marini, 1973; Prebisch, 1949), y fue sistematizada –de manera más reconocida– por Immanuel Wallerstein (1974).

Según los teóricos del sistema mundial, las nociones gemelas del centro y la periferia se refieren al posicionamiento específico de las economías espaciales en las cadenas globales de producción y distribución. A lo largo de la historia, ha surgido un patrón en el que los nodos estratégicos de estas cadenas son controlados de forma bastante consistente por capitalistas enraizados en algunos espacios que, por lo tanto, se convierten en centros. Esto va en detrimento de los capitalistas enraizados en los espacios semiperiféricos, periféricos o intermedios, que están relegados a realizar operaciones menos beneficiosas. Este patrón tiende a ser extremadamente duradero, lo que significa que los cambios profundos en el posicionamiento de una u otra economía espacial son históricamente excepcionales (Wallerstein y Hopkins, 1977; ver también Arrighi y Drangel, 1986). La consiguiente contradicción entre formaciones centrales y periféricas podría denominarse la "contradicción sistémica global". Las variedades capitalistas específicas deben, en parte, ser entendidas como relacionadas con las espacialidades y temporalidades específicas del sistema mundial dominante.

Con respecto al aspecto de la temporalidad, es clave comprender que los procesos de cambio en variedades individuales de capitalismo siempre necesitan ser analizados con referencia a las diferentes etapas históricas que el sistema capitalista ha experimentado como un todo. En cada una de las etapas principales, los cambios que afectan los patrones dominantes de la acumulación de capital y la regulación de los procesos de acumulación en las economías centrales han ejercido una influencia condicionante en el posicionamiento político y económico de los países periféricos (para profundizar sobre la noción y evolución de las etapas capitalistas, ver McDonough, 2015). En términos generales, desde el final de la Segunda Guerra Mundial, se han identificado dos etapas históricas mundiales principales bajo el dominio capitalista. Estas son importantes para contextualizar el argumento empírico que se sigue más adelante en este artículo.

- Después de la Segunda Guerra Mundial, se estableció un nuevo modo de desarrollo bajo la égida de la Pax Americana: el "capitalismo organizado" (Kotz, 2002). Las décadas inmediatas de la posguerra se caracterizan, en muchos aspectos, como la "edad de oro" del capitalismo en las economías centrales (Boyer, 1984). Sin embargo, lo que no se materializó a lo largo de estas décadas fueron las alteraciones estructurales de la dialéctica centro-periferia, como lo demuestra el fracaso de las estrategias de industrialización de sustitución de importaciones (ISI) que se desarrollaron en la región entre los años 1940 y 1970 (Di Filippo y Jadue, 1976). Por el contrario, los cuellos de botella en el proceso de industrialización y las estrategias para superarlos con la ayuda de empresas trasnacionales extranjeras, adoptadas por muchos de los gobiernos de la época, condujeron al desarrollo de una matriz productiva donde estos actores externos controlaban las tecnologías clave sin estar apenas vinculados a las empresas locales.

• Hacia mediados de la década de 1970, el capitalismo organizado finalmente entró en una crisis terminal (ampliamente interpretada como una crisis de rentabilidad, ver Gordon, Weisskopf y Bowles, 1987). El prolongado período de crisis y transición condujo a un fortalecimiento de ciertos segmentos de capital productivo y —crecientemente— financiero. Estos llegaron a posiciones que les permitieron orquestar y aprovechar las alteraciones en las dimensiones espaciales y temporales de los procesos de acumulación y así superar las limitaciones impuestas por las estructuras institucionales que sustentaban el orden anterior (Jessop, 2005). El resultado fue la aparición de lo que podría llamarse "capitalismo globalizado". En esta nueva fase, una característica clave fue el fortalecimiento de las redes de producción global (Lu-Lin y Gereffi, 1994). En consecuencia, los actores políticos y económicos nacionales de los espacios periféricos fueron colocados en escenarios muy controvertidos de intereses, acciones y acuerdos escalares a través de los que persiguen sus estrategias (Harvey, 2003).

Por lo tanto, esta reconceptualización de la diversidad capitalista, efectuada con la introducción de los mencionados elementos teóricos, indica una orientación diferente para el abordaje del CC, que se aparta de los enfoques convencionales (VC y similares). Para ser más concreto: el enfoque analítico aquí sugerido incorpora el reconocimiento de una variedad pretérita, a saber, la del centro y la periferia. Esta variedad, a su vez, se modifica con el tiempo como resultado de cambios en los modos predominantes de acumulación y regulación, y la forma en que los espacios centrales y (semi) periféricos se interconectan. A los fines de observar de manera gráfica y condensada las proposiciones teóricas desarrolladas, ver la figura 1.

Figura 1: Variedades periféricas en el capitalismo global.

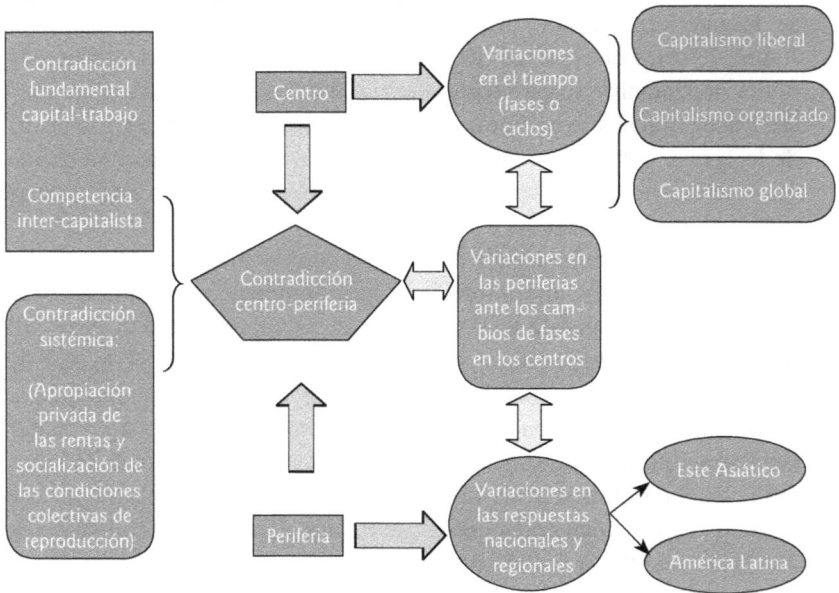

Fuente de elaboración propia.

Así, las nociones de NA y NIE se introducen para concretar las consideraciones previas, más bien abstractas, y hacerlas operativas para esfuerzos concretos de investigación. El primero de estos conceptos se refiere a las formas específicas en que los procesos de acumulación se constituyen en una economía espacial dada, mientras que el segundo aborda las características específicas del estado y las formas en que se involucra en el primero.

A continuación, desarrollaremos estos conceptos y, posteriormente, demostraremos su relevancia como instrumentos novedosos para analizar uno de los principales debates sobre el desarrollo de las últimas décadas: la comparación de las trayectorias de desarrollo del Este Asiático y América Latina. Estas nociones y la re-conceptualización subyacente de la diversidad capitalista permite comprender por qué, en la primera región, un grupo pequeño y selecto de países —entre las variedades periféricas— pudo insertarse exitosamente en las redes económicas y políticas globales, de una manera que le permitió cambiar su posicionamiento macro-estructural en el sistema mundial.

4. NA y NIE: conceptos para explicar las trayectorias diferenciadas de variedades de capitalismo

Los conceptos de NA y NIE se deben entender como conceptos intermedios, centrados en el análisis estilizado de las configuraciones institucionales de economías políticas específicas y las relaciones de clase transnacionales subyacentes, consistentes con la comprensión más abstracta de la diversidad capitalista desarrollada anteriormente (para profundizar más sobre conceptos intermedios, ver Mavroudeas, 2012). Estos, por lo tanto, nos permiten avanzar hacia un análisis más concreto de cómo las variedades particulares del capitalismo evolucionan en el contexto de las relaciones generales centro-periferia. La forma en que se constituyen ambos tipos de núcleos depende, como se verá a continuación, de lo que llamamos estructuras de viabilidades internas y permisividades externas. En este sentido, ambos núcleos están constitutivamente interrelacionados. Esto no quiere decir que exista un condicionamiento total de un núcleo sobre el otro, sino que sus propiedades respectivas se influyen permanentemente y pueden entrar en sinergias virtuosas o negativas. Esta relación dialéctica y sus cambios a través de procesos históricos específicos condicionan la evolución de variedades específicas del capitalismo.

Conceptualmente hablando, el NA está configurado por cuatro variables relevantes. Cada una de estas variables, como particular aspecto a destacar, trasciende la división interna/externa, y va más allá del nacionalismo metodológico propio del enfoque de VC (y otros enfoques de CC dominantes).

- La primera de estas variables es el origen y control de los capitales que dominan el ciclo de industrialización, y la integración del capital transnacional en el proceso de acumulación nacional. En este sentido, es importante considerar si los complejos de actividades económicas asociados con altos grados de generación y retención de valor son controlados por actores principalmente enraizados en la misma economía espacial, o bien, por actores externos. Por lo tanto, podemos hablar de NA *endógeno* o *exógeno*.
- La segunda variable, que está estrechamente relacionada con la primera, se refiere a la *constitución y el control del sistema financiero*. En este sentido, un mayor grado de *endogeneidad* de los circuitos financieros locales otorga a los Estados una mayor capacidad para dirigirlos. Por el contrario, los sistemas financieros altamente exógenos y dominados por extranjeros pueden ejercer una influencia condicionante sobre el Estado.

- La tercera variable se refiere a la *forma dominante de reproducción del capital*. Aquí, es particularmente importante distinguir entre los procesos *dinámicos* de generación de valor agregado, a través de procesos de aprendizaje e innovación, y los *estáticos*, normalmente basados en cuasi rentas derivadas de la capitalización de las ventajas naturales.
- La cuarta variable, por último, es *el nivel de articulación entre el capital financiero y productivo*. Esta variable sobre-determina las otras tres: en términos típico-ideales, cuando el capital financiero es en gran parte auto-reproducido y está débilmente integrado con el sistema productivo, las posibilidades de desarrollar tipos de NA más endógenos y dinámicos son limitadas, porque los recursos para financiar el aprendizaje colectivo e innovador de las actividades son escasos. Una estrecha interrelación entre el capital productivo y financiero, bajo la preeminencia del primero, es más conducente a un desarrollo con mayor endogeneidad y dinamismo.

Los diferentes tipos de NA tienen consecuencias tanto para las estructuras socioeconómicas internas de cualquier economía espacial dada como para su inserción externa en el mercado mundial. Un NA endógeno y dinámico conducirá normalmente a una matriz productiva más compleja y homogénea, que, a su vez, favorecerá una distribución del ingreso relativamente más igualitaria. Una NA exógeno y rentista, a su vez, se asociará tendencialmente con estructuras productivas heterogéneas y desarticuladas, con importantes desiguales sociales. Un NA endógeno y dinámico también estará estrechamente relacionado con una inserción global a través de las "vías altas" de las RPG, es decir, aquellos segmentos donde se concentran las actividades económicas más atractivas, mientras que una NA exógeno y rentista con una inserción subalterna en los segmentos de valor agregado más bajo.

El NA de cualquier economía espacial específica está, como se indicó anteriormente, estrechamente entrelazados con el NIE prevaleciente. El Estado juega un papel muy importante en la configuración de las particularidades de los respectivos NA. El NIE se define sobre la base de las siguientes cuatro amplias variables:

- La primera es *la calidad de la estructura organizacional*, relacionada con la base conceptual y operativa, así como con los patrones de reclutamiento del personal burocrático. En términos típico-ideales, podemos distinguir dos tipos de configuraciones: por un lado, aquellas en las que la perspectiva conceptual de la burocracia está orientada hacia estrategias de desarrollo endógeno y competitivo, acompañada por procesos de selección meritocráticos. Por otro lado, aquellas configuraciones en las que la burocracia estatal y su personal se centran principalmente en responder a las demandas de los actores externos e internos.

- La segunda variable que define el NIE es *la existencia (o no) de instancias nodales que articulan y dan cohesión* a las estructuras y acciones de la burocracia estatal y sus aparatos, creando así la posibilidad de dirigir genuinamente los procesos de acumulación e industrialización. Cuando tales nodos están ausentes en las estructuras estatales, prevalece la fragmentación de las mismas.
- La tercera variable consiste en *la existencia (o no) de control estatal o capacidad de dirección en relación con el financiamiento de estrategias de producción e industrialización*, de las cuales dependerá la capacidad del Estado para subordinar el capital financiero a sus estrategias.
- Finalmente, una cuarta variable es la presencia (o ausencia) de instancias que le permiten al Estado ejercer control y/o una fuerte influencia tanto en el capital como en el trabajo organizado, así como en otras organizaciones de la sociedad civil. En las sociedades pluralistas, estas suelen tomar la forma de coaliciones sociopolíticas que prestan apoyo a las estrategias estatales de intervención con respecto al NA.

Entendemos que el desarrollo de capacidades por parte de las variedades específicas de la (semi) periferia capitalista para responder con éxito a su condición periférica —o no— dependerá en un grado importante de las características de sus NA y NIE, así como sus interrelaciones. En nuestra próxima sección, intentamos ilustrar este argumento en términos empíricos, con respecto a una comparación de las trayectorias macro-regionales diferenciales entre el Este Asiático y América Latina.

5. Reconsiderado el desarrollo del Este Asiático y América Latina

Al abordar las experiencias del EA y AL en una perspectiva comparada, para analizar desde el interior de la periferia el papel de los mencionados núcleos en la explicación alternativa de las variedades de capitalismo, se abren tres interrogantes que trataremos de abordar secuencialmente:

a. ¿Cómo intervienen esos núcleos, sus propiedades e interrelaciones, en el desarrollo de las diferentes trayectorias nacionales sobre los que se conformaron esos escenarios macro-regionales del EA y AL?

b. ¿Cuáles son las condiciones externas e internas que actuaron viabilizando u obstaculizando la formación de esos núcleos y sus relaciones en los escenarios del capitalismo organizado?
c. ¿Cómo ha incidido la especificidad de esos núcleos en las repuestas nacionales y macro-regionales en la fase globalizada del capitalismo y cuál ha sido la sostenibilidad de esas respuestas?

La introducción de los núcleos como conceptos analíticos permite que, no obstante, las especificidades de las trayectorias nacionales que forman el sur global, puedan reconocerse aquellas regularidades que han permitido selectivamente a un grupo de países del EA abandonar la condición periférica. La existencia de regularidades en sus trayectorias nacionales responde a un conjunto de elementos contextuales, internos y externos, que viabilizan la presencia e interrelación de los núcleos.

El dinámico proceso de desarrollo productivo llevado adelante por los países del EA –centralmente, a partir de las experiencias de Japón, Corea y Taiwán–, estuvo centrado en la articulación de un proceso de industrialización local por sustitución de importaciones con una inserción externa dinámica (Gereffi, 1989).

Desde la posguerra en el caso de Japón, y con posterioridad a la década del sesenta en los casos de Corea y Taiwán, tuvo lugar un proceso de (re) construcción de los actores capitalistas locales, basado en una protección condicionada al desarrollo de determinados performances productivos y de una específica inserción externa. Ello implicaba pasar desde las fases sustitutivas más simples a las complejas a partir de un proceso constante de aprendizaje e innovación que viabilizó la extensión de los encadenamientos productivos y alcanzó los segmentos más dinámicos –de más alta valorización–. De ello resultó un NA a la vez endógeno y dinámico que permitió cubrir dos aspectos esenciales del desarrollo (Prebisch, 1949): por un lado, un progresivo y poderoso posicionamiento de los actores capitalistas locales en las funciones de más alta valorización dentro de las cadenas globales (Donner, 2009; Blyde, 2014); por otro lado, un desarrollo más complejo e internamente articulado de las estructuras productivas que combinó aumentos en la productividad, los ingresos y el nivel de empleo. Ese NA favoreció estructuras sociales con un carácter más integrativo, bajos niveles de informalidad laboral, menor desigualdad de ingresos, etc. respecto a otras partes de la periferia (Jomo, 2006; Lu-Lin y Gereffi, 1994).

La posibilidad de obtener combinadamente estas propiedades en el NA por parte de los tres países que formaron la plataforma de integración macro-regional encuentra como elemento clave la presencia de NIE que estableció condiciones estrictas al capital externo y direccionó estratégicamente a los actores económicos en general (Kohli, 2004). Este tipo de NIE implicaba la capacidad no solo de brindar protección a ciertos actores económicos, sino también de disciplinarlos para evitar que esta protección adoptara un carácter que habría ido en contra de los intentos de generar procesos de innovación y aprendizaje colectivo (Chibber, 2003; Woo-Cumings, 1999). A través de procesos nacionales específicos, los Estados en cuestión desarrollaron estructuras coherentes y burocráticamente calificadas con agencias centralizadas para formular estrategias de acumulación (Chibber, 2003; Johnson, 1982; Kohli, 2004) que permitieron a las autoridades estatales ejercer influencia sobre las empresas mediante el control directo del sector financiero y su capacidad de dirigir el capital financiero hacia el sector productivo (Baek, 2005; Woo-Cumings, 1999; Zysman, 1983).

En América Latina, en cambio, ambos tipos de núcleos y sus formas de interacción desarrollaron características abrumadoramente diferentes. En términos generales, el tipo de NA que prevaleció en la región tiene una base altamente concentrada y exógena e incluye una fuerte tendencia a obtener cuasi rentas, derivadas de ventajas en recursos naturales, en lugar de generar procesos de aprendizaje colectivo (Schuldt y Acosta, 2006).

La constitución histórica de los sectores capitalistas locales, fuertemente concentrada, asociada a ventajas comparativas estáticas –basadas en los recursos naturales–, adversa al riesgo y ajena a la innovación, no sufrió modificaciones sustanciales durante el período ISI, sino que llegó a formar su base social limitante. Por lo tanto, la mayoría de las estrategias ISI nacionales perseguidas hasta la década de 1970 en algún momento cayeron en una especie de "proteccionismo frívolo", favoreciendo tanto a empresas locales como extranjeras, pero no al desarrollo de estructuras productivas innovadoras (Fajnzylber, 1983; Levy-Orlik, 2009). Los intentos de enfrentar los problemas resultantes al avanzar hacia las fases más complejas de la sustitución de importaciones a través de la promoción de la afluencia de capital transnacional tendieron a intensificar aún más la problemática de la heterogeneidad socioproductiva, sin contribuir de manera significativa al avance del dinamismo o la complejidad de los procesos de acumulación local (Amsden, 2001 y 2007; Sunkel, 1970).

Por lo tanto, el tipo de NA que tomó forma en toda la región de América Latina carecía del dinamismo y de la fuerte base endógena que se podía encontrar en el Este de Asia. Si bien tenía una base débil para el aprendizaje y la innovación, se volvió cada vez más transnacionalizada en términos de los principales actores y sectores. En cuanto a los resultados, estos NA se caracterizaron por una mayor debilidad relativa en la generación y el control local sobre el excedente de producción, imponiendo fuertes limitaciones tanto en los intentos políticos de redistribución como en una potencial expansión de la base de acumulación. Externamente, carecían de la capacidad para sostener una inserción exitosa de actores productivos locales en actividades de alto valor.

Estas características y dinámicas del tipo de NA predominante en América Latina fomentaron el surgimiento de un tipo de NIE con propiedades en gran parte opuestas a las encontradas en el Este Asiático. Con la excepción parcial de Brasil, no hubo trayectorias nacionales en las que el Estado fuera realmente capaz de dirigir el desarrollo económico. Más bien, durante la época de la posguerra, los estados latinoamericanos se convirtieron, mayormente, en conjuntos de instituciones que fueron "capturados" progresivamente por intereses corporativos, tanto locales como extranjeros (Faletto, 1989; Portantiero, 1989). Además, se les encargó la necesidad de atender las demandas redistributivas asociadas con la activación cíclica de los sectores populares (O'Donnell, 2011). Como resultado, los Estados latinoamericanos generalmente constituyeron estructuras organizacionales altamente fragmentadas (Castellani, 2002), incapaces de construir agencias centralizadas que den coherencia necesaria para disciplinar a los actores del capital y dar al proceso de acumulación una orientación estratégica hacia el dinamismo y la endogeneidad. Todo esto vino acompañado de grados débiles de control sobre el sistema financiero, escasamente desarrollado.

En consecuencia, los núcleos que prevalecieron en América Latina quedaron atrapados en una especie de sinergia negativa, en la que el NIE carecía de la capacidad de dirigir al NA, mientras que el segundo –y sus protagonistas– se condujeron a inhibir el desarrollo de las capacidades políticas e institucionales necesarias del primero.

Mientras que el análisis, hasta este punto, es hasta cierto punto compatible con los enfoques convencionales de CC, incluso al ir más allá de su horizonte conceptual, nuestra inspiración en la teoría de la dependencia y el marco inspirado por la TSM, nos instan a ampliar aún más nuestra visión. Tal visión expandida nos permite apreciar cómo las divergencias en la configuración de los núcleos en el Este Asiático y América Latina fueron en buena parte el resultado de diferencias en lo que podríamos llamar las estructuras circundantes de permisividades externas y viabilidades internas (Beeson, 2003; Jaguaribe, 1979).

Con respecto a las permisividades externas, los principales países de la región del Este Asiático formaron parte de una estrategia geopolítica liderada por los EEUU orientada a fortalecerlos como aliados dentro de la región (Castells, 1996; Chibber, 2003 y 2009; Evans, 1998; Glassman, 2011).

Es decir que se beneficiaran de una estructura particular de permisividades geopolíticas. Esto implicó, entre otras cosas, la promoción de sus núcleos productivos a través de la ISI y la apertura del vasto mercado norteamericano para avanzar sucesivamente desde la industrialización sustitutiva hacia una industrialización liderada por las exportaciones.

En relación con la viabilidad interna, un factor importante fue que las clases capitalistas locales se habían visto severamente debilitadas por la guerra, algo que las hizo mucho más proclives a colaborar con el estado para beneficiarse del acceso al mercado estadounidense y aceptar, a su vez, sus intervenciones disciplinarias (Chibber, 2003 y 2009). Esta debilidad coyuntural se vio aún más exacerbada por los efectos de las reformas agrarias (Kay, 2007) que habían precedido, en los países en cuestión, los procesos de industrialización. Además de tener importantes efectos redistributivos, impidieron la formación de sectores capitalistas concentrados y orientados a la renta que podrían haber bloqueado la intervención estatal y la acción disciplinaria (Castells, 1996; Davies, 2004; Kay, 2007). La mano de obra, por su parte, estaba, por un lado, relativamente bien calificada, pero, por otro, solo estaba débilmente organizada y, por lo tanto, en gran parte sometida a las estrategias económicas impuestas por el Estado y el capital (Deyo, 1987).

En términos del NIE, la tradición Meiji en el caso de Japón, y el linaje colonial en los casos de Corea y Taiwán, respectivamente (Kohli, 2004), así como sus configuraciones particulares de élite (Vu, 2007), facilitaron la constitución de aparatos estatales más capaces que otros para dirigir los procesos de desarrollo económico en la dirección deseada a través de una mezcla de construcción de consenso y acción disciplinaria con respecto al capital (Amsden, 1989).

En la región de América Latina, a su vez, prevaleció un escenario claramente diferente de viabilidades y permisividades. Con respecto a la estructura de las viabilidades internas, el alcance limitado de la reforma agraria (Kay, 2007) dejó intacto el poder concentrado de los capitalistas locales. Esto vino combinado con el poder igualmente concentrado de los actores transnacionales, cada vez más presente desde la década de 1950 en adelante. Al mismo tiempo, los trabajadores de toda la región estaban bastante bien organizados, y las convulsiones sociales cíclicas obligaron al Estado a internalizar sus demandas redistributivas (O'Donnell, 1973). Por lo tanto, ambos grupos de actores llegaron a desarrollar una influencia condicionante sobre los aparatos estatales en la región, lo que llevó a la conformación de una matriz fragmentaria de organización estatal, que depende de las prácticas tradicionales, a menudo patrimonialistas (Acemoglu y Robinson, 2012).

La inviabilidad de constituir un NA endógeno y dinámico o un NIE con las capacidades de dirección necesarias fue reforzada por una estructura de permisividad externa que era mucho menos favorable que en el caso de los países del Este Asiático. Esto se debió tanto a la impenetrabilidad al mercado norteamericano de productos latinoamericanos como a la hostilidad, en línea con la de las oligarquías locales, hacia los proyectos políticos de "industrialización nacional" que podrían haber alterado la naturaleza subordinada de la integración económica internacional de la región (Fiori, 2014).

Pasemos finalmente a analizar los giros más recientes de los acontecimientos, asociados con la crisis del capitalismo organizado y el cambio hacia el capitalismo globalizado que condujo, a partir de la década de 1970, a un cambio cualitativo tanto en los procesos de acumulación como en los modos de intervención estatal. Deben abordarse dos variaciones clave en las trayectorias nacionales y regionales dentro de la periferia para proporcionar una respuesta a esta pregunta:

1. La forma en que los núcleos se consolidaron durante la fase del capitalismo organizado, como aspecto que contribuye a brindar respuestas sobre las diferentes reacciones que las dos macro-regiones experimentaron frente a los cambios que acabamos de describir.
2. La cuestión de la (in)sostenibilidad de los núcleos, sus características e interrelaciones a lo largo de estos procesos.

Respecto a la primera de estas dimensiones, en el caso latinoamericano, los múltiples procesos de reestructuración capitalista global impactaron notablemente y contribuyeron al agotamiento económico de las estrategias de ISI, marcando limitaciones crecientes en los Estados de la región para sostenerlas. Los procesos de acumulación en la región entraron en un estancamiento prolongado que se extendió hasta la década de 1980. Con la resultante crisis de la deuda y el Consenso de Washington, esas facciones de capital −tanto financieras como productivas− que ocupaban posiciones privilegiadas en las cadenas de producción global pasaron a la ofensiva, debilitando así drásticamente las estructuras regulatorias nacionales que habían apuntalado la sustitución de importaciones (Ocampo, 2011). La desregulación de la cuenta de capital (French-Davis, 2005) y la penetración extranjera del sistema financiero, a su vez, eliminaron un instrumento fundamental del NIE para dirigir al NA (Soto, 2013). Como resultado de lo anterior, el carácter exógeno predominante del NA y su falta de dinamismo se profundizaron aún más (Cimoli, 2005).

Vista en su conjunto, la respuesta de América Latina a las condiciones cambiantes fue un apego subalterno –y desfavorable– a las redes globales, debido al debilitamiento descrito de las tendencias compensatorias del NIE y la continuidad del carácter exógeno y escasamente dinámico de los NA. En consecuencia, se produjo una reducción en las tasas de crecimiento y una desindustrialización prematura de la región (Arceo, 2005). En un nivel más estructural del desarrollo económico, la heterogeneidad socioproductiva predominante se agudizó, lo que llevó a la conformación de sociedades cada vez más informales, desiguales y dualizadas en toda la región (Portes y Hoffman, 2003).

En contraste con lo que ocurrió en América Latina, la constitución de los núcleos, así como su interacción virtuosa, confirió a los Estados de la región del Este Asiático una capacidad mucho más alta para responder a la incursión de las redes globales. La defensa estatal de la endogeneidad y el dinamismo de los NA no solo facilitó la inserción externa de actores productivos locales en partes de las cadenas productivas globales donde se realizan operaciones con mayor valor agregado (Blyde, 2014), sino que también ayudó a mantener una mayor homogeneidad e igualdad social, como aspectos que caracterizaron a la región por mucho tiempo (Jomo, 2001).

Sin embargo, como se indicó en nuestras consideraciones teóricas anteriores, la variedad capitalista dentro de la periferia, y las trayectorias nacionales y regionales diferenciadas en ella, no pueden analizarse suponiendo una relación unidireccional entre los núcleos localizados y las redes globales. Más bien, debemos tener en cuenta las interacciones bidireccionales, cambiantes y, a menudo, conflictivas que existen entre ellas y que generan constantemente cambios en las estructuras de permisividad y viabilidad, que eventualmente compensan la estabilidad de los núcleos existentes, virtuosos o no. Por lo tanto, los modelos del capitalismo del Este Asiático finalmente tuvieron que enfrentar procesos de crisis y una reestructuración profunda.

Desde finales de los años ochenta en adelante, se produjo una crisis financiera y estanflación prolongada en Japón, mientras que en 1997 tuvo lugar un colapso económico masivo en el Este de Asia, lo que afectó drásticamente a las economías del "tigre". La gestación de estas crisis, así como los cambios políticos que se derivaron de ellas, fueron fuertemente influenciados por presiones políticas hacia el desmantelamiento del NIE desarrollista existente, algo que ocurrió gradualmente en Japón (Estevez-Abe, 2008; Schoppa, 2006) y más bruscamente en otros países, como Corea (Crotty y Lee, 2005). Los agentes de estas presiones eran facciones de capital transnacionalizadas y organizaciones financieras internacionales, en otras palabras, los actores principales de las redes económicas y políticas globales. De hecho, un cambio estructural, comparado con periodos anteriores, fue la aparición en este escenario de facciones de capital fuertemente globalizadas y cada vez más financierizadas que buscaban consolidar y aumentar su control sobre los segmentos cruciales de los procesos de acumulación. Particularmente, presionaron por la desregulación financiera, poniendo en tela de juicio uno de los pilares del desarrollismo del este de Asia, a saber, la dependencia del capital –y, por lo tanto, su inclinación a aceptar– a la intromisión del Estado en sus asuntos (Chang y Evans, 2005; Crotty y Lee, 2001 y 2002; Evans, 1998).

Las presiones resultantes se vieron reforzadas por diversos factores externos. Uno de ellos fue un notorio cambio en la estructura de permisividad para el desarrollo económico del Este de Asia, debido al final de la Guerra Fría y el giro proteccionista y expansionista asociado a la política económica exterior de EEUU (Gowan, 1999; Ji, 2013). En resumen, el contexto de permisividad y viabilidad de la posguerra se transformó en uno en el que influyeron cada vez más las fuertes influencias transnacionales, a medida que los mecanismos que habían sostenido procesos de desarrollo económico fuertemente dirigidos se desmantelaron cada vez más (Crotty y Lee, 2005; Jomo, 2006). Sin duda, este desmantelamiento no fue automático ni abarcaba todo. Por el contrario, coexistió durante mucho tiempo con un papel aún proactivo del Estado (Yeung, 2000).

Aun así, las facciones de capital transnacionales y cada vez más financieras impusieron al funcionamiento de las economías del Este Asiático una nueva lógica, distinta a la que prevalecía durante períodos anteriores, especialmente por su corto plazo, asociada con la mayor movilidad del capital (Epstein et al., 2013; Lapavitsas, 2013). Por lo tanto, la relación anterior entre el capital y el Estado se redefinió cada vez más. Esta redefinición fue impulsada por las instituciones financieras internacionales, en particular el Fondo Monetario Internacional (FMI), que abogó enérgicamente por la retirada del Estado de la esfera económica (Lee, 1999; Rosenberger, 1997). Significativamente, esta narración también se desarrolló y propagó desde los propios aparatos estatales (Crotty y Lee, 2001; Thurbon, 2003).

La penetración del capital transnacional, a través de redes económicas y políticas globales, impactó en ambos tipos de núcleos en el este de Asia. Con respecto al primero, dicha penetración afectó el dinamismo, así como la endogeneidad de los procesos de acumulación: el dinamismo fue restringido por el debilitamiento del "capital paciente" que había apuntalado los procesos de aprendizaje colectivo; la endogeneidad, por su parte, se vio amenazada por la creciente transnacionalización del sistema financiero y la orientación cada vez más exógena de los grupos capitalistas locales. Estos cambios cualitativos en los NA de la región se vieron facilitados por –y contribuyeron a– el debilitamiento de la capacidad del NIE para dar forma a los procesos de acumulación (Henderson, 2011). De manera algo paradójica, los Estados intervinieron activamente para restringir su propio papel, limitando su autonomía y ajustando sus modos de funcionamiento al corto plazo con el que actuaban las facciones de capitales transnacionales (Chang y Evans, 2005; Crotty y Lee, 2002; Kiely, 1998).

El proceso recién analizado demostró que cuando se analiza la variedad capitalista en la periferia, incluso los elementos virtuosos de los núcleos y su interrelación son generalmente inestables, sujetos a las propias lógicas contradictorias del capitalismo descritas anteriormente. Las trayectorias nacionales pueden subordinarse a las redes económicas y políticas globales y a los actores que ocupan posiciones dominantes dentro de ellas.

Sin embargo, esos efectos asociados a las relaciones de sub-alternidad que los actores trasnacionales controlantes de las redes –económicas y políticas– globales pueden generar a nivel de las trayectorias nacionales, promueven reacciones sociales e institucionales capaces de reformular en dirección contraria la propiedad y relación de los núcleos. Sin embargo, como lo muestran las reacciones desarrollistas latinoamericanas recientes, ello puede formar parte de los desafíos y no de una realidad inevitable.

Conclusiones

Como debería haber quedado claro en el transcurso de este artículo, perspectivas como la TSM y los enfoques de la dependencia permiten una interpretación contextualizadora convincente de la variedad capitalista y sus performances diferenciales, a partir del significado de una variedad anterior que, en general, se ignora en los enfoques dominantes de CC. En contraste, colocar el foco de atención en las variaciones temporales dentro de la periferia y, particularmente, en las trayectorias de implicación del Estado constituye un aspecto crucial para evitar los riesgos funcionalistas y estructuralistas que acompañan a estas macro-teorías (Skocpol, 1982).

Para ello, hemos propuesto dos conceptos analíticos claves para poner en práctica dicho enfoque teórico, a saber, el NA y el NIE. Ambos emergen, en sus diferentes formas, como resultado de la articulación local entre capital y trabajo, la influencia del capital externo, y las habilidades de los actores estatales para ordenar y dirigir las relaciones resultantes. Son particularmente relevantes cuando buscamos comprender la lucha desigual por el control de las RPG y las capacidades divergentes de los Estados para controlar, dirigir y disciplinar el capital. El análisis de diferentes experiencias históricas –incluso cuando se observa de una forma regionalmente agregada (Este Asiático vs. América Latina) – ha mostrado cómo estos conceptos pueden ayudar a dilucidar tanto las características institucionales y estructurales virtuosas como las problemáticas de la variedad capitalista.

Además, hemos argumentado que las trayectorias nacionales y las especificidades del NA y del NIE localizados solo pueden entenderse sobre la base de una consideración de su relación dialéctica con la dinámica global, operando a través de redes y actores transnacionales económicos e institucionales. La fuerza endógena del NA y las capacidades de conducción política asociadas con los NIE –particularmente en contextos periféricos– siempre serán desafiadas por actores transnacionales. Por lo tanto, al analizar las trayectorias diferenciales en relación con estos núcleos, es obligatorio tener en cuenta tanto las racionalidades económicas como las geopolíticas (Desai, 2013) que las influyen desde el exterior. Por ejemplo, la dimensión geopolítica ha sido señalada como una variable crucial que permitió –bajo el contexto de la Guerra Fría en el Este Asiático– o inhibió –en el giro neoliberal de América Latina– que los actores estatales actúen de cierta manera para alterar sus respectivas trayectorias nacionales (Fiori, 2014; Glassman, 2011).

Por lo tanto, no debemos considerar la relación entre los núcleos de acumulación y de implicación estatal nacionales, por un lado, y las redes globales, por otro, de manera unidireccional y/o estática. Curiosamente, este último punto ha demostrado su relevancia en los últimos años con respecto a la experiencia del Este de Asia, que a lo largo de este artículo ha servido como un contraste positivo con los defectos encontrados en toda la región latinoamericana, con respecto a sus al NA y NIE predominantes. Recientemente, ha habido un claro retroceso en la configuración endógena de los NA en muchos países del EA (particularmente en Corea del Sur), como resultado de fuertes presiones desreguladoras y la pérdida de control estatal sobre el sector financiero, así como la pérdida gradual del poder de disciplina Estatal frente a los grupos empresariales nacionales que se han vuelto cada vez más transnacionalizados –y menos dependientes de la dirección y el apoyo del Estado–. En este sentido, el control de las redes políticas globales ejercido por las instituciones financieras internacionales ha sido un factor clave (Crotty y Lee, 2005; Evans, 1998; Ji, 2013).

En resumen: es central, para dar nueva legitimidad a la investigación de CC, resaltar que el capitalismo es un sistema caracterizado por diferentes contradicciones, entre ellas, la proveniente de la relación centro-periferia. Dentro de este marco, como hemos visto, los espacios periféricos no solo están sujetos a cambios de época entre las diferentes fases de desarrollo del capitalismo mundial, con sus respectivas consecuencias para los procesos de acumulación y regulación, sino que también desarrollan trayectorias diferenciadas, nacionales y regionales. Lo que está en juego en nuestra perspectiva reconceptualizada de los diferentes modelos de capitalismo son las condiciones estructurales e institucionales que deben mantenerse para que estas trayectorias sean virtuosas en el sentido de permitir que los espacios en cuestión transformen su posición periférica en la economía global.

Referencias bibliográficas

ACEMOGLU, D. y ROBINSON, J. A. (2012). *Why Nations Fail: The Origins of Power, Prosperity, and Poverty*. New York: Crown.

AMSDEN, A. H. (1989). *Asia's Next Giant: South Korea and Late Industrialization*. Oxford: Oxford University Press.

AMSDEN, A. H. (2001). *The Rise of "The Rest": Challenges to the West from Late-Industrializing Countries*. Oxford: Oxford University Press.

AMSDEN, A. H. (2007). *Escape from Empire: The Developing World's Journey through Heaven and Hell*. Cambridge: MIT Press.

ARCEO, E. (2005). "El impacto de la globalización en la periferia y las nuevas y viejas formas de la dependencia en América Latina". *Cuadernos del Cendes* 22:25–61.

ARRIGHI, G. (1994). *The Long Twentieth Century: Money, Power and the Origins of our Times*. New York: Verso.

ARRIGHI, G., y DRANGEL, J. (1986). "The stratification of the world-economy: An exploration of the semiperipheral zone". *Review* 10:9–74.

BAEK, S.-W. (2005). "Does China follow the East Asian development model?" *Journal of Contemporary Asia* 35:485–98.

BEESON, M. (2003). "The rise and fall (?) of the developmental state: The vicissitudes and implications of East Asian interventionism", en: Low, L. (ed.) *Developmental States: Relevant, Redundant or Reconfigured?*, 29–40. New York: Nova Science.

BLYDE, J. S. (2014). *Synchronized Factories: Latin America and the Caribbean in the Era of Global Value Chains*. Heidelberg: Springer.

BOSCHI, R. (2011). *Variedades de Capitalismo, Política e Desenvolvimento na América Latina*. Belo Horizonte: Editora UFMG.

BOYER, R. (1984). "La crisis en una perspectiva histórica. Algunas reflexiones a partir de un análisis a largo plazo del capitalismo francés", en: Conde, R. (ed.) *La crisis actual y los modos de regulación del capitalism*, 33–175. México: UAM-Iztapalapa.

BOYER, R. (2005). "How and why capitalisms differ". *Economy and Society* 34:509–57.

BRENNER, N. (2003). *New State Spaces: Urban Governance and the Rescaling of Statehood*. Oxford: Oxford University Press.

BRUFF, I., EBENAU, M. y MAY, C. (2015). "Fault and fracture? The impact of new directions in comparative capitalisms research on the wider field", en: Ebenau, M., Bruff, I. y

May, C. (ed.) *New Directions in Comparative Capitalisms Research: Critical and Global Perspectives*, 28–44. London: Palgrave Macmillan.

CARDOSO, F. H., y FALETTO, E. (1979). *Dependency and Development in Latin America.* Berkeley: University of California Press.

CASTELLANI, A. G. (2002). "La gestión estatal durante los regímenes políticos burocrático-autoritarios. El caso argentino entre 1967 y 1969". *Sociohistórica* 11/12.

CASTELLS, M. (1996). *La era de la información. Economía, sociedad y cultura, vol. 1.* México: Siglo XXI.

CHANG, H.-J. y EVANS, P. (2005). "The role of institutions in economic change", en: Dymski, G. y Da Paula, S. (ed.) *Reimagining Growth*, 99–129. London: Zed Press.

CHIBBER, V. (2003). *Locked in Place: State-Building and Late Industrialization in India.* Oxford: University of Princeton Press.

CHIBBER, V. (2009). "¿Revivir el Estado desarrollista? El mito de la "burguesía nacional." *Revista Documentos y Aportes* (11). Universidad Nacional del Litoral, Santa Fe.

CIMOLI, M. (2005). *Heterogeneidad estructural, asimetrías tecnológicas y crecimiento en América Latina.* Santiago de Chile: CEPAL-BID.

COATES, D. (2015). "Varieties of capitalism and "the great moderation"", en: Ebenau, M., Bruff, I. y May, C. (ed.) *New Directions in Comparative Capitalisms Research: Critical and Global Perspectives*, 11–27. London: Palgrave Macmillan.

CROTTY, J., y LEE, K. K. (2001). *Economic performance in post crisis Korea: A critical perspective on neoliberal restructuring.* Political Economy Research Institute Working Paper (23). Economics Department of the University of Massachusetts.

CROTTY, J., y LEE, K. K. (2002). "Is financial liberalization good for developing nations? The case of South Korea in the 1990s". *Review of Radical Political Economics* 34:327–34.

CROTTY, J., y LEE, K. K. (2005). "From East Asian "miracle" to neoliberal "mediocrity": The effects of liberalization and financial opening on the post-crisis Korean economy". *Global Economic Review* 34:415–34.

DAVIES, D. (2004). *Discipline and Development: Middle Classes and Prosperity in East Asia and Latin America.* Cambridge: Cambridge University Press.

DESAI, R. (2013). *Geopolitical Economy: After US Hegemony, Globalization and Empire.* London: Pluto Press.

DEYO, F. (1987). "State and labor: Modes of political exclusion in East Asian development", en: Deyo, F. (ed.) *The Political Economy of the New Asian Industrialism*, 182–202. Ithaca, NY: Cornell University Press.

DI FILIPPO, A. y JADUE, S. (1976). *La heterogeneidad estructural: Concepto y dimensiones.* México: Fondo de Cultura Económica.

EBENAU, M. (2012). "Varieties of capitalism or dependency? A critique of the VoC approach for Latin America". *Competition & Change* 16: 206–223.

EPSTEIN, G. A., SCHLESINGER, T. y VERNENGO, M. (2014). *Banking, Monetary Policy and the Political Economy of Financial Regulation. Cheltenham*: Edward Elgar.

ESTEVEZ-ABE, M. (2008). *Welfare and Capitalism in Postwar Japan.* Cambridge: Cambridge University Press.

EVANS, P. (1998). "Alternativas al Estado desarrollista. Lecciones de la crisis de Asia oriental". *Nueva Sociedad* 155:142–56.

FAJNZYLBER, F. (1983). *La industrialización trunca de América Latina*. México: Nueva Imagen.

FALETTO, E. (1989). "La especificidad del Estado en América Latina". *Revista de la CEPAL* 38:69–87.

FERNÁNDEZ, V. R. y ALFARO, M. B. (2011). "Ideas y políticas del desarrollo regional bajo variedades de capitalismo: Contribuciones desde la periferia". *Revista Paranaense de Desenvolvimento* 120:57–99.

FERNÁNDEZ, V. R., LAUXMANN, C. y TREVIGNANI, M. (2013). "Emergencia del Sur Global. Perspectivas para el desarrollo de la periferia latinoamericana". *Economia e Sociedade* 22:611–43.

FIORI, J. L. (2014). *Historia, Estrategia e Desenvolvimento para una Geopolítica do Capitalismo*. São Paulo: Editorial Boitempo.

FISHWICK, A. (2014). "Beyond and beneath the hierarchical market economy: Global production and working class conflict in Argentina's automobile industry". *Capital & Class* 38:115–27.

FRENCH-DAVIS, R. (2005). *Reformas para América Latina después del Fundamentalismo Neoliberal*. Buenos Aires: Siglo XXI.

FURTADO, C. (1979). *Formação econômica da América Latin*. Rio de Janeiro: Companhia Editora Nacional.

GEREFFI, G. (1989). "Rethinking development theory: Insights from East Asia and Latin America". *Sociological Forum* 4:505–33.

GLASSMAN, J. (2011). "The geo-political economy of global production networks". *Geography Compass* 5:154–64.

GORDON, D., WEISSKOPF, T. y BOWLES, S. (1987). "Power, accumulation and crisis: The rise and demise of the postwar social structure of accumulation", en: Cherry, R. D. (ed.) *The Imperiled Economy, Book I: Macroeconomics from a Left Perspective*. New York: Union for Radical Political Economics.

GOWAN, P. (1999). *The Global Gamble*: Washington's Faustian Bid for World Dominance. London: Verso.

HALL, P. A. y SOSKICE, D. (2001). *Varieties of Capitalism: The Institutional Foundations of Comparative Advantage*. Oxford: Oxford University Press.

HARVEY, D. (2003). *The New Imperialism*. Oxford: Oxford University Press.

HAY, C. (2005). "Two can play at that game . . . or can they?", en: Coates, D. (ed.) *Varieties of Capitalism, Varieties of Approaches*, 106–21. Basingstoke: Palgrave Macmillan.

HENDERSON, J. (2011). *East Asian Transformation: On the Political Economy of Dynamism, Governance and Crisis*. London: Routledge.

JAGUARIBE, H. (1979). "Autonomía periférica y hegemonía céntrica". *Revista de Estudios Internacionales* 12:91–130.

JESSOP, B. (2005). *Globalization: It's about Time Too!* Vienna: Institute of Advanced Studies.

JESSOP, B. (2015). "Comparative capitalisms and/or variegated capitalism", en: Ebenau, M., Bruff, I. y May, C. (ed.) *New Directions in Comparative Capitalisms Research: Critical and Global Perspectives*, 65–82. London: Palgrave Macmillan.

JI, J.-H. (2013). "The fall of the developmental state and the rise of the neoliberal state in South Korea: Transformations in historical, geographical, and social relations", en: Park, B.-G., Hsu, J. Glassman, J., Saito, A. y Sidaway, J. (eds.) *Geo-Political Economies of East Asia, Re-locating East Asian Developmental States in Their Transnational and Local Contexts*, 89–134. Seoul: Seoul National University Asia Center.

JOHNSON, C. (1982). *MITI and the Japanese Miracle: The Growth of Industrial Policy*. Stanford: Stanford University Press.

JOMO, K. S. (2001). *Globalisation, Liberalisation, Poverty and Income Inequality in Southeast Asia*. Paris: Organisation for Economic Co-operation and Development.

JOMO, K. S. (2006). *Growth with equity in East Asia?* DESA (33). New York: United Nations Department of Economic and Social Affairs.

KAY, C. (2007). "Algunas reflexiones sobre los estudios rurales en América Latina". *Íconos. Revista de Ciencias Sociales* 29:31–50.

KIELY, R. (1998). "Neoliberalism revised? A critical account of World Bank concepts of good governance and market friendly intervention". *Capital & Class* 64:63–88.

KOHLI, A. (2004). *State-Directed Development*. Cambridge: Cambridge University Press.

KOHLI, A. (2009). "Nationalist versus dependent capitalist development: Alternate pathways of Asia and Latin America in a globalized world". *Studies in Comparative International Development* 44:386–410.

KOTZ, D. M. (2002). "Globalization and neoliberalism". *Rethinking Marxism* 14:64–79.

LANE, C., y WOOD, G. (2009). "Diversity in capitalism and capitalist diversity". *Economy and Society* 38:531–51.

LAPAVITSAS, C. (2013). "The financialization of capitalism: Profiting without producing". *City* 17:792–805.

LEE, E. (1999). "The debate on the causes of the Asian crisis crony capitalism versus international system failure". *Politik und Gesellschaft* 2.

LEVY-ORLIK, N. (2009). "Protectionism and industrialization: A critical assessment of the Latin American industrialization period". *Revista de Economía Política* 29:436–53.

LU-LIN, C., y GEREFFI, G. (1994). "The informal economy in East Asian development". *International Journal of Urban and Regional Research* 18:194–219.

MARINI, R. M. (1973). *Dialéctica de la Dependencia*. México: Ediciones Era.

MARX, K. (1989). *Trabajo Asalariado y Capital: Salario, Precio y Ganancia*. Madrid: Vosa.

MAVROUDEAS, S. (2012). *The Limits of Regulation: A Critical Analysis of Capitalist Development*. Cheltenham: Edward Elgar.

McDONOUGH, T. (2015). "Social structures of accumulation: A Marxist comparison of capitalisms?" en: Ebenau, M., Bruff, I. y May, C. (ed.) *New Directions in Comparative Capitalisms Research: Critical and Global Perspectives*, 118–33. London: Palgrave Macmillan.

MEDEIROS, C. (2001). "A economia política da crise e da mudança estrutural na Ásia". *Economia e Sociedade* 17:33–54.

NÖLKE, A., BRINK, T., CLAAR, S. y MAY, C. (2015). "Domestic structures, foreign economic policies and global economic order: Implications from the rise of large emerging economies". *European Journal of International Relations* 21:538–67.

OCAMPO, J. A. (2011). *Seis Décadas de Debates Económicos Latinoamericanos*. New York: Secretaría General Iberoamericana.

O'DONNELL, G. (1973). *Modernization and Bureaucratic-Authoritarianism: Studies in South American Politics*. Berkeley: Institute of International Studies, University of California.

O'DONNELL, G. (2011). *Modernización y Autoritarismo*. Buenos Aires: Prometeo.

PECK, J. y THEODORE, N. (2007). "Variegated capitalism". *Progress in Human Geography* 31:731–72.

PORTANTIERO, J. C. (1989). "La múltiple transformación del estado latinoamericano". *Nueva Sociedad* 104:88–94.

PORTES, A. y HOFFMAN, K. (2003). *Las Estructuras de Clase en América Latina: Composición y Cambios Durante la Época Neoliberal*. Santiago de Chile: División de Desarrollo Social, CEPAL.

PREBISCH, R. (1949). *El Desarrollo Económico de América Latina y Algunos de sus Principales Problemas*. Santiago de Chile: CEPAL.

ROSENBERGER, L. (1997). "Southeast Asia's currency crisis: A diagnosis and prescription". *Contemporary Southeast Asia* 19:223–51.

SCHMIDT, V. (2007). *Bringing the state back into the varieties of capitalism and discourse back into the explanation of change*. CES (152). Cambridge: Harvard Center for European Studies.

SCHNEIDER, B. R. (2009). "Hierarchical market economies and varieties of capitalism in Latin America". *Journal of Latin American Studies* 41:553–75.

SCHNEIDER, B. R. (2013). *Hierarchical Capitalism in Latin America: Business, Labor, and the Challenges of Equitable Development*. Cambridge: Cambridge University Press.

SCHNEIDER, B. R. y SOSKICE, D. (2009). "Inequality in developed countries and Latin America: Coordinated, liberal and hierarchical systems". *Economy and Society* 38:17–52.

SCHOPPA, L. (2006). *Race for the Exits: The Unraveling of Japan's System of Social Protection*. Ithaca, NY: Cornell University Press.

SCHULDT, J., y ACOSTA, A. (2006). "Petróleo, rentismo y subdesarrollo: ¿una maldición sin solución?" *Nueva Sociedad* 204:72–89.

SKOCPOL, T. (1982). "Wallerstein's world capitalist system: A theoretical and historical critique". *American Journal of Sociology* 82:1075–90.

SOTO, R. (2013). "América Latina. Entre la financiarización y el financiamiento productivo". *Problemas del Desarrollo* 44:57–78.

STUBBS, R. (2005). *Rethinking Asia's Miracle*. Basingstoke: Palgrave Macmillan.

SUNKEL, O. (1970). "Desarrollo, subdesarrollo, dependencia, marginación y desigualdades espaciales: Hacia un enfoque totalizante". *Eure* 1:13–49.

SWEEZY, P. (1981). *Four Lectures on Marxism and Production*. New York: Monthly Review Press.

THURBON, E. (2003). "Ideational inconsistency and institutional incapacity: Why financial liberalisation in South Korea went horribly wrong". *New Political Economy* 8:341–61.

TILLEY, L. (2015). "Decolonizing the study of capitalist diversity: Epistemic disruption and the varied geographies of coloniality" en: Ebenau, M., Bruff, I. y May, C. (ed.) *New Directions in Comparative Capitalisms Research: Critical and Global Perspectives*, 207–23. London: Palgrave Macmillan.

VU, T. (2007). "State formation and the origins of developmental states in South Korea and Indonesia". *Studies in Comparative International Development* 41:27–56.

WALLERSTEIN, I. (1974). "The rise and future demise of the capitalist of the world-system: Concepts for comparative analysis". *Comparative Studies in Society and History* 16:387–415.

WALLERSTEIN, I. y HOPKINS, T. (1977). "Patterns of development of the modern world-system". *Review* 1:111–45.

WOO-CUMINGS, M. (1999). "Introduction: Chalmers Johnson and the politics of nationalism and development" en: Woo-Cumings, M. (ed.) *The Developmental State*, 1–31. Ithaca, NY: Cornell University Press.

YEUNG, H. W. (2000). "State intervention and neoliberalism in the globalizing world economy: Lessons from Singapore's regionalization programme". *The Pacific Review* 13:133–62.

ZYSMAN, J. (1983). *Governments, markets, and growth: Financial systems and the politics of industrial change*. Ithaca, NY: Cornell University Press.

América Latina y el Este Asiático: acerca de variedades y variaciones de capitalismo

Víctor Ramiro Fernández

Cristhian Seiler

Alcides Bazza

Instituto de Investigaciones de Humanidades
y Ciencias Sociales del Litoral (IHuCSo),
UNL-CONICET (Argentina)

Introducción

En las últimas dos décadas, se ha hecho visible la gestación de un nuevo ordenamiento geopolítico y geoeconómico del sistema capitalista dado por un debilitamiento de la capacidad hegemónica norteamericana y, centralmente, producto de la visible emergencia de un nuevo centro dinámico que se ha denominado Sur Global. De forma inédita, como señala Arrighi (1994), dicha área desplegó un dinamismo industrial y económico de magnitudes similares a los países centrales agrupados en el norte.

Sin embargo, en su interior, ese dinamismo no ha sido homogéneo en términos de la intensidad del crecimiento productivo en general, particularmente, respecto a las formas que adquirió la dinámica industrial. Mientras que los países del Este Asiático (EA), a partir de un proceso macro-regional, mediado por el papel de distintivos espacios nacionales, consolidaron un mayor dinamismo industrial a nivel global (primero a través de Japón y luego, a partir de 1990, con la avasallante irrupción de China), no tuvo correlato equiparable con los países de América Latina (AL).

La formación de esta divergencia al interior del Sur Global se presenta como un relevante campo de reflexión para indagar con mayor precisión teórica dos aspectos de destacada importancia. En primer lugar, dar cuenta sobre cuáles fueron los elementos fundamentales que permitieron que algunas experiencias nacionales del EA, agrupadas en macro-regiones, alteraran la condición periférica (como son Japón, Corea del Sur, a la que podría incluirse, Taiwán) o bien desafiaran el sistema monopolar (como es el caso de China). Y, por otra parte, determinar cómo y por qué la ausencia de tales elementos reforzó la condición periférica de AL, la que se mantuvo inalterada, y reforzó su calificativo como región más desigual del planeta.

Haciendo uso de los conceptos de núcleo de acumulación y núcleo de implicación estatal (desarrollados en el capítulo 3), son puesto a prueba como puentes explicativos de esas trayectorias divergentes entre las macro regiones del Sur Global (EA y AL). Ambos conceptos permiten advertir: por un lado, los fundamentos económicos e institucionales que sostienen la variable capacidad y autonomía para alterar el posicionamiento periférico de las trayectorias nacionales y/o macro-regionales; y, por otro lado, escapar al análisis mono-escalar y estático del enfoque de variedades de capitalismo, al considerar la dinámica inestable y cambiante de esas trayectorias, a raíz de las permisividades externas y viabilidades internas propias de los procesos históricos y espaciales en la construcción de esos núcleos. Así se destaca, tanto en las experiencias del EA como de AL, la penetrante actuación de las redes económicas y políticas globales en la actual fase del capitalismo, y frente a ello, la diferencial capacidad inmunológica de los núcleos consolidados en ambas macro-regiones para viabilizar el desarrollo.

El trabajo se desarrolla en dos secciones. La primera sección profundiza comparativamente la constitución y dinamismo entre los núcleos desde la segunda posguerra. La segunda sección, pone atención en la sostenibilidad de la propiedad de los núcleos con especial foco en el EA en la fase actual del capitalismo. Finalmente, se concluye con la mención de los aportes analíticos.

1. El desarrollo del Este Asiático y América Latina

Al abordar las experiencias del EA y AL en una perspectiva comparada para analizar desde el interior de la periferia el papel de los núcleos en la explicación alternativa de las Variedades de Capitalismo, se abren tres interrogantes que ya fueron señalados en el capítulo anterior, y se retoman en el presente a los fines de un abordaje más detenido, al incorporar la emergencia hegemónica de China en el estudio del EA. Estos son:

a. ¿Cómo intervienen esos núcleos, sus propiedades e interrelaciones, en el desarrollo de las diferentes trayectorias nacionales sobre los que se conformaron esos escenarios macro-regionales del EA y AL?

b. ¿Cuáles son las condiciones externas e internas, particularmente durante la fase monopólica y el paradigma fordista-keynesiano, que actuaron en la viabilidad u obstaculización de la formación de esos núcleos y sus relaciones en esos escenarios?

c. ¿Cómo han incidido las especificidades de esos núcleos en las repuestas nacionales y macro regionales a la fase globalizada del capitalismo y cuál ha sido la sostenibilidad de esas respuestas –y esos núcleos, con sus propiedades y relaciones–?

1.1. La formación diferencial de los núcleos y sus relaciones con las trayectorias nacionales y macro-regionales en la fase monopólica

La introducción de los núcleos –con sus respectivas propiedades y sus interrelaciones– permite que –no obstante las especificidades de las trayectorias nacionales que forman los grandes escenarios del Sur Global– puedan reconocerse aquellas regularidades que han permitido selectivamente a un grupo de países –del EA– abandonar la condición periférica, así como dar contenidos claramente divergentes a los procesos de integración y desarrollo macro-regional del EA y AL. Sin embargo, como destacaremos, la existencia de esas regularidades en las trayectorias nacionales de dichos escenarios no vienen dadas, sino que responden a un conjunto de elementos contextuales (internos y externos) que viabilizan la presencia e interrelación de los núcleos. Especificidades históricas y procesos exógenos desafían la interpretación sincrónica y descontextualizada por el nacionalismo metodológico que domina el enfoque de Variedades de Capitalismo.

En el EA, Gereffi (1989) indica que el proceso que guio su exitoso recorrido de desarrollo (a partir de las experiencias centrales de Japón, Corea y Taiwán) estuvo centrado en la articulación de un proceso de industrialización local por sustitución de importaciones con una inserción externa dinámica. Siguiendo a Doner (2009), su concreción implicó el paso triunfante por el estrecho corredor que se abre entre un proteccionismo ineficiente, que desarrolla una matriz endógena de actores con propensión rentista y escasa capacidad de inserción externa en actividades de alta valorización, y una industrialización sustentada en enclaves sin inserción en el tejido productivo local, donde la matriz exógena de actores y sus centros de actividades y sectores dinámicos guardaba escasa vinculación con el tejido productivo local.

Como estipula Amsden (1989 y 2007), desde la segunda posguerra en el caso de Japón, y con posterioridad en Corea del Sur y Taiwán en la década de 1960, tuvo lugar un proceso de (re)construcción de los actores capitalistas locales, basada en una protección condicionada al desarrollo de determinados performances productivos y de una específica inserción externa. Ello implicaba pasar desde las fases sustitutivas más simples a las complejas a partir de un proceso constante de aprendizaje e innovación que viabilizó la extensión de los encadenamientos productivos y alcanzó los segmentos más dinámicos –y de más alta valorización– de esos encadenamientos. De ello resultó un núcleo de acumulación a la vez endógeno y dinámico que permitió cubrir dos aspectos esenciales del desarrollo (Prebisch, 1986 y 1981):

i. un posicionamiento progresivo y más poderoso de actores capitalistas locales en las funciones de alta valorización dentro de las cadenas globales (Blyde, 2014 y Doner, 2009);

ii. y una estructura productiva más compleja e internamente articulada –que combinó el crecimiento de productividad, ingresos y niveles de empleo–, y favoreció estructuras sociales caracterizadas por una mayor integración, bajos niveles de informalidad laboral y menores niveles de desigualdad (Jomo, 2006; Cheng y Gereffi, 1994).

Sustentados en ese núcleo de acumulación –y esos resultados–, en esos tres países se logró conformar un proceso de integración macro-regional que, bajo la forma denominada como el vuelo de los gansos (*flying geese*) sumó nuevos adeptos de la región que configuraron la denominada *Association of Southeast Asian Nations* (Akamatsu, 1961 y 1962; Kasahara, 2004; Ozawa, 2011 y 2011). Sin embargo, aunque éstos desarrollaron progresivamente mecanismos de sustitución de importaciones que permitieron el desarrollo del sector manufacturero y sus exportaciones, los mismos se basaron centralmente en acciones de empresas extranjeras, que conformaron una estructura económica dual compuesta por estas últimas y actuaron como ensambladoras y con escasos vínculos locales (Doner, 2009). A diferencia de los países que lideraron el flying geese, los núcleos de acumulación de éstos no lograron combinar el dinamismo y la endogeneidad, ni tampoco una capacidad estatal comparable.

La posibilidad de obtener combinadamente estas propiedades en el núcleo de acumulación, por parte de los tres países que formaron la plataforma de integración macro-regional, encuentra como elemento clave la presencia de núcleos de implicación estatal que sometieron a los capitales externos –así como a los propios capitalistas locales– a condiciones estrictas, y a dirigir estratégicamente a los actores económicos en general (véase Kohli, 2004). La configuración del núcleo de implicación estatal implicó tanto la capacidad de ofrecer protección a ciertos actores económicos, como también su disciplinamiento para evitar que dicha protección adquiriera el carácter frívolo (Fajnzylber, 1983) contrario a los intentos de innovación y aprendizaje colectivo (Chibber, 2003 y Woo-Cumings, 1999). A través de procesos específicos a nivel nacional, los mencionados estados del EA desarrollaron muchas de las propiedades que mencionamos anteriormente como condiciones cruciales de éxito para su núcleo de implicación estatal. Por un lado, estructuras coherentes y burocráticamente calificadas con agencias centralizadas para formular estrategias de acumulación en interacción con el capital local y externo (Johnson, 1982; Öniş, 1991; Chibber, 2002 y 2003; Kohli, 2004; y Chang, 2010); y, por otro lado, estrategias que permitieron a las autoridades estatales ejercer influencia sobre las corporaciones a través del control del sector financiero y su capacidad de direccionarlo hacia el sector productivo (Zysman, 1983; Cho y Kim, 1997; Woo-Cumings, 1999; Baek, 2005; y Kroeber, 2011).

Ahora bien, la presencia de las propiedades señaladas en ambos núcleos les permitió desarrollar un proceso de sinergia virtuosa. El núcleo de implicación estatal logró no solo conformar a los actores capitalistas locales, sino también orientar el desarrollo de sus comportamientos. Al mismo tiempo, la combinación de la forma endógena y dinámica del núcleo de acumulación, obtenido desde los procesos de aprendizaje e innovación de esos actores, fue dando la base de sustentación y legitimidad al núcleo de implicación estatal y su acción estratégica.

En AL, por el contrario, ambos núcleos, sus propiedades y sus formas de interacción desarrollaron características con diferencias abrumadoras (Schuldt y Acosta, 2006). En general, el tipo de núcleo de acumulación que prevaleció en la región posee una base altamente concentrada, exógena e incluye una fuerte tendencia a obtener cuasi-rentas derivadas de las ventajas de los recursos naturales antes que en los procesos de aprendizaje colectivo.

La forma fuertemente concentrada de los actores capitalistas locales, aferrada a las ventajas comparativas de los recursos naturales y ajena al riesgo y la innovación, no sufrió alteraciones sino que constituyó la base –limitante– durante la estrategia de sustitución de importaciones desarrollada muy tempranamente en la región. De hecho, la mayoría de las estrategias de industrialización sustitutiva de importaciones que se persiguieron hasta los años setenta se convirtieron en una especie de proteccionismo generalizado y frívolo que favorecía tanto a compañías locales como extranjeras, pero no al desarrollo de una estructura productiva innovadora (Fajnzylber, 1983 y 1987; Levy-Orlik, 2009). El intento de enfrentar los problemas asociados a avanzar sobre la sustitución de las fases más complejas de la industrialización mediante la promoción de la afluencia de capital transnacional, en general, intensificó la heterogeneidad socio-productiva sin contribuir significativamente al dinamismo o la complejidad de los procesos de acumulación locales a partir de procesos de aprendizajes endógenos (Véase Amsden, 2001; 2007; y Sunkel, 1971).

A diferencia de los países que lideraron el proceso de desarrollo en el EA, el núcleo de acumulación resultante en AL se caracterizó por su concentración, careció de dinamismo y exhibió una frágil base endógena, con lo cual su base de aprendizaje e innovación fue insuficiente, y su estructura de actores y sectores centrales encargados de realizarlo fue progresivamente transnacionalizada.

Desde el punto de vista de los resultados, ello trajo efectos debilitadores tanto internos como externos. En el plano interno, una mayor debilidad relativa tanto en la generación como en el control local sobre el excedente generado, impuso fuertes limitaciones tanto en los intentos políticos de redistribución como en una posible expansión de la base de acumulación. Externamente, en la capacidad de inserción externa por las vías de las actividades de alto valor, lo cual también forma un requisito para dar sostenibilidad a esos aspectos internos.

Estas características y dinámicas del núcleo de acumulación predominante en AL fomentaron –y, al mismo tiempo, fueron facilitadas por– el surgimiento de una especie de núcleo de implicación estatal con propiedades disímiles a las encontradas en el EA. En AL, no constan trayectorias nacionales en la que el Estado haya podido direccionar desde el combinado proceso de consensualidad y disciplinamiento. Aun con un protagonismo creciente durante todo el período de posguerra, fue un actor progresivamente colonizado y capturado a través de los "anillos burocráticos" que expresaban los intereses corporativos tanto del capital local como extranjero (Cardoso, 1985; Portantiero, 1989; y Faletto, 2014). Al amoldamiento organizativo y funcional del Estado a las presiones corporativas que ello representaba, se sumó la necesidad de atender los reclamos redistributivos emanados de la activación cíclica de sectores populares (O'Donnell, 2009).

Producto de esa dinámica, el Estado conformó una estructura organizacional altamente fragmentada, incapaz de construir aquellas agencias centralizadas y generadoras de coherencia, demandadas para disciplinar a los actores capitalistas y dar al proceso de acumulación una orientación estratégica hacia el fortalecimiento endógeno y dinámico, como en las experiencias del EA (Castellani, 2002). Esto limitó su capacidad de implementar instrumentos autónomos con los cuales dirigir a los actores económicos, algo que fue reforzado junto con un grado bastante débil de control sobre el sistema financiero –escasamente desarrollado–.

Como resultado de estas propiedades, los núcleos quedaron sujetos a una sinergia negativa, en la cual el núcleo de implicación estatal careció de capacidades para direccionar los núcleos de acumulación hacia sus formas endógenas y dinámicas, mientras que en éstos se formó una matriz de actores y comportamientos que obstaculizaron esa capacidad en los núcleos de implicación estatal.

1.2. *Permisividades y viabilidades: presencias divergentes en la configuración de los núcleos*

La conformación y sinergia de esos núcleos y su divergencia entre el EA y AL, como advertimos, no fue resultado de un proceso espontáneo e intra-nacional, sino que tuvo lugar a partir de la diferenciada presencia tanto de factores externos como domésticos (Beeson, 2004), o en palabras de Jaguaribe (1979), de permisividades externas y viabilidades internas históricamente construidas. Mientras que las permisividades externas aluden a alianzas geopolíticas inter-estatales que, de acuerdo a sus propios intereses, habilitan u obstaculizan estrategias de desarrollo, las viabilidades internas hacen referencia al proceso conflictivo en que Estados y actores del proceso de acumulación disputan internamente su autonomía para consolidar una estrategia de desarrollo. En este sentido, en dependencia a las propiedades antes referenciadas, se conforman relaciones sinérgicas positivas o negativas que marcan la capacidad directiva del núcleo de implicación estatal respecto al núcleo de acumulación, o bien la debilitan frente a la capacidad de los actores y lógicas del mencionado núcleo de acumulación.

Respecto a la permisividad externa, los países destacados del EA contaron con el abrigo de la estrategia geopolítica liderada por EEUU (Castells, 1992; Evans, 1998; Chibber, 2003 y 2008; y Glassman, 2011), el cual los colocaba como aliados dentro de la macro-región. Entre otras cosas, implicaba promover sin obstáculos el fortalecimiento de su núcleo de acumulación que potenció una industrialización sustitutiva y condicionó la inversión extranjera directa, al tiempo que EEUU ofrecía el extenso mercado como espacio de realización y pasaje del proceso de sustitución al de exportación.

En cuanto a la viabilidad interna, los propios capitalistas locales, debilitados después de procesos bélicos destructivos, enfrentaron la necesidad de conformar un escenario/proceso comunitario de desarrollo, lo que alentaba tanto su colaboración o asociación con el Estado, como la aceptación del disciplinamiento impuesto por aquel para lograr esas metas y capitalizar el mercado norteamericano (Chibber, 2003 y 2008). A esa debilidad, se sumaron los procesos de reforma agraria pretéritos a la industrialización y funcionales a la ocupación de posguerra, los que, junto a sus efectos redistributivos y sumados a la escasez de recursos naturales, impidieron la consolidación de actores capitalistas concentrados y rentistas con capacidad de bloqueo a las iniciativas estatales y su acción disciplinadora (Castells,

1992; Pempel, 1999; Kay, 2002; y Davis, 2004). Finalmente, a ello se sumó la fragilidad organizativa y subalterna de la fuerza de trabajo que no tuvo posibilidad alguna de ejercer presiones para mejorar sus condiciones laborales (Deyo, 1987 y Castells, 1992).

En lo que refiere al núcleo de implicación estatal, Kohli (2004) y Vu (2007) marcan que producto de la tradición *Meiji* en el caso de Japón, y del linaje colonial de este sobre Corea y Taiwán, así como en propiedades de sus propias elites, se configuraron estados meritocráticos, preparados desde su capacidad técnica y coherencia organizacional centralizada para un proceso de conducción en parte consensuado y –por sobre todo– disciplinario sobre los actores económicos locales estructuradores del núcleo de acumulación (Véase Amsden, 1989). En este sentido, el mayor condicionamiento de los capitalistas locales derivados de la reforma agraria y del contexto geopolítico, como la señalada subalternidad y exclusión de la fuerza de trabajo del proceso institucional operaron como habilitantes de la (re)construcción de los estados de posguerra bajo el desarrollo de estas propiedades (Chibber, 2003).

Figura N° 1. Configuración del Núcleo de Acumulación y de Implicación Estatal en el Este Asiático.

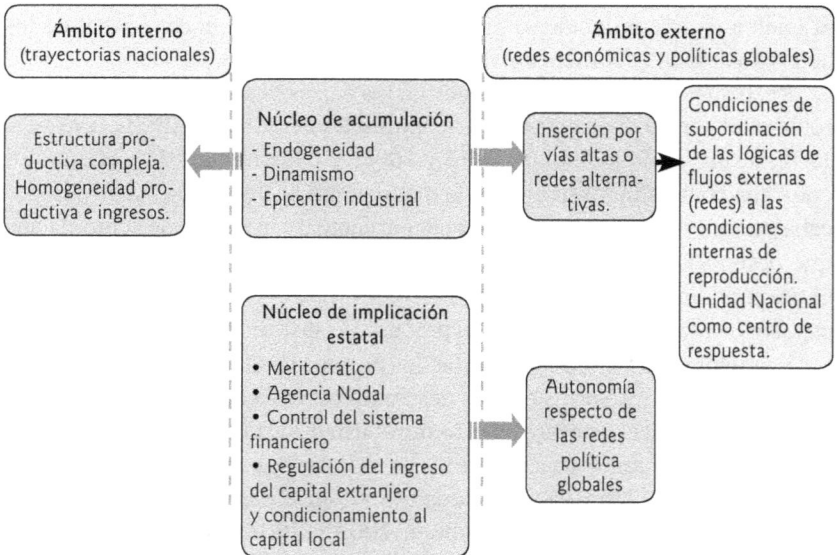

Fuente: elaboración propia.

En contraste con el EA, AL desplegó un escenario de viabilidades y permisividades claramente diferentes que impactaron sobre las propiedades de sus núcleos. En el campo de las (in)viabilidades internas, por un lado, Kay (2002) destaca que el limitado alcance de las reformas agrarias dejó inalterado el poder concentrado de los capitalistas locales, a lo que se sumó el poder, también concentrado, de los actores trasnacionales crecientemente presentes a partir de la década de 1950, a medida que se agravaban las condiciones del proceso sustitutivo. Por otro lado, O'Donnell (1973) manifiesta que la presencia de una fuerza de trabajo activada y organizada en diferentes frentes sectoriales y de actividad trasladaba al interior del Estado sus reclamos distributivos obligándolo a mediar en los conflictos con las distintas formas de capital. A diferencia de aquellos países que lideraron el dinamismo del EA, todo ello transformó a estos actores (capital y trabajo) en actores conformantes, condicionantes y direccionantes del Estado, lo que impactó directamente en los núcleos de implicación estatal a través del referido proceso de colonización y copamiento corporativo de sus estructuras. Como resultado de ello, se configuró una matriz de organización y funcionamiento estatal fragmentaria asentada (Esser, 1993), a su vez, sobre una herencia de prácticas institucionales históricamente ligadas al patrimonialismo –y el extractivismo– (Acemoglu y Robinson, 2012).

Las inviabilidades internas marcadas anteriormente, fueron retroalimentadas desde el punto de vista de las permisividades externas –o intolerancias– de un medio geopolíticamente más inhóspito que el del EA. Ello se debió a la impenetrabilidad de los productos latinoamericanos en el mercado americano, como así también, de manera concomitante, con la intolerancia de las oligarquías locales para impulsar proyectos de "nacionalismo industrializador", que podían condicionar la integración subordinada e internamente descomplejizadora de los commodities y desplegar un proyecto macro regional contra-hegemónico (Fiori, 2015).

En resumen, la existencia de inviabilidad interna y carencia de permisividad externa en las trayectorias históricas, y particularmente de la forma de construcción estatal y acumulación industrial en la posguerra, impactaron en las calidades de los núcleos y sus relaciones. Ello dio lugar a estructuras de reproducción interna y performances externos divergentes que explican el diferencial dinamismo del EA y AL –con todas sus especificidades internas– y las variaciones que tuvieron lugar desde la fase del capitalismo monopólico al interior de la periferia.

Figura N° 2. Configuración del Núcleo de Acumulación y de Implicación Estatal en América Latina.

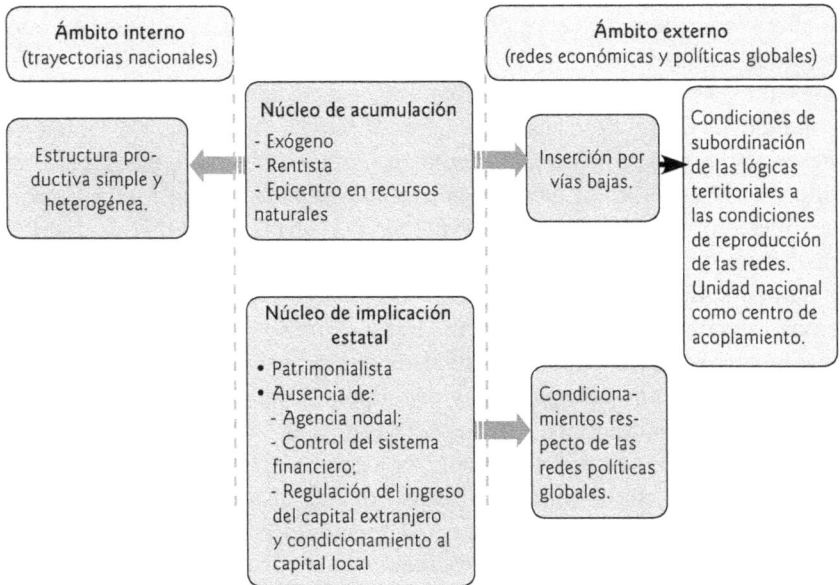

Ámbito interno
(trayectorias nacionales)

Ámbito externo
(redes económicas y políticas globales)

Núcleo de acumulación
- Exógeno
- Rentista
- Epicentro en recursos naturales

Estructura productiva simple y heterogénea.

Inserción por vías bajas.

Condiciones de subordinación de las lógicas territoriales a las condiciones de reproducción de las redes. Unidad nacional como centro de acoplamiento.

Núcleo de implicación estatal
• Patrimonialista
• Ausencia de:
  - Agencia nodal;
  - Control del sistema financiero;
  - Regulación del ingreso del capital extranjero y condicionamiento al capital local

Condicionamientos respecto de las redes políticas globales.

Fuente: elaboración propia.

2. Los cambios en la fase global del capitalismo: desde las respuestas diferenciadas a la (in)sostenibilidad en las propiedades de los núcleos

A partir de mediados de 1970, la crisis de la fase monopólica dio lugar a un cambio cualitativo del sistema capitalista que impactó tanto en los procesos de producción y realización como de la intervención estatal, es decir, en los ámbitos donde se configuran ambos núcleos.

En lo que respecta al primer aspecto, basado en una revolución tecnológica centrada en la información, las formas nacionalmente centradas del capitalismo monopólico fueron transformadas a partir de la emergencia de las redes económicas globales, en las que operan decisiones de producción y realización a escala global en tiempo real (Castells, 1996). Al interior de ellas, Sassen (2010) y Dicken (2011) destacan que tuvieron lugar múltiples procesos de des/multi-localización de actividades, al tiempo que las ETN re-centralizaron el control de los mismos. Ello fue viabilizado por una transformación en la geografía y las lógicas de la regulación, que contempló cambios profundos en la organización escalar, así como el desarrollo de las redes políticas globales con centro en las organizaciones supranacionales (particularmente financieras), y un papel activo de los estados centrales en la formación y contenidos de esas organizaciones (Brenner, 1997; Cox, 1987; y Wade, 1990). Bajo el liderazgo de estas últimas, las redes políticas globales desplegaron nuevas vinculaciones con los estados de la periferia y procuraron adecuar su organización y funcionamiento, y compatibilizarlo al despliegue –subordinador– de las redes económicas globales y las actividades de más alta valorización, cuyos comandos se encuentran a cargo de las ETN en los países centrales.

En ese nuevo escenario, ¿cuáles fueron las variaciones de las trayectorias nacionales y macro regionales que tuvieron lugar al interior de la periferia a partir de enfrentar estos procesos? Este interrogante y la asimilación de ese cambio cualitativo, desnuda los límites del nacionalismo metodológico que dominó al enfoque de Variedades de Capitalismo y obliga a superarle al considerar las variaciones capitalistas al interior de la periferia a la luz de esos cambios cualitativos que imponen el funcionamiento de las redes económicas y políticas globales que, por lo indicado, redefinen, pero no alteran las relaciones centrales y periféricas. En el marco de esas redefiniciones, surgen dos aspectos que responden a los interrogantes ya formulados, y que observaremos a continuación:

a. La configuración de los núcleos (sus propiedades y relaciones) desarrollados y consolidados en el EA y AL durante la fase monopólica explican la forma diferencial en que esas macro regiones reaccionaron y se re-vincularon a las redes económicas y políticas globales.
b. La (in)sostenibilidad intra-nacional de las propiedades de los núcleos y su relación sinérgica a partir del nuevo vínculo con las mencionadas redes económicas y políticas globales.

2.1. Respuestas diferenciadas en el contexto de la fase globalizada

En lo que hace al primer aspecto, en el caso de AL el proceso de reestructuración global convergió hacia mediados de 1970 con el agotamiento de la estrategia sustitutiva y los límites crecientes del núcleo de implicación estatal para dar continuidad al proceso industrializador (Ocampo y Ros, 2011). Ello agudizó la crisis y facilitó el ingreso del capital financiero excedente, dando lugar a un inédito proceso de endeudamiento tomado por estados débiles, insertos en un regresivo estancamiento del proceso de acumulación que se extendió durante toda la década de 1980.

Hacia 1990, con la llegada del Consenso de Washington, la ofensiva del capital financiero y productivo controlante de las redes económicas globales impactó sobre los núcleos de acumulación como en los núcleos de implicación estatal. En estos últimos fueron drásticamente removidos los procesos regulatorios nacionales montados para desarrollar la sustitución de importaciones (Ocampo, 2011; y Palma, 2009). La desregulación de las cuentas de capital y la penetración extranjera del sistema financiero eliminaron un instrumento fundamental del núcleo de implicación estatal para cualificar el núcleo de acumulación a través de la vinculación del capital financiero hacia el productivo (Ffrench-Davis, 2005; Soto, 2013). Como efecto de lo anterior, el núcleo de acumulación profundizó el componente exógeno, así como su falta de dinamismo basada en la ausencia persistente de inversión en el aprendizaje y la innovación (Véase Cimoli, 2005), y la creciente presencia de capitales transnacionales en actividades con alta rentabilidad pero baja complejidad productiva y contenido tecnológico, como indica (Arceo, 2005).

Observada integralmente AL, la respuesta a la acción de las redes estuvo dominada por un acoplamiento subalterno a las mismas a partir de un cambio profundo a nivel del núcleo de implicación estatal, producto de su acondicionamiento a los organismos internacionales y una continuidad en la forma exógena y escasamente dinámica del núcleo de acumulación. Como resultado de ello, y no obstante el ingreso masivo de inversión extranjera directa, Ocampo y Ros (2011) y Arceo (2005) marcan que no solo se produjo una reducción de las tasas de crecimiento en comparación con el período ISI y una desindustrialización prematura de la región, sino que se vieron afectados los planos internos y externo donde se define el desarrollo. Respecto al primero, Portes y Hoffman (2003) advierten que se agravó la heterogeneidad de la estructura socio-productiva, así como la prevalencia de una sociedad cada vez más informal, desigual y dualizada; en la dimensión externa, Blyde (2014) considera que se reforzó la inserción subordinada en las redes económicas globales bajo el predominio de la producción de bajo valor agregado.

En cambio, a diferencia de AL, la constitución de las propiedades y la interacción virtuosa de los núcleos durante la fase monopólica en las experiencias del EA le confirió un poder inmunológico marcadamente divergente para enfrenar la penetración de las redes económicas globales, ya que operaron como centros de respuestas antes que como meros nodos de acoplamiento subordinado como sucedió en AL. El EA, a partir de mantener internamente la dirección del núcleo de implicación estatal a través de su coherencia organizacional y funcional –productiva y financiera– sobre el dinamismo y endogeneidad del núcleo de acumulación, no solo gestó condiciones de inserción externa en procesos y funciones de más alta valorización (Doner, 2009; Blyde, 2014), sino que en el plano interno, y en el contexto de la imposición global del proyecto neoliberal, facilitó la creación de condiciones de mayor homogeneidad social que trajo aparejada mayor igualdad (Jomo, 2001).

La divergencia entre el EA y AL, no solo es indicativa de que unas trayectorias de desarrollo son más exitosas que otras, sino que, en el marco del más reciente proceso de dinamismo del Sur Global como un todo, la emergencia de condiciones –externas e internas– diferenciadas abre nuevos interrogantes sobre las nuevas asimetrías al interior de lo que tradicionalmente se ha denominado periferia del sistema-mundo (Fernandez, Lauxmann y Trevignani, 2014). A título ilustrativo, puede mencionarse el desafiante escenario de multipolaridad que se abre con la avasallante irrupción de China que, a juicio de (Arrighi, 2007), coloca progresivamente al gigante asiático como la "unidad" que disputará el relevo en la hegemonía del nuevo ciclo de acumulación y, siguiendo a Fernández (2013), encuentra en el propio Sur Global un campo de expansión y nuevas formas de subordinación.

2.2. La (in)sostenibilidad de los núcleos y sus relaciones virtuosas en el EA

La formación de los núcleos, sus propiedades e interrelaciones en la fase monopólica del capitalismo parecen explicar no solo las diferencias estructurales entre el EA y AL al momento de enfrentar la nueva fase globalizada y la acción penetrante de las redes económicas y políticas globales que la configuran, sino también la excepcional salida de la posición periférica y/o semi-periférica de ese conjunto reducido de países del EA que lideraron la integración macro regional.

Sin embargo, el análisis de las variaciones capitalistas y las trayectorias diferenciadas al interior de la periferia que acabamos de considerar no puede realizarse a partir de una relación unidireccional y estática entre los núcleos y las redes económicas y políticas globales. Por el contrario, se debe notar el marco de relaciones conflictivas y bi-direccionales que se establecen entre los mismos, las que generan cambios que pueden restar sostenibilidad a esa interacción virtuosa de los núcleos –observados en el EA y ausentes en AL– a partir de la alteración de las condiciones de permisividades externas y viabilidad interna.

En ese sentido, no obstante, los resultados exitosos producto de la sinergia virtuosa de los núcleos, las experiencias analizadas del EA debieron enfrentar un proceso de crisis y reestructuración que horadó tanto la endogeneidad y el dinamismo de los núcleos de acumulación, como la capacidad de direccionamiento de los núcleos de implicación estatal, el que no resultó internamente inofensivo.

Primeramente, la crisis financiera y la estanflación se hicieron presentes en Japón hacia finales de 1980 e inicios de 1990 (Ross, 2008), mientras que hacia 1997 el *crash* monetario y devaluatorio en el sudeste asiático redujo drásticamente las economías de Corea del Sur, Hong Kong, Taiwán, entre otros países de la región. En la gestación de esas crisis pero, sobre todo en los cambios sobrevinientes a las mismas, operó una fuerte presión por el desmantelamiento de los núcleos de implicación estatal desarrollistas. Estos cambios fueron impulsados progresivamente en Japón y más bruscamente en Corea por las fuerzas neoliberalizadoras direccionadas por las fracciones trasnacionalizadas del capital que controlan las redes económicas globales, así como por los organismos internacionales que controlan las redes políticas globales (Véase Schoppa, 2006; Estévez-Abe, 2008; Crotty y Lee, 2005; y Lim y Jang, 2006).

Esa presión desmantelatoria no fue ciertamente unicausal. En primer lugar, hubo un retiro visible de la permisividad externa dada por la geopolítica americana de posguerra. Luego del apagamiento de la guerra fría, EE.UU. se dirigió, por un lado, hacia la protección de sus mercados y la reducción de las permisividades del EA (Bello, 1999); y, por otro lado, a facilitar la ofensiva de sus propios capitales productivos y, sobre todo, financieros en esos escenarios (Véase Gowan, 1999; y Ji, 2013). Por su parte, al interior de los propios socios del *flying geese*, comenzaron a recelarse las transferencias cooperativas de conocimiento y a valorizarse los riesgos de los *catching up* (Hart-Landsberg y Burkett, 2001; Ji, 2013).

El elemento estructurador fue la nueva lógica acumulativa de las fracciones del capital global y el intento de las mismas de reposicionarse y recomponer su control de los procesos de acumulación, particularmente a través del papel central y creciente de sus segmentos –y formas– financierizados. Bajo esas nuevas lógicas, y bajo una fuerte presión liberalizadora sobre el intervencionismo del núcleo de implicación estatal (Jomo, 2003 y 2006) visible en todo el EA desde 1980, dichas fracciones pugnaron por el desplazamiento del control estatal sobre el sistema financiero y su reemplazo por un sistema desregulado, guiado por los criterios del mercado de capitales (Crotty y Lee, 2005; Wade y Veneroso, 1998). En su concreción, como muestran los trabajos de Evans (1998), Chang y Evans (1999), Crotty y Kang-Kook (2001), Crotty y Lee (2005) y Park (2013), junto al poder penetrante de esos actores y lógicas de financierización incorporadas a las redes económicas globales a partir de la presión "liberalizadora", actuó un cambio en las condiciones de viabilidad interna generadas por el plegamiento a ese proceso de los grupos locales –concentrados, progresivamente trasnacionalizados–, crecientemente independizados de la "asistencia consensual y disciplinaria del Estado" (algo muy visible en Corea).

En este sentido, el escenario de permisividad y viabilidad de posguerra viró hacia uno de fuertes presiones trasnacionales por el desmantelamiento de aquellos mecanismos que, a través de la intervención estratégica (consensual y disciplinaria) del núcleo de implicación estatal aseguraron, aún después de la crisis capitalista de finales de 1960, un proceso de crecimiento que distinguió a la región del EA (Crotty y Lee, 2005; Jomo, 2006; y Doucette, 2009).

Si bien el desmantelamiento no operó automática ni generalizadamente, por cuanto convivió largo tiempo con el rol proactivo del Estado, la potencia del penetrante capital trasnacional asociado al globalizado capital "vernáculo", contenía una nueva lógica –de matriz financiera– sustentada en la progresiva imposición de prácticas cortoplacistas (Jomo, 2003; Yeung, 2000), propia de la movilidad ganada por el capital (Epstein et al., 2014).

Estas transformaciones contribuyeron a redefinir el vínculo virtuoso existente entre el Estado y los grupos empresarios, sustentado en un capital paciente formado por la dirección estatal y un sistema financiero basado en bancos (estatales) que garantizaba los procesos de aprendizaje e innovación productivos y, con ello, el impresionante proceso de desarrollo de posguerra (Ver Crotty y Lee, 2002). Esa redefinición encontró respaldo en los organismos internacionales, particularmente el FMI (Wade y Veneroso, 1998; Crotty y Lee, 2002), que alentaron activamente la visión de la necesidad de afirmar la desregulación y la des-implicación estatal para desactivar las ineficiencias y predisposiciones a la corrupción que formó parte del "capitalismo de amigos" (*crony capitalism*) (Lee, 1999; Lim, 1997; y Rosenberger, 1997). El argumento encontró eco al interior de la propia estructura estatal de donde surgió un relato crítico sobre la ineficiencia de la "sobreinversión" (Crotty y Kang-Kook, 2001; Thurbon, 2003) y los efectos corrosivos de las prácticas de corrupción que tenían lugar en la interacción del Estado con los capitales privados, imputables a una estructura vertical –y autoritaria– para explicar las crisis, como también advierte Ji (2013).

La penetración conjunta de capital trasnacional a través de las redes económicas globales y de los organismos internacionales a través de las redes políticas globales, operó retro-alimentariamente sobre el núcleo de acumulación y el núcleo de implicación estatal sobre dos aspectos sustantivos de su sinergia virtuosa de posguerra: el dinamismo y la endogeneidad. El primero, a partir del socavamiento del "capital paciente" sobre el cual maceran los procesos colectivos de aprendizaje, amenazados crecientemente por el rentismo de la financierización cortoplacista. El segundo, progresivamente debilitado por la trasnacionalización del aparato financiero y la exogeneización del capital trasnacional originado en los grupos capitalistas locales.

Esa afección en el núcleos de acumulación, a su vez, fue facilitada por –pero también generadora de– un debilitamiento de la capacidad del núcleo de implicación estatal para orientar las propiedades del núcleo de acumulación, a través del desplazamiento/desmantelamiento de sus estructuras centralizadas de planificación y disciplinamiento (Henderson, 2011), hacia la creación de un marco conceptual-ideológico desde los propios agentes estatales que fue compatible con las formas adoptadas por el núcleo de acumulación y promocionadas por los organismos internacionales. Paradojalmente, montado sobre la necesidad de una intervención activa del Estado para su concreción advertida por Kiely (1998)[1], según Crotty y Lee (2002) y Chang y Evans (1999) ese marco vino a cuestionar su rol de director estratégico del núcleo de acumulación en un escenario de distanciamiento de los actores dominantes del mismo que, siguiendo a Henderson y Hulme (2002), terminó de resquebrajar su autonomía y readecuar su implicación a las lógicas reproductivas cortoplacistas de las fracciones transnacionalizadas del capital. De este modo, el núcleo de implicación estatal resultó debilitado en su capacidad de control directo sobre el capital financiero ya que, como muestra Crotty y Lee (2005), accedió a las presiones por flexibilización de la relación laboral y el aliento al posicionamiento del capital externo en el mercado local.

En suma, el análisis de las variaciones del capitalismo al interior de la periferia, muestra que aquellos elementos virtuosos a nivel de los núcleos y sus relaciones resultan inestables y sujetos a la propia lógica contradictoria del capitalismo. Tachibanaki (2006) y Shin (2010) sostienen que los cambios surgidos de esa inestabilidad no resultan inocuos desde el punto de vista de los efectos sociales, advirtiéndose claramente un proceso de desigualación y precarización de la fuerza de trabajo en los países insignias del desarrollo del EA, como Japón y Corea.

Conclusiones

Utilizando el categorial conceptual de los núcleos, el presente trabajo se focalizó en analizar las divergencias macro-regionales en el heterogéneo

---

1 Como bien indica Kiely, "El Estado es visto como el problema –interviene demasiado–. También es visto como la solución –debe reformarse a sí mismo con el fin de permitir actividades de creación de riqueza–. Pero, si los estados son puramente egoístas, entonces ¿por qué los funcionarios estatales deberían llevar a cabo las reformas necesarias?" (1998, p. 75).

Sur Global, no solo para resaltar sus diferentes trayectorias nacionales y macro regionales respecto a su variación en su inserción global, sino también para mostrar su capacidad analítica frente al enfoque de Variedades de Capitalismo.

En este sentido, hemos argumentado que la construcción de los núcleos de acumulación y núcleos de implicación estatal solo pueden ser entendidas en el marco de su relación dialéctica con las estructuras y dinámicas internas (asociados a la estructura del capital, el poder del trabajo y la trayectoria institucional), y las dinámicas globales enmarcadas por las redes económicas y políticas. En función de ello, la fortaleza endógena de los núcleos de acumulación y su maleabilidad desde los núcleos de implicación estatal puede ser lograda, particularmente en los contextos periféricos, atendiendo tanto a la permisividad de los actores globales, por un lado, y –fundamentalmente– por las condiciones de viabilidad de su propia trayectoria histórica y calidad del núcleo de implicación estatal, por otro. Por lo tanto, la interacción de los núcleos con el marco geoeconómico y geopolítico da cuenta de la condición de permisividad (otorgada a los países del EA en el contexto de la Guerra fría) o bien la inhabilitación (para el caso de AL) al momento de alterar sus respectivas trayectorias nacionales y/o macro regionales.

Sin embargo, como señalamos en la última parte de este trabajo, y como una de las advertencias claves para considerar estos procesos, remarcamos que las relaciones entre los núcleos y las redes económicas y políticas globales no deben considerarse unidireccional ni estáticamente. Curiosamente, en los últimos años el EA ha mostrado un claro retroceso en la configuración endógena de los núcleos de acumulación en varios de sus países miembros (particularmente, en Corea del Sur), y con ello un debilitamiento del núcleo de implicación estatal en la capacidad de direccionarlo. Como resultado de fuertes presiones desreguladoras y la pérdida del control estatal sobre el sector financiero (en buena medida, debido a la progresiva penetración de los organismos internacionales), así como la pérdida gradual del poder disciplinante que ejercía el Estado sobre los grupos empresariales, el núcleo de implicación estatal se encontró con núcleos de acumulación cada vez más trasnacionalizados y menos dependientes de su dirección y apoyo.

Referencias bibliográficas

ACEMOGLU, D. y ROBINSON, J. (2012). *Why nations fail: The origins of power, prosperity, and poverty.* New York: Crown Business.

AKAMATSU, K. (1961). "A theory of unbalanced growth in the world economy". *Weltwirtschaftliches Archiv,* 86 (2). 192-215.

AKAMATSU, K. (1962). "A historical pattern of economic growth in developing countries". *The Developing Economies*, 1 (1). 3-25.

AMSDEN, A. (1989). *Asia's Next Giant. South Korea and Late Industrialization*. Nueva York: Oxford University Press.

AMSDEN, A. (2001). *"The rise of "The Rest". Challenges to the West from Late-Industrializing Economies"*. Nueva York: Oxford University Press.

AMSDEN, A. (2007). *Escape from empire: the developing world's journey through heaven and hell*. Cambridge Cambridge University Press.

ARCEO, E. (2005). "El impacto de la globalización en la periferia y las nuevas y viejas formas de la dependencia en América Latina". *Cuadernos del CENDES*, 22 (60). 25-61.

ARRIGHI, G. (1994). *The long twentieth century: Money, power, and the origins of our times*. New York: Verso.

BAEK, S-W. (2005). "Does China follow "the East Asian development model"?". *Journal of Contemporary Asia*, 35 (4). 485-498.

BEESON, M. (2004). "The rise and fall (?) of the developmental state: The vicissitudes and implications of East Asian interventionism", p. 29-40, en: Low, L. (Ed.), *Developmental states: relevancy, redundancy or reconfiguration*. New York: Nova Science Publishers.

BELLO, W. (1999). *Dark Victory: The United States and Global Poverty*. London: Pluto Press.

BLYDE, J. (Ed.) (2014). *Fábricas Sincronizadas*. Washington: Banco Interamericano de Desarrollo.

BOSCHI, R. R. (2011). *Variedades de capitalismo, política e desenvolvimento na América Latina*. Río de Janeiro: Editora UFMG.

BRENNER, N. (1997). "Global, fragmented, hierarchical: Henri Lefebvre's geographies of globalization". *Public Culture*, 10 (1). 135-167.

CARDOSO, F. H. (1985). *Estado y sociedad en América Latina, 1850-1930*. Buenos Aires: Nueva Visión.

CARROLL, W. y CARSON, C. (2003). "Forging a new hegemony? The role of transnational policy groups in the network and discourses of global corporate governance". *Journal of World-Systems Research*, 9 (1). 67-102.

CASTELLANI, A. (2002). "La gestión estatal durante los regímenes políticos burocrático-autoritarios. El caso argentino entre 1967 y 1969". *Sociohistórica*, 11-12. 35-68.

CASTELLS, M. (1992). "Four Asian Tigers with a dragon head: a comparative analysis of the state, economy and society in the Asian Pacific Rim", p. 33-70, en: Appelbaum, R. y Henderson, J. (Eds.), *State and Development in the Asian Pacific Rim*. London: Sage.

CASTELLS, M. (1996). *The rise of the network society* (Vol. 1). *The information age: economy, society, and culture*. Oxford: Blackwell.

CHANG, H-J. (2010). "How to 'do' a developmental state: political, organisational and human resource requirements for the developmental state", p. 82-96, en: Edigheji, O. (Ed.), *Constructing a democratic developmental state in South Africa: potentials and challenges*. Cape Town: HSRC Press.

CHANG, H-J. y EVANS, P. (1999). "The role of institutions in economic change", p. 99-129, en: De Paula, S. y Dymski, G. (Eds.), *Reimagining growth. Towards a renewal of development theory*. London: Zed Book.

CHENG, L□L. y GEREFFI, G. (1994). "The informal economy in East Asian development". *International Journal of Urban and Regional Research,* 18 (2). 194-219.

CHIBBER, V. (2002). "Bureaucratic Rationality and the Developmetal State". *American Journal of Sociology,* 107 (4). 951-988.

CHIBBER, V. (2003). *Locked in place: State-building and late industrialization in India.* Princeton: Princeton University Press.

CHIBBER, V. (2008). "¿Revivir el Estado desarrollista? El mito de la "Burguesía Nacional"". *Documentos y Aportes en Administración Pública y Gestión Estatal,* 8 (11). 7-34.

CHO, Y-J. y KIM, J-K. (1997). *Credit policies and the industrialization of Korea (Vol. Korea Development Institute).* Seoul: World Bank Publications.

CIMOLI, M. (2005). *Heterogeneidad estructural, asimetrías tecnológicas y crecimiento en América Latina.* Santiago, Chile: CEPAL/BID.

COX, R. (1987). *Production, power, and world order: Social forces in the making of history.* New York: Columbia University Press.

CROTTY, J. y KANG-KOOK, L. (2001). "Economic performance in post-crisis Korea: A critical perspective on neoliberal restructuring". *Seoul Journal of Economics,* 14 (2). 183-242.

CROTTY, J. y LEE, K-K. (2002). "Is financial liberalization good for developing nations? The case of South Korea in the 1990s". *Review of Radical Political Economics,* 34 (3). 327-334.

CROTTY, J. y LEE, K-K. (2005). "From East Asian "miracle" to neo-liberal "mediocrity": the effects of liberalization and financial opening on the post-crisis Korean economy". *Global Economic Review,* 34 (4). 415-434.

DAVIS, D. (2004). *Discipline and development: middle classes and prosperity in East Asia and Latin America.* Cambridge: Cambridge University Press.

DEYO, F. (1987). "State and labor: Modes of political exclusion in East Asian development", p. 182-202, en: Deyo, F. (Ed.), *The political economy of the new Asian industrialism.* Ithaca: Cornell University Press.

DICKEN, P. (2011). *Global shift: Mapping the changing contours of the world economy.* New York: The Guilford Press.

DONER, R. (2009). *The politics of uneven development: Thailand's economic growth in comparative perspective.* New York: Cambridge University Press.

DOUCETTE, J. (2009). *The postdevelopmental state: The reconfiguration of political space and the politics of economic reform in South Korea. Tesis doctoral.* Vancouver: University of British Columbia.

EPSTEIN, G. A., SCLESINGER, T. y VERNENGO, M. (2014). *Banking, monetary policy and the political economy of financial regulation: Essays in the tradition of Jane D'Arista.* Cheltenham y Northampton: Edward Elgar.

ESSER, K. (1993). "América Latina. Industrialización sin visión". *Nueva Sociedad,* 125. 27-46.

ESTÉVEZ-ABE, M. (2008). *Welfare and capitalism in postwar Japan.* New York: Cambridge University Press.

EVANS, P. (1998). "Alternativas al Estado desarrollista. Lecciones de la crisis de Asia Oriental". *Nueva Sociedad,* 155. 143-156.

FAJNZYLBER, F. (1983). *La Industrialización trunca de América Latina.* México D.F.: Editorial Nueva Imagen.

FAJNZYLBER, F. (1987). "Reflexiones sobre las particularidades de América Latina y el sudeste asiático y sus referencias en el mundo industrializado". *Investigación Económica,* 46 (180). 63-109.

FALETTO, E. (2014). "La especificidad del Estado en América latina". *Revista Estudios,* 31. 205-236.

FERNÁNDEZ, V. R., LAUXMANN, C. y TREVIGNANI, M. (2014). "Emergencia del Sur Global. Perspectivas para el desarrollo de la periferia latinoamericana". *Economia e Sociedade,* 23 (3). 611-643.

FERNÁNDEZ, V. R. (2010). "Desarrollo regional bajo transformaciones trans-escalares ¿Por qué y cómo recuperar la escala nacional?", p. 301–341, en: Fernández, V. R. y Brandão, C. (Eds.). *Escalas y políticas del desarrollo regional. Desafíos para América Latina.* Buenos Aires: Editorial Miño y Dávila.

FERNÁNDEZ, V. R. (2013). *Doble amenaza, doble debilidad un mismo desafío. Latinoamérica ante la crisis del centro y la desigual emergencia del sur global.* Documento de Trabajo del IIETE. Instituto de Investigación Estado, Territorio y Economía. Universidad Nacional del Litoral. Santa Fe.

FERNÁNDEZ, V. R. y ALFARO, M. B. (2011). "Ideas y políticas del desarrollo regional bajo variedades de capitalismo: contribuciones desde la periferia". *Revista Paranaense de Desenvolvimento,* (120). 57-99.

FERNÁNDEZ, V. R. y BAZZA, A. (2016). "Repensando las Variedades de Capitalismo desde la Periferia". *Desenvolvimento Em Questão,* 14 (35). 5–34.

FFRENCH-DAVIS, R. (2005). *Reforming Latin America's Economies. After Market Fundamentalism.* New York: Palgrave Macmillan.

FIORI, J. L. (2015). *História, estratégia e desenvolvimento: para uma geopolítica do capitalismo.* São Paulo: Editorial Boitempo.

GEREFFI, G. (1989). "Rethinking development theory: Insights from East Asia and Latin America". *Sociological Forum,* 4 (4). 505-533.

GLASSMAN, J. (2011). "The geo□political economy of global production networks". *Geography Compass,* 5 (4). 154-164.

GOWAN, P. (1999). *The global gamble: Washington's Faustian bid for world dominance.* London: Verso.

HALL, P. y SOSKICE, D. (2001). "An Introduction to Varieties of Capitalism", p. 1-70, en: Hall, P. y Soskice, D. (Eds.), *Varieties of Capitalism. The Institutional Foundations of Comparative Advantage.* Oxford: Oxford University Press.

HART-LANDSBERG, M. y BURKETT, P. (2001). "Economic crisis and restructuring in South Korea: Beyond the free market-statist debate". *Critical Asian Studies,* 33 (3). 403-430.

HENDERSON, J. (2011). *East Asian transformation: on the political economy of dynamism, governance and crisis.* London: Routledge.

HENDERSON, J. y HULME, D. (2002). *Globalization, national economic governance and poverty elimination: Insights from East Asia and Eastern Europe.* Final Report to the

Department for International Development. (Globalisation and Poverty Programme), Project R7861.

JAGUARIBE, H. (1979). "Autonomía periférica y hegemonía céntrica". *Estudios Internacionales,* 12 (46). 91-130.

JESSOP, B. (2015). "Comparative Capitalisms and/or Variegated Capitalism", p. 65–82", en: Ebenau, M; Bruff, I. y May, C. (Eds.), *New Directions in Comparative Capitalisms Research: Critical and Global Perspectives.* London: Palgrave Macmillan.

JI, H-J. (2013). "The Fall of the Developmental State and the Rise of the Neoliberal State in South Korea: Transformations in Historical, Geographical, and Social Relations", p. 89-134, en VV.AA. (Ed.), *Geo-political Economies of East Asia. Re-locating East Asian Developmental States in their Transnational and Local Contexts.* Seoul: Seoul National University Asia Center.

JOHNSON, C. (1982). *MITI and the Japanese miracle: the growth of industrial policy: 1925-1975.* Stanford: Stanford University Press.

JOMO, K. (2001). "Globalisation, liberalisation, poverty and income inequality in Southeast Asia". *OECD Development Centre Working Papers No. 185.*

JOMO, K. (2003). "Globalization, liberalization and equitable development: lessons from East Asia". *Overarching Concerns Paper Number 3.* Ginebra: United Nations Research Institute for Social Development.

JOMO, K. (2006). "Growth with equity in East Asia?". *DESA Working Paper* N° 33, Department of Economic and Social Affairs of United Nations, New York, 54 p.

KASAHARA, S. (2004). "The Flying Geese Paradigm: A critical study of its application to East Asian regional development". *UNCTAD Discussion Papers (169),* Ginebra, 34 p.

KAY, C. (2002). "Reforma agraria, industrialización y desarrollo: ¿Por qué Asia Oriental superó a América Latina?". *Debate Agrario,* 34. 45-94.

KIELY, R. (1998). "Neo liberalism revised? A critical account of World Bank concepts of good governance and market friendly intervention". *Capital & Class,* 22 (1). 63-88.

KOHLI, A. (2004). *State-directed development: political power and industrialization in the global periphery.* Cambridge: Cambridge University Press.

KROEBER, A. (2011). "Developmental dreams: Policy and reality in China's economic reforms", p. 44-65, en: Kennedy, S. (Ed.), *Beyond the Middle Kingdom: Comparative perspectives on China's capitalist transformation.* Stanford: Stanford University Press.

LEE, E. (1999). "The debate on the causes of the Asian crisis: Crony capitalism versus international system failure". *International Politics and Society,* 2. 162-167.

LEVY, D. (2008). "Political Contestation in Global Production Networks". *Academy of Management Review,* 33 (4). 943-962.

LEVY-ORLIK, N. (2009). "Protectionism and industrialization: a critical assessment of the Latin American industrialization period". *Revista de Economia Política,* 29 (4). 436-453.

LIM, H-C. y JANG, J-H. (2006). "Neo-liberalism in post-crisis South Korea: Social conditions and outcomes". *Journal of Contemporary Asia,* 36 (4). 442-463.

LIM, L. (1997). "The Southeast Asian currency crisis and its aftermath". *Journal of Asian Business,* 13 (4). 65-83.

MEDEIROS, C. A. (2010). "Instituições e desenvolvimento econômico: uma nota crítica ao "nacionalismo metodológico"". *Economia e Sociedade,* 19 (3). 637-645.

OCAMPO, J. (2011). "Seis décadas de debates económicos latinoamericanos". *Initiative for Policy Dialogue.* Disponible en web (http://policydialogue.org/files/events/SEGIB-PNUD_Ocampo-final.pdf), 25 p.

OCAMPO, J. y ROS, J. (2011). "Shifting paradigms in Latin America's economic development", p. 4-25, en: Ocampo, J. y Ros, J. (Eds.), *The Oxford Handbook of Latin American Economics.* Oxford: Oxford University Press.

O'DONNELL, G. (1973). *Modernization and bureaucratic-authoritarianism: Studies in South American politics.* Berkeley: University of California Press.

O'DONNELL, G. (2009). *El Estado burocrático autoritario 1966-1973: triunfos, derrotas y crisis.* Buenos Aires: Prometeo.

ÖNIŞ, Z. (1991). "The logic of the developmental state". *Comparative Politics,* 24 (1). 109-126.

OZAWA, T. (2002). "The "hidden" side of the "flying-geese" catch-up model: Japan's dirigiste institutional setup and a deepening financial morass". *Journal of Asian Economics,* 12 (4). 471-491.

OZAWA, T. (2011). "The (Japan□born) 'flying□geese' theory of economic development revisited–and reformulated from a structuralist perspective". *Global Policy,* 2 (3). 272-285.

PALMA, J. G. (2009). "The revenge of the market on the rentiers. Why neo-liberal reports of the end of history turned out to be premature". *Cambridge Journal of Economics,* 33 (4). 829-869.

PECK, J. y THEODORE, N. (2007). "Variegated capitalism". *Progress in Human Geography,* 31 (6). 731-772.

PEMPEL, T. J. (1999). "The developmental regime in a changing world economy", p. 137-181, en: Woo-Cummings, M. (Ed.), *The developmental state.* Ithaca and London: Cornell University Press.

PORTANTIERO, J. C. (1989). "La múltiple transformación del Estado latinoamericano". *Nueva Sociedad,* 104. 88-94.

PORTES, A. y HOFFMAN, K. (2003). "La estructura de clases en América Latina: composición y cambios durante la era neoliberal". *Desarrollo Económico,* 43 (171). 355-387.

PREBISCH, R. (1981). *Capitalismo periférico. Crisis y transformación.* México D.F.: Fondo de Cultura Económica.

PREBISCH, R. (1986). "El desarrollo económico de la América Latina y algunos de sus principales problemas". *Desarrollo Económico,* 26 (103). 479-502.

ROSENBERGER, L. (1997). "Southeast Asia's currency crisis: a diagnosis and prescription". *Contemporary Southeast Asia,* 19 (3). 223.

ROSS, J. (2008). "India and China's challenge in the current economic crisis". *Key Trends in Globalisation.*

SASSEN, S. (2010). "Global inter-city networks and commodity chains: any intersections?". *Global Networks,* 10 (1). 150-163.

SCHNEIDER, B. R. (2009). "Hierarchical market economies and varieties of capitalism in Latin America". *Journal of Latin American Studies,* 41 (03). 553-575.

SCHNEIDER, B. R. (2013). *Hierarchical Capitalism in Latin America*. Cambridge: Cambridge University Press.

SCHNEIDER, B. R. y SOSKICE, D. (2009). "Inequality in developed countries and Latin America: coordinated, liberal and hierarchical systems". *Economy and society*, 38 (1). 17-52.

SCHOPPA, L. (2006). *Race for the Exits. The Unraveling of Japan's System of Social Protection*. Ithaca: Cornell University Press, 272 p.

SCHULDT, J. y ACOSTA, A. (2006). "Petróleo, rentismo y subdesarrollo: ¿una maldición sin solución?". *Nueva Sociedad*, 204. 71-89.

SHIN, K-Y. (2010). "Globalisation and the working class in South Korea: Contestation, fragmentation and renewal". *Journal of Contemporary Asia*, 40 (2). 211-229.

SOTO, R. (2013). "América Latina: Entre la financiarización y el financiamiento productivo". *Problemas del desarrollo*, 44 (173). 57-78.

SUNKEL, O. (1971). "Desarrollo, subdesarrollo, dependencia, marginación y desigualdades espaciales; hacia un enfoque totalizante". *Investigación Económica*, 31 (121). 23-77.

TACHIBANAKI, T. (2006). "Inequality and poverty in Japan". *Japanese Economic Review*, 57 (1). 1-27.

THURBON, E. (2003). "Ideational inconsistency and institutional incapacity: Why financial liberalisation in South Korea went horribly wrong". *New Political Economy*, 8 (3). 341-361.

VU, T. (2007). "State formation and the origins of developmental states in South Korea and Indonesia". *Studies in comparative international development*, 41 (4). 27-56.

WADE, R. (1990). *Governing the market: Economic theory and the role of government in East Asian industrialization*. Princeton: Princeton University Press, 456 p.

WADE, R. y VENEROSO, F. (1998). "The Asian crisis: the high debt model versus the Wall Street-Treasury-IMF complex". *New Left Review*, 228. 3-23.

WOO-CUMINGS, M. (1999). *The developmental state*. Ithaca: Cornell University Press.

YEUNG, H. W. (2000). "State intervention and neoliberalism in the globalizing world economy: lessons from Singapore's regionalization programme". *The Pacific Review*, 13 (1). 133-162.

ZYSMAN, J. (1983). *Governments, markets, and growth: financial systems and the politics of industrial change*. Ithaca: Cornell University Press.

Variedades de capitalismo en América Latina: el caso argentino

Alcides Bazza

Carolina Lauxmann

Víctor Ramiro Fernández

Instituto de Investigaciones de Humanidades
y Ciencias Sociales del Litoral (IHuCSo),
UNL-CONICET (Argentina)

Introducción

Los planteamientos institucionalistas de la economía política, en su tendencia a establecer recetas "exitosas" para el desarrollo, elaboran sus principales modelos sobre la base de diferentes articulaciones institucionales dadas en economías nacionales desarrolladas. En ese marco de economías cerradas, y con especial referencia al rol de las firmas empresarias, estos esquemas admiten la convivencia de diferentes "variedades de capitalismo" posibles. Por lo tanto, el subdesarrollo de un país determinado encuentra su causa central en falencias o defectos propios de sus instituciones que imposibilitan una articulación "virtuosa" hacia alguno de los modelos tipificados. Bajo este marco de análisis, el enfoque de Variedades de Capitalismo (VC) originado para explicar diversas trayectorias exitosas de países centrales –cuyos principales referentes son Hall y Soskice (2001)– se extendió a diversos países subdesarrollados para explicar sus deficiencias, siendo el aporte de Ben Ross Schneider (2013) uno de los más destacados para el estudio de los países latinoamericanos en general (ver también, Soskice y Schneider, 2009; Schneider, 2008)[1].

Con una mirada crítica a dicho enfoque, que desconoce, a partir del sobrecentramiento en las firmas, a actores no empresariales como la fuerza de trabajo –fundamentalmente en su relación conflictual con el capital– y al Estado en la configuración de las variedades de capitalismo (Fernández, 2017), el presente trabajo se propone indagar las dificultades para viabilizar procesos de desarrollo económico en Argentina. La contradicción capital-trabajo y las propiedades de la implicación estatal a nivel doméstico, son consideradas en el marco de una "variedad pretérita" centro-periferia

---

1   Para un tratamiento más extenso de esta literatura, ver en la sección I, capítulo 2 de este libro.

(Fernández et al., 2017) vinculada a la particular forma de inserción del país a la división internacional del trabajo (Prebisch, 1986). Este tratamiento es central para entender por qué en la experiencia argentina el "éxito o fracaso" en el desarrollo económico –relacionado centralmente a superar los históricos problemas planteados por la restricción externa– (Diamand, 1985), no solo se explica por complementariedades institucionales internas "virtuosas o inconvenientes", sino por la puja distributiva –propia de la relación conflictual capital-trabajo– y por las propiedades de la implicación estatal; como así también, por factores externos que escapan a los análisis nacionalistas metodológicos, propios del enfoque dominante de VC.

Para llevar adelante este análisis, el trabajo recurre a los conceptos de Núcleo de Acumulación –NA– y Núcleo de Implicación Estatal –NIE– desarrollados en la introducción de este libro que, directa o indirectamente, reparan en los precitados actores y proveen una metodología de análisis que no pretende configurar un tipo ideal de variedad de capitalismo para el caso argentino sino que, analizando las particulares configuraciones e interrelaciones de los núcleos a partir de una combinación de factores internos y externos, procura dar cuenta de la performance diferenciada del capitalismo argentino en términos de desarrollo económico.

A estos fines, el capítulo se estructura de la siguiente manera. La primera sección se centra en la etapa de hegemonía británica y en la particular forma que asumen el NA y el NIE bajo la misma. Se plantea aquí la conformación de un NA rentista y concentrado con fuerte incidencia de la élite terrateniente local y de empresas de capital extranjero partícipes en grandes obras de infraestructura, así como en los incipientes sectores industriales, consolidado al amparo de un NIE que se implicó en el desenvolvimiento socio-económico para viabilizar la aplicación de los postulados liberales.

La segunda sección abarca el período de industrialización por sustitución de importaciones (ISI) que tiene lugar en Argentina, bajo la hegemonía norteamericana, y da cuenta del proceso de transformación del NA y NIE que venía prevaleciendo hasta la década de 1930. Se identifica aquí cómo la actividad manufacturera se convierte en la motorizadora del NA, así cómo, con el devenir de la misma, se empoderan una panoplia de actores –burguesía nacional y extranjera, y clase trabajadora– que disputan el orden establecido hasta el momento, en tanto comienzan a filtrar sus demandas corporativas en el Estado. Se reconoce, también, no obstante, dicho proceso de transformaciones en el NA y el NIE, el peso persistente de las tradicionales élites terratenientes, que obturaron la posibilidad de dar continuidad al proceso de industrialización y de propiciar el desarrollo económico promediando la década de 1970.

La dictadura del 24 de marzo de 1976 y los cambios que acontecieron a nivel internacional con la crisis de principios de los setenta, incidieron nuevamente en los mencionados núcleos. En este sentido, la tercera sección hace especial referencia al desmantelamiento de las formas de intervención del Estado que caracterizaron a la etapa de posguerra y a la instauración, a partir de dichas modificaciones en el NIE, de un nuevo NA en el que la actividad industrial pierde peso y complejidad (Azpiazu y Schorr, 2010), de la mano de un creciente proceso de valorización financiera del capital que se estructura sobre la base de una fuerte represión de la fuerza de trabajo (Basualdo, 2000 y 2006).

Luego de tres décadas bajo estas lógicas, con el colapso político-económico del año 2001 se manifiestan distintas reacciones que vuelven a modificar las propiedades de los núcleos. Estas reacciones emergen en un nuevo contexto internacional, favorable desde los términos de intercambio, que abría nuevas posibilidades para el desarrollo del país. Sin embargo, y como se indaga en la cuarta sección, durante el período reciente (2003-2015) si bien se observan modificaciones en el NIE con relación a las lógicas predominantes en el periodo anterior, que dan lugares a ciertas mejoras en las condiciones de reproducción social de la población, también se advierte la incapacidad del mismo de avanzar en la configuración de un NA que, sobre la base del desenvolvimiento del sector industrial, permita viabilizar el desarrollo económico. El trabajo cierra con unas breves consideraciones finales.

1. La inserción al sistema capitalista mundial y la conformación de los núcleos

La determinación del nexo de causalidades sobre cómo repercuten los factores de orden externo sobre los procesos de desarrollo de un país en su plano institucional interno, y la influencia del segundo sobre el primero, constituye un aspecto de difícil determinación. No obstante, su consideración resulta central. Más aún para el caso de países que, como el argentino, se han insertado de manera subordinada a la división internacional del trabajo. Ello se manifestó directamente en las particulares características que definieron las propiedades centrales del NA argentino durante el modelo agroexportador (1880-1930), y la forma en que se consolidó el NIE durante ese período.

La hegemonía británica contribuyó decisivamente a que la Argentina consolide su mercado nacional orientado a las exportaciones de productos agropecuarios. En términos de Schvarzer, "la caída de los precios de los bienes manufacturados, provocada por el avance de la Revolución Industrial, coincidió con el aumento de los precios de las materias primas ofrecidas por Buenos Aires" (1996:59), aspecto por el cual, se selló una alianza estratégica entre el gran capital inglés y la elite terrateniente local.

Dicha alianza reforzó el poderío de esta élite que concentraba la propiedad de las tierras. Las mismas maximizaron sus rentas por los exponenciales frutos del agro que, ante el notable aumento de la demanda inglesa por materias primas, incrementó su capacidad de producción por los avances en las técnicas de explotación extensiva (Rofman y Romero, 1997). Ello se complementó con las exportaciones ganaderas que se incrementaron significativamente debido a la aparición de los primeros buques europeos que permitían el enfriamiento de las carnes en su traslado (Schvarzer, 1996). Progresivamente, los avances técnicos fueron dando lugar a los frigoríficos que, como sustitutos de los antiguos mataderos, pasaron a ser centros estratégicos en el proceso productivo del ganado y las exportaciones del país y, junto con las exportaciones de cereales y lana, uno de los principales núcleos de acumulación de riqueza privada (Schvarzer, 1996).

Por otro lado, se consolidaba internamente el poder del capital extranjero. Según Ferrer (2007) este estaba destinado centralmente a proporcionar el capital básico de infraestructura en transportes y servicios públicos y, a través de la compra de títulos del gobierno, a articular política y económicamente al país mediante el financiamiento de la inversión y el gasto público. Aunque también incursionaba en el comercio e instituciones financieras y en actividades agropecuarias –como los frigoríficos y el acopio de granos y su comercialización–. Estas cuestiones explican por qué la oferta de créditos ingleses "convirtió a la Argentina en una nación deudora de la City de Londres desde 1824, situación que solo se revirtió un siglo más tarde a raíz de la Segunda Guerra Mundial" (Schvarzer, 1996:60).

Vemos así que se consolidó un NA, de carácter rentista y concentrado con una fuerte participación de la élite terrateniente local, así como de empresas extranjeras en grandes obras públicas como en los incipientes sectores industriales. En dicho núcleo, la burguesía nacional, conformada mayormente por terratenientes que diversificaron su producción en alianza con extranjeros, tuvo una participación minoritaria (Schvarzer, 1996), y la clase trabajadora ocupaba un lugar marginal.

Esta última, no obstante, concentrada en torno a los grandes frigoríficos y demás industrias en la provincia de Buenos Aires, y con una importante participación de mujeres y niños, comenzó sus primeras organizaciones sindicales con la fuerte oleada inmigrante del período –y sus inspiraciones socialistas y anarquistas–. Estos movimientos se mostraron muy activos desde comienzos del siglo XX hasta la semana trágica de 1919, "que abrió paso a la represión sangrienta" (Schvarzer, 1996:149). En consecuencia, la protesta social tuvo que esperar hasta el proceso de crisis de finales de la década del treinta para retomar fuerzas y su inactividad se tradujo en el mantenimiento de sus condiciones previas, "siendo el conventillo símbolo de la pobreza en una sociedad que disponía de alimentos baratos" (Schvarzer, 1996:150).

En este contexto, el NIE tuvo un rol central en respuesta a los intereses de los capitales internacionales y de la elite terrateniente. Consolidó una incipiente estructura burocrática centrada principalmente en el aparato militar (Garavaglia, 2016), que procuró dar cohesión y coherencia a los postulados liberales del librecambio y la apertura comercial internacional, orientándose a:

a) Contener y controlar la contradicción capital-trabajo. El creciente poder de negociación adquirido por la clase trabajadora debido a, entre otras cosas, la ocupación en sectores claves como el transporte (ferrocarriles y puertos) y los frigoríficos; la influencia de la oleada inmigrante con sus ideas revolucionarias; y el acceso al poder del Estado nacional de un partido reformista en 1916, fue agudizando los conflictos sociales (Schvarzer, 1996). En consecuencia, las diversas protestas obreras generaron miedo y odio en las élites tradicionales, y ello se tradujo en fuertes represiones por parte del Estado hacia fines de la segunda década del siglo XX. Esta represión se extendió hasta las zonas rurales y a diversas regiones del país, desactivando a los movimientos obreros por el resto de la década del veinte.

b) La unidad del mercado nacional, fundamentalmente, apaciguando las disputas interprovinciales. El Estado nacional, organizado en Buenos Aires, hizo posible esta unidad debido a una incorporación subordinada de las Provincias (Oszlak, 2007). Por un lado, ofrecía una garantía de protección a las pequeñas oligarquías del interior y a las ciudades-capitales provinciales, las que pasaron a funcionar como oficinas administrativas al servicio del orden instaurado a nivel nacional (Oszlak, 1989; Cao y Rubins, 1996). Por otro lado, esta alianza fue central para acabar con los particularismos políticos locales. Esto demandó un proceso largo y conflictivo, desde Caseros hasta la federalización de Buenos Aires en 1880, donde la integración del mercado nacional con el acuerdo de las burguesías locales se llevó adelante gracias al avance militar sobre la fuerza de los caudillos luego de 1862 (Rofman y Romero, 1996; Cao y Rubins, 1996).

Estas características del NA y del NIE que presentaban un carácter poco virtuoso para viabilizar un proceso de desarrollo económico asociado a la conformación de un sector manufacturero (Fernández, 2017) se reforzaron hasta la década de 1930. Así, en línea con lo planteado por Schvarzer puede afirmarse que "los ingentes beneficios de terratenientes locales, comisionistas, financistas y proveedores externos" provocaban que los proyectos y debates posibles sobre la industrialización solo pudieran tener lugar "en la medida en que ofreciera beneficios igualmente elevados y rápidos" (1996:70). Por lo tanto, la necesidad de industrializar aparecía en momentos excepcionales de restricción externa y se apagaba rápidamente con el cambio de la coyuntura económica y el auge de las exportaciones. En efecto, "hubo dos momentos previos de limitaciones externas que no lograron forzar una salida industrial doméstica que se produjeron en 1890 y a finales de la primera guerra mundial [...] En esos dos casos todo el avance pro industria realizado fue posteriormente revertido ante la perspectiva por parte de la élite gobernante de lo efímero del problema" (Fiorito, 2015:27).

El verdadero quiebre a este *status quo* se dará recién en la década del 30, en razón de la crisis internacional, aunque también, a nivel interno, comenzaba a advertirse el agotamiento de la expansión de la frontera agropecuaria (Kosacoff, 1993). La manifestación directa de este contexto crítico se evidenció en la balanza comercial, debido a la importante disminución tanto de la cantidad de exportaciones como por la caída de sus precios (Schvarzer, 1996), y el consecuente déficit externo. La imperiosa necesidad de industrializar para resolver el problema externo a través de la sustitución de las importaciones gravitó en el "orden social" vigente, alterando la convergencia de intereses existentes entre las élites terratenientes, los capitales extranjeros, y la influencia que estos actores tuvieron en el NIE.

Este proceso de industrialización forzosa fue acompañado desde el plano externo por el relevo de la hegemonía británica, y la emergencia de los EEUU como nuevo motor del desarrollo capitalista mundial. El predominio de políticas económicas por parte de este país, que promovían su mercado interno y se orientaban fronteras adentro, abrió las puertas a un periodo de autonomía relativa del NIE argentino para conducir sus estrategias de desarrollo y profundizar el proceso de industrialización. Ello fue central para invertir la causalidad y atenuar la relevancia de los factores externos sobre el desenvolvimiento institucional doméstico. Ahora bien, sobre la marcha del proceso de industrialización se fue modificando la configuración del NA y NIE imperantes desde fines del siglo XIX, como veremos a continuación.

2. La etapa de posguerra y la reconfiguración del NA y NIE

El proceso de ISI convirtió a la actividad manufacturera en el motor del crecimiento económico al mismo tiempo que la posicionó como el eje articulador de las relaciones socio-económicas y políticas (Azpiazu y Schorr, 2010). En este proceso pueden identificarse distintas etapas. En una primera, que va desde la década del treinta hasta la segunda mitad de los cincuenta, denominada de "industrialización fácil", se avanzó fundamentalmente en el desarrollo de industrias asociadas al procesamiento de recursos naturales, como alimentos y bebidas, textiles y algunas actividades muy sencillas de las industrias mecánica y química (Ferrer, 2007; Rapoport, 2000).

Se fue modificando así, al interior de Argentina, la actividad dinamizadora del NA y, en consecuencia, fueron emergiendo nuevos actores en escena. En esta etapa de industrialización "fácil" se avanzó en el desarrollo de una burguesía nacional, al mismo tiempo que tuvo lugar la consolidación de la clase trabajadora –en gran medida empleada por aquella– como sujeto social reconocido institucionalmente (Basualdo, 2006). La emergencia de estos actores agudizó el conflicto de clases y la puja distributiva respecto a los intereses de la elite terrateniente, teniendo estas disputas una incidencia directa en el NIE. Ello se evidenció con la filtración de diversas demandas corporativas dentro del aparato estatal que ponían en jaque el modelo agroexportador y el consenso existente con anterioridad a la década del treinta.

En este escenario, si bien el Estado avanzó en una creciente burocratización, presentó de manera simultánea un carácter fragmentado, en tanto sus diferentes agencias actuaron a menudo de manera no coordinada atendiendo a diferentes intereses particularistas contrapuestos (Cavarozzi, 1991), vinculados a la ausencia de un consenso "hegemónico" entre las distintas clases (Portantiero, 1977). Así tuvieron lugar, en función de quien lograra imponerse provisionalmente, políticas económicas "pendulares" (Diamand, 1985) entre los sucesivos cambios de gobiernos democráticos y las interrupciones de facto, que dificultaron llevar a cabo una política sostenible de industrialización que profundice y complejice el desarrollo del sector.

No obstante, la propia dinámica de la ISI obligó a que se adoptaran ciertas medidas en aquel sentido –de profundización y complejización del sector industrial–. A medida que se avanzaba en el desarrollo de las industrias "livianas", estas empezaron a agotar sus posibilidades de sustituir importaciones y comenzaron a demandar, para su desenvolvimiento, insumos y equipos que no se producían localmente. La falta de capacidad para generar exportaciones industriales que proporcionen divisas necesarias para hacer frente a la compra de los mismos, produjo un déficit comercial en el sector, que restringió su crecimiento (Ferrer, 2007; Rapoport, 2000; Rougier y Schorr, 2012). Además, en concomitancia con este estrangulamiento externo del sector industrial, pasada la inmediata posguerra, los precios de los productos primarios comenzaron a deteriorarse (Rapoport, 2000; Rougier y Schorr, 2012), y los mercados de exportación se restringieron como consecuencia de la aplicación del Plan Marshall (Rapoport, 2000). Esta situación de la coyuntura internacional, sumada a la sequía interna de 1951-1952, y a los problemas estructurales que el sector agroexportador venía atravesando desde fines de la década del veinte, frenó el canal tradicional de entrada de divisas[2] –agroexportador–, agudizando los problemas del sector externo, y limitando el desarrollo manufacturero.

Se plantea así el desarrollo de una segunda etapa, de "industrialización difícil", donde se impulsó –desde el Estado– la instalación de empresas productoras de bienes intermedios y de capital, de modo de sustituir importaciones de este tipo, y moderar a mediano y largo plazo los estrangulamientos del sector externo. El capital extranjero ocupó un lugar central en este proceso de industrialización difícil. Los flujos extranjeros se incorporaron masivamente al sector industrial argentino en la industria de base o pesada –primordialmente en las ramas químicas, petroquímicas y automotores (Azpiazu et al., 1986; Azpiazu y Schorr, 2010; Rapoport, 2000)–. El ingreso de estos capitales modificó la morfología de la estructura industrial del país, tanto a nivel de sectores como de actores (Azpiazu et al. 1986; Rougier y Odisio, 2011; Schvarzer, 1996).

La llegada de las empresas del exterior, con sus equipos, procesos y productos tecnológicamente más sofisticados que las empresas locales –aunque obsoletos ya, considerando la frontera tecnológica internacional (Ferrer, 2007; Schvarzer, 1996)–, permitió una diversificación, profundización y complejización del tejido industrial. Pero también, importó un re-plegamiento y/o desplazamiento de las poco competitivas empresas manufactureras nacionales –que arrastraban una baja capitalización, como resultado de la fuerte restricción de equipamiento durante la década de 1930 y la Segunda Guerra Mundial–, fundamentalmente las de pequeño y mediano tamaño (Azpiazu et al., 1986; Rougier y Odisio, 2011). En este marco, las empresas extranjeras se posicionaron como oferentes oligopólicos en los nuevos mercados –de bienes "básicos"– que estaban emergiendo a la luz del avance del proceso de sustitución de importaciones, pero también en

---

2   Esta situación ponía en evidencia, el lugar estratégico que aún, pese a su supuesto descentramiento bajo un programa industrialista, ocupaban en el régimen de acumulación la actividad agroexportadora y los grandes terratenientes (Azpiazu et al., 1986; Rapoport, 2000; Rougier y Schorr, 2012).

los mercados tradicionales –alimentos y bebidas, textiles, etc.– (Azpiazu et al., 1986; Rougier y Odisio, 2011).

Si bien la incorporación del capital extranjero dio lugar a modificaciones importantes en el NA, modificando el perfil productivo sectorial y los liderazgos empresariales, no permitió subsanar durante ese período inicial, que comprende los últimos años de la década del cincuenta y primera mitad de los sesenta, los problemas en el frente externo (Schvarzer, 1996). Las empresas extranjeras importaban gran parte de los insumos y bienes que utilizaban en la producción de sus casas matrices. Este comportamiento, que las convertía en fuertes demandantes de divisas para el desarrollo de su producción, sumado al importante giro de divisas que realizaban en concepto de pagos de utilidades y regalías por la adquisición de tecnología, tendía a agudizar aún más las restricciones externas a las que se enfrentaba el país (Azpiazu et al., 1986; Schvarzer, 1996).

Advirtiendo los efectos perniciosos que el capital extranjero acarreaba sobre la economía nacional, sobre mediados y fines de la década de 1960, se buscaron mecanismos alternativos desde el propio NIE, centralmente en la política fiscal y financiera, para incrementar la presencia de la industria de base endógena. Respecto a la política fiscal, tuvo un rol protagónico la inversión estatal –alcanzando un 6,7% del producto durante los sesenta, y un 8,3% en los setenta (Oficina Nacional de presupuesto, 2005) – con una notoria participación en la misma de la empresa pública. Ello permitió notables mejoras en infraestructuras vinculadas a sectores energéticos con un impacto favorable en la balanza comercial (Amico, 2011), como así también, a la obra pública, con sus impactos positivos tanto en la creación de empleo como en la productividad del mercado nacional y la integración de las distintas economías regionales (Cao y Rubins, 1996).

Por su parte, la política financiera se orientó al financiamiento de la industria "pesada". El Estado, a través del sistema bancario[3], pero principalmente a través del Banco Industrial de la República Argentina (BIRA)[4], en primer lugar, y, luego, del Banco Nacional de Desarrollo (BND)[5], directa

---

3   Aún a pesar de la reforma financiera llevada a cabo por la autoproclamada "Revolución Libertadora", que puso fin al Sistema del Banco Central y al direccionamiento del crédito con fines sociales a que habilitaba el mismo (Wierzba y López, 2011).

4   En 1952 el Poder Ejecutivo modificó algunos artículos de la carta orgánica del BCIA, entre ellos el relativo al nombre de la entidad, que pasó a llamarse: Banco Industrial de la República Argentina (BIRA). Se dispuso también que dejara de estar bajo la órbita del BCRA, para depender directamente del Ministerio de Finanzas (Rougier, 2007).

5   El cambio de denominación del BIRA a Banco Nacional de Desarrollo (BND), no respondía a una mera cuestión de formas, representaba la intencionalidad del sector público de posicionar a la entidad financiera como un instrumento clave de la política industrial (Rougier, 2011; 2007; Rougier y Odisio, 2011).

o indirectamente –a través de la concesión de avales y/o garantías para la toma de préstamos en el exterior–, estimuló la inversión en activos fijos que permitieran desarrollar la producción local de bienes intermedios y de capital (Rougier, 2011 y 2007; Rougier y Odisio, 2011). Entre los ejemplos más destacados de empresas nacionales conformadas y/o consolidadas en este período, en virtud del direccionamiento del crédito realizado por el Estado, podemos mencionar: Aluar –aluminio–; Papel Tucumán, Alto Paraná, Celulosa Puerto Piray y Papel Prensa –pasta celulósica y papel para diarios–; Monómeros Vinílicos, Polisur, Electroclor; Indupa –petroquímicas–; Acindar, Dálmine, Propulsora Siderúrgica –siderúgicas–; Laboratorios Bagó –química–; Fate –neumáticos–; Pescarmona –metalmecánica– (Rougier y Odisio, 2011).

El surgimiento de estas empresas nacionales no contrarrestó la gravitación de las empresas extranjeras en el NA (ver Azpiazu et al, 1986; Rapoport, 2000; Rougier y Schorr, 2012) y se reforzaron así las dificultades para conformar una base industrial endógena, lo que planteó limitaciones para insertarse en las ramas más dinámicas de la producción manufacturera mundial (López, 2002). Sin embargo, es necesario reconocer que durante el período 1964-1974 se alcanzó un crecimiento económico sostenido del PBI, y una progresiva complejización de la producción manufacturera que amplió las exportaciones del sector superando la cantidad de importaciones durante el mencionado período, y resolvió los continuos problemas de restricción externa de los años anteriores (Basualdo, 2010; Campos, 2010; Fiorito, 2015).

La resolución de esta problemática histórica, fue acompañada en el plano interno con una notable reducción porcentual de la tasa de desempleo que, de acuerdo a datos de Ferreres (2010), fue decreciendo sistemáticamente al pasar de un 8,8% en el año 1963 al 3,65% en el año 1975. En paralelo, tuvo lugar un exponencial incremento del salario real promedio que luego de su aumento sostenido desde 1972 alcanzó su máximo histórico en el año 1974 (Fiorito, 2015: 18)[6]. En palabras de Luis Campos, esta relevante participación de los trabajadores en la distribución de los ingresos se debió al "plan de lucha de la CGT de 1964, con la movilización de cuatro millones de trabajadores y la toma de once mil fábricas; de la CGT de los Argentinos; del Cordobazo, el Rosariazo, el Tucumanazo. Es un período que cruza a gobiernos militares, peronistas, radicales, y que se caracteriza por la capacidad de organización y lucha de los trabajadores" (2010:44).

---

6   Ver el trabajo de Alejandro Fiorito (2015), pág. 18.

Ahora bien, pese a este auge del sector industrial y la creciente participación de la clase trabajadora, como mencionáramos anteriormente, durante el período analizado, no se pudo romper con el "empate hegemónico" –que encontraba del otro lado a las tradicionales élites terratenientes– y las pendulaciones de políticas, lo que se vio reflejado en la configuración de un Estado que no pudo consolidar desde sus estructuras una forma implicativa que impulse la profundización y complejización del sector manufacturero. Siguiendo las palabras de O'Donnell (1977: 552), "en su nivel institucional, las pendulaciones fueron como grandes mareas que por un momento cubrían todo y que, cuando se replegaban, arrastraban consigo 'pedazos' de ese Estado –ellos serían bastiones útiles para armar la nueva ola que no mucho después expulsaría a los que acababan de forzar el repliegue–".

La salida del empate recién se alcanza autoritariamente en el año 1976, con la irrupción de la dictadura cívico-militar. Esta puso fin al proceso de industrialización y a la redistribución progresiva del ingreso, que tuvo lugar de la mano del mismo con una brutal represión (O'Donnell, 2011) y dio lugar a la configuración de un NIE que, entre otros aspectos, desmantelaba los mecanismos de estímulo al desenvolvimiento industrial con base en el mercado interno. Estas modificaciones que tuvieron lugar en el plano interno fueron encontrando apoyo en el nuevo giro dado a nivel internacional, desde donde se promovía el retorno de las políticas ortodoxas que incentivaban la apertura económica. El contexto internacional volvió a poner en jaque la autarquía relativa obtenida en la mayor parte de los países latinoamericanos durante la ISI, y repercutió particularmente en el caso argentino por intermedio del conjunto de reformas instauradas a través de la aplicación del Consenso de Washington (Duarte, 2002; Ferrer, 2012), como veremos en el punto que sigue a continuación.

3. El NA y el NIE bajo el advenimiento del neoliberalismo

La dictadura del 76 puede interpretarse como un intento de poner fin a la mencionada disputa capital-trabajo, sustentada en una amplía redistribución de los ingresos que tuvo lugar sobre la base del desarrollo del sector industrial, presentando como corolario una fuerte desindustrialización, de la mano del inicio de un proceso de creciente valorización financiera del capital (ver Azpiazu y Schorr, 2010; Basualdo, 2006). A los fines de recomponer el poder de las élites terratenientes tradicionales, en el corto plazo procuró contener la inflación, a través de las típicas medidas ortodoxas –congelamiento salarial, suba de la tasa de interés e incremento del tipo de cambio– (Porcelli, 2010). En el largo plazo, su propósito trascendía el marco de lo "económico" y apuntaba a un programa de reestructuración integral de la propia organización social, modificando radicalmente la estructura económica del país, su base de sustentación y su inserción en la división internacional del trabajo (Azpiazu et al., 1986).

La configuración de este nuevo escenario respondió tanto a factores externos como internos del espacio nacional. Dentro de los factores externos reviste importancia central la influencia directa de redes políticas y económicas globales (Fernández, 2016). Las primeras estuvieron en línea con los intereses geopolíticos de los EEUU respecto a la región, muy presente a través de las teorías norteamericanas sobre la doctrina de seguridad nacional (Basualdo, 2006; O'Donnell, 1977). Las segundas se manifestaron a través de la ingente cantidad de capital líquido excedente[7] en búsqueda de inversión rentable a escala global que llevó a la banca internacional a ofrecer a los países periféricos, en particular de América Latina, préstamos a bajas tasas de interés aprovechando el atractivo mercado que parecían ofrecer frente a la coyuntura recesiva de los países centrales (Rapoport, 2000).

Sin embargo, a pesar de la importancia de los factores externos, los factores domésticos también tuvieron lugar. La existencia de capitales en los mercados internacionales en busca de inversión resulta insuficiente para explicar la desarticulación del patrón de acumulación existente y la instauración de uno nuevo; la implementación específica de los cambios fue realizada por algunas de las fracciones del capital interno. Por lo tanto, además de tomar nota de la presencia del capital financiero internacional, es preciso identificar quienes han sido "aliados" locales y que propósitos perseguían con la instauración del nuevo orden (Basualdo, 2006).

La posición de la élite terrateniente, uno de los tradicionales grupos de poder desde los orígenes del Estado nacional como indicáramos en el trabajo, se desdibujaba con el modelo de industrialización por sustitución de importaciones. Aquella veía amenazado su poder económico, político y social. Es por ello que Basualdo (2006), Azpiazu y Schorr (2010), entre otros, consideran que la élite terrateniente, y específicamente la fracción diversificada de la misma, fue la contraparte local del capital financiero internacional, y sus intelectuales fueron los que condujeron la estrategia

---

7   En la conformación de esta masa de capital han tenido injerencia, en un primer momento, las prácticas de los Estados comunistas y de las corporaciones privadas estadounidenses que dieron lugar a la conformación del mercado de eurodólares o eurodivisas; la abultada deuda del balance de cuenta corriente estadounidense –a la cual contribuyó en gran medida la guerra de Vietnam– que llevó a la declaración de la suspensión de la convertibilidad del dólar en 1971 y, finalmente, la denominada crisis del petróleo que permitió la afluencia masiva de dólares procedentes de los países árabes –petrodólares– al mercado de eurodólares o eurodivisas (Arrighi, 1999; Rapoport, 2000).

reestructuradora que implicó la finalización del modelo de desarrollo industrial vigente hasta ese momento.

Ante este escenario, los actores y las lógicas preponderantes del NA se reconfiguraron. Los grupos económicos locales –expresión de la renovada élite terrateniente diversificada– ganaron posiciones en detrimento del capital extranjero y la burguesía nacional, y por supuesto, también, de la clase trabajadora –la cual se vio fuertemente reprimida– y fueron los agentes motorizadores centrales del proceso de valorización financiera del capital (Basualdo, 2006). Ello habilitado por un proceso de reformas del NIE que adscribió a los postulados del librecambio introducidos a través de los programas de ajuste estructural que consideraremos más adelante.

Los actores industriales en vez de apostar a valorizar el capital mediante el desenvolvimiento de los procesos productivos se vieron involucrados en lógicas de valorización financiera. Esta, en su operatoria más sencilla, consistía en tomar préstamos en el exterior a una tasa más baja que la local, depositarlos en el país, que pagaba tasas superiores, y luego fugar ese dinero al exterior el cual servía de garantía para la toma de nuevos préstamos (Santarcángelo y Fal, 2010). Se produjo así un acelerado endeudamiento externo que estuvo motorizado por primera vez en muchas décadas por el sector privado oligopólico industrial y particularmente por la fracción de las élites terratenientes que se había diversificado hacia la producción manufacturera.

Ya en la última etapa de la dictadura militar, más específicamente en 1982, tuvo lugar la crisis de la deuda externa en América Latina. La insolvencia de los países de la región puso en riesgo la sustentabilidad del sistema financiero de los países centrales, de los cuales había obtenido el financiamiento en estos últimos años (Basualdo, 2006; Ferrer, 2007). El FMI, como actor clave para continuar la operatoria de la redes políticas y económicas globales en los países de la región, asumió la representación de los bancos acreedores y negoció acuerdos de salvataje con cada uno de los países en problemas, entre ellos Argentina. Los acuerdos con el FMI estuvieron atados a programas de ajuste estructural, a los que sobre finales de la década de 1980 Williamson denominó como *Washington Consensus* (Ferrer, 2007).

Las medidas del Consenso de Washington tuvieron su aplicación más acabada en Argentina en la década de 1990. Estas pueden interpretarse como una penetración de las redes políticas globales en el NIE, el que evidenció una fuerte centralización de la toma de decisiones de política pública en el Ministerio de Economía, desde el cual se impulsaron las reformas estructurales que implicaban: disciplina fiscal; reordenación de las prioridades del gasto público; reforma fiscal –con el objeto de ampliar la recaudación tributaria y reducir el déficit presupuestario–; liberalización financiera; fijación de un tipo de cambio competitivo; liberalización del comercio; liberalización de la inversión extranjera directa; desregulación de mercados –incluyendo la flexibilización laboral–; derechos de propiedad y privatizaciones (ver Williamson, 2009). Esta última reforma permitió otras formas de valorización financiera del capital y la reducción del "costo argentino", conteniendo el proceso de hiperinflación de fines de los 80.

La "primera vuelta" de las privatizaciones tuvo lugar durante el período 1990-1995, cuando se transfirieron los principales activos públicos a asociaciones de capitales locales y extranjeros. Éstas rápidamente obtuvieron elevados ingresos a partir de los activos recientemente adquiridos, previo cambio de comportamiento que las integró plenamente a la lógica del capital concentrado: maximización de ganancia en el corto plazo en lugar de persecución del beneficio social (Basualdo, 2000).

Pero esta particular "comunidad de negocios" entre los grupos económicos locales y los distintos tipos de capital extranjero comienza a erosionarse a partir de la segunda mitad de la década de los noventa cuando aquellos, en la segunda vuelta de las privatizaciones, se desprenden de la participación accionaria que tenían. Este proceso de desprendimiento por parte de los capitales locales de activos que le otorgaban excelentes niveles de ingresos y rentabilidad encuentra su justificación en la realización de las ganancias por revaluación patrimonial que habían experimentado estas empresas. Los consorcios privados compraron las empresas públicas u obtuvieron la concesión de los servicios prestados por el Estado pagando precios subvaluados y cancelando gran parte del monto de estas operaciones con bonos de la deuda pública, a través de una regulación que, por su precariedad en algunos casos e intencionalidad en otros facilitó esta operatoria y, en consecuencia, la maximización de sus ganancias. La conjunción de estos factores (bajo valor inicial y rentabilidad creciente) da como resultado una revaluación patrimonial que sólo puede realizarse cuando se transfiere la correspondiente participación accionaria. De este modo, y siguiendo la lógica de la valorización financiera del capital, los accionistas se desprendieron de sus activos productivos e invirtieron el dinero recibido por la venta de los mismos en activos financieros externos (Basualdo, 2000; Azpiazu y Schorr, 2010).

Pero la participación de las asociaciones en la economía argentina no sólo tuvo vinculación con el proceso privatizador, también compraron acciones o incluso la totalidad de empresas privadas. La actividad principal a la que se dedicaban estas organizaciones estaba vinculada con la prestación de servicios y la comercialización. Esto refleja que tuvo lugar un proceso de tercerización del aparato productivo o de desindustrialización de la economía (Basualdo, 2000). El sector secundario, a su vez, evidenció una creciente reprimarización, en tanto la apertura indiscriminada hizo que se centrara en determinadas ramas de actividad en las que, por ventajas comparativas naturales o resultado de un proteccionismo frívolo[8], podía ser competitivo internacionalmente (Azpiazu y Schorr, 2010).

El resultado de este proceso de desindustrialización y reprimarización de la estructura productiva, agravado por el proceso de la financierización y creciente fuga de capitales, repercutió directamente en la balanza de pagos. Los sucesivos déficits en la misma fueron solventados con un exponencial endeudamiento externo en divisas que pudo mantenerse hasta mediados de la década de los noventa, debido al posterior aumento de la tasa de interés internacional y la crisis ocasionada por el efecto tequila (Fiorito, 2015). En consecuencia, la imposibilidad de seguir tomando deuda, el exponencial aumento de las importaciones por el régimen de apertura económica y la importante fuga de capitales financieros agudizaron la progresiva pérdida de divisas bajo el régimen de convertibilidad, y la insostenibilidad del tipo de cambio fijo que se había implementado en 1991. Estas cuestiones tuvieron una incidencia clave para hacer insostenibles las lógicas del NA y del NIE.

El NA que se instaura en la dictadura y que se agudiza durante la década del noventa, respaldado por las reformas neoliberales aplicadas sobre el NIE, sumió a Argentina en una de las crisis más profundas de su historia, llegando, en 2001, a presentar una caída del Producto de más del 20%, índices de desempleo superiores al 21% y niveles de pobreza que alcanzaron al 53% de la población (Nahón, 2010). Esto conllevó no solo a un contexto de precarización laboral sino también a una importante fragmentación al interior de la fuerza de trabajo, debido a las diferencias salariales entre los trabajadores ocupados, los subocupados –insertos bajo sistemas de contratación laboral flexible, o directamente de manera informal– y desocupados (Nahón, 2010). Nuevamente, el conflicto distributivo tuvo su manifestación a través de diversas reacciones de grupos sociales diversos los que, en palabras de Lo Vuolo et al. (1999), cuestionaban abiertamente *la pobreza... de la política contra la pobreza.*

La salida de dicha crisis presentó, a su vez, una disputa al interior de los sectores dominantes del NA. Por un lado, se encontraban aquellas fracciones del capital extranjero fundamentalmente ligadas a la prestación de servicios públicos, que pulsaban por la dolarización de la economía. Estos actores, así, podrían preservar o potenciar el valor de sus activos, sus ingresos y rentabilidades futuras. Por otro lado, se presentaban los grupos económico

---

8   Que establece un patrón de inserción internacional sustentado en una combinación de renta geográfica o de recursos naturales y bajas remuneraciones (ver Fajnzylber, 1992).

que reunían capital nacional y extranjero con importante presencia en el sector manufacturero, así como a diversos actores de la producción primaria que bregaban por la devaluación del tipo de cambio. Estos entendían las posibilidades de posicionarse competitivamente en el mercado internacional a partir de la exportación de bienes con ventajas comparativas estáticas y, devaluación mediante, un reducido costo laboral (Azpiazu y Schorr, 2010).

La opción que prevaleció fue esta última, la que contó también con el apoyo de una heterogénea amalgama de actores políticos, académicos y sindicales que defendían los intereses del movimiento popular en Argentina. Este proceso provocó algunas rupturas y dio lugar, también, a persistentes continuidades en el NA y el NIE que se fue consolidando desde mediados de los setenta, como veremos a continuación.

4. El neodesarrollismo, nuevos cambios en el NA y NIE

En el presente apartado vamos a avanzar en el análisis de los cambios y/o continuidades experimentados por el NA y el NIE con posterioridad a la declaración del fin de la convertibilidad en 2002, por el entonces presidente interino Eduardo Duhalde, durante el periodo que diversos autores han dado en denominar neodesarrollista (2003-2015) (ver por ejemplo: Araníbar y Rodríguez, 2013; Bresser Pereira, 2007 y 2006; Gaitán, 2014).

Este proceso tuvo lugar en un particular contexto internacional, signado por el ingreso de China a la Organización Mundial del Comercio en el año 2001. Este hecho impactó notablemente en el aumento de los precios de intercambio, como así también, en el incremento de las cantidades exportables de *commodities*. Este aspecto, que muchos autores denominaron como "viento de cola" (García Delgado y Cao, 2015), tuvo dos repercusiones centrales. Por un lado, permitió obtener saldos positivos de la cuenta corriente de la balanza de pagos y un aumento de las reservas en divisa extranjera para refinanciar el excesivo endeudamiento externo que se agudizó durante la convertibilidad (Schorr y Wainer, 2014). Por otro lado, y luego de la importante reestructuración de la deuda externa que se llevará adelante desde 2005 –que otorgó importantes márgenes de autonomía respecto a las exigencias impuestas por el FMI (Fiorito, 2015) –, esto permitió el impulso por parte del Estado de una serie de políticas macroeconómicas que estimularon el crecimiento económico y la redistribución de los ingresos, que se diferenciaron notablemente respecto de las aplicadas en la década anterior.

En este contexto, y atendiendo a las demandas económicas, políticas y sociales del grupo de actores que logró imponerse en la salida devaluatoria de la convertibilidad, como así también, a los mencionados reclamos de la clase trabajadora que se agudizaron hacia finales de siglo –por la pauperización de sus condiciones laborales durante las décadas anteriores– los gobiernos de Néstor Kirchner y de Cristina Fernández de Kirchner, aunque con variaciones entre los mismos, plantearon –al menos a nivel discursivo– un cambio de posicionamiento del NIE, el cual pasó a tener como objetivo impulsar el desarrollo, asociado al desenvolvimiento del sector industrial (ver Ministerio de Industria, 2011). Las herramientas que utilizó el gobierno argentino para realizar este cambio de orientación estuvieron centradas, primordialmente, en las políticas macroeconómicas y las políticas sociales y laborales a las que habilitaron aquellas.

En lo que respecta a las medidas macroeconómicas, tuvieron un rol central la política monetaria –con la devaluación y salida del régimen de convertibilidad– y la política cambiaria –con la fijación de un tipo de cambio "alto y competitivo"–, durante los primeros años (2002-2004). Y, en paralelo, la política fiscal, cuya relevancia se acentuaría en los años siguientes –a través de una expansión del gasto público con mantenimiento del superávit fiscal– (Amico, 2013a). Estas fueron las medidas más relevantes en lo que hace a la configuración de una estrategia de acumulación que resultó funcional a los intereses del de los sectores vinculados a la explotación de las ventajas comparativas estáticas de los recursos naturales del país – crecientemente asociados al capital extranjero–, que mantuvo y consolidó la posición preponderante que había adquirido dentro del NA en la década precedente (Wainer y Schorr, 2014; Fernández y Seiler, 2016), al mismo tiempo que permitió dar cabida, por distintos medios, a las demandas del movimiento popular, fundamentalmente de la clase trabajadora, que se reposicionó dentro del NA, recuperando posiciones perdidas durante el período neoliberal.

La salida del régimen de convertibilidad, junto a la fijación de un tipo de cambio competitivo, no sólo benefició a los sectores vinculados a la producción primaria (Arceo, 2009), sino que también habilitó por breve período a la recuperación de la producción manufacturera, que llevó a cabo un incipiente proceso de industrialización sustitutiva de importaciones (Azpiazu y Schorr, 2010; Coatz y Kosacoff, 2012; Damill y Frenkel, 2009; Fernández Bugna y Porta, 2007). El desarrollo del sector manufacturero respondió básicamente a la utilización de la capacidad ociosa generada por el proceso desindustrializador de los noventa, aunque también contribuyó a su dinamismo la apertura de nuevas pequeñas y medianas empresas nacionales (Kulfas, 2009; Schorr, 2012), las que recuperaron participación dentro del NA.

La reactivación económica hizo incrementar la masa de recursos sobre los cuales el Estado podía recaudar impuestos y, además, este modificó el esquema de retenciones a las exportaciones de commodities lo cual amplió aún más la base impositiva en un contexto en el que, como mencionáramos precedentemente, la actividad del sector primario estaba en fuerte expansión y con precios en ascenso. Esto llevó a que se experimentaran superávits fiscales que habilitaron a asignar subsidios a muchas empresas de servicios públicos de modo de mantener/incrementar el salario real, y a llevar a cabo políticas sociales de redistribución del ingreso que también operaban en el mismo sentido. A este respecto son de destacar las políticas que siguieron al Plan Jefes y Jefas de Hogar Desocupados implementado en el año 2002 bajo la gestión de Duhalde como: el Plan Familias; el Seguro de Capacitación y Empleo; y el Programa Argentina Trabaja (Nahón, 2010).

Es importante mencionar que las políticas sociales no sólo han estado dirigidas hacia los sectores de menor participación en el ingreso, sino también a los grupos etarios considerados más vulnerables como a los niño/as y anciano/as (Torrice y Iriarte, 2014). En lo que respecta a la tercera edad, desde el año 2005 se impulsó el Plan de Inclusión Previsional que flexibilizó las condiciones de acceso al sistema. La Ley 25.994 de Prestación Previsional Anticipada, por un lado, brindó la posibilidad del cobro del haber jubilatorio a personas que presentaban los años de aporte requeridos, pero no la edad de retiro. Por el otro lado, la Ley 24.476 de Moratoria Previsional se orientó a trabajadores/as autónomos/as que reunieran los requisitos de edad, pero no la cantidad de años de aporte, otorgando la posibilidad de completar los años de servicios con los aportes faltantes y, de esta manera, obtener el haber previsional (Grassi, 2012; Basualdo, 2009; Anses, 2015).

Por su parte, en relación a la niñez se crea, con el decreto 1602/09, la Asignación Universal por Hijo y la Asignación Universal por Hijo Discapacitado, que alcanza a niños, niñas y adolescentes cuyos padres se encuentran desocupados o reciben un ingreso inferior al salario mínimo, convirtiéndose ésta en la política de transferencia de ingreso más significativa de las últimas décadas (Ebenau y Liberatore, 2013). Sumada a ella, en 2011 fue lanzada la Asignación Universal por Embarazo que abarca a mujeres embarazadas a partir de la semana 12 de gestación, a cambio del cumplimiento de los controles prenatales (Hornes, 2012).

En lo que respecta a las políticas laborales, se llevó adelante un programa de recomposición salarial y de adopción de medidas destinadas a trabajadores asalariados formales, a través de la apertura de renegociaciones salariales entre empresarios y sindicatos por paritarias nacionales (Fiorito, 2015). Esto incluyó también "la revisión del régimen previsional y de asignaciones familiares, conjuntamente con estímulos para la registración del empleo, la suspensión de los despidos sin causa justa, la derogación de la 'ley Banelco', la modificación de la ley de quiebras, y la limitación de las facultades del empleador, entre otras medidas adoptadas" (Arcidíacono, 2012:321).

La política macroeconómica y las medidas laborales y sociales viabilizadas contribuyeron a modificar los niveles de ingresos y a estimular la demanda agregada, con aumento tanto del consumo como de la inversión privada (Amico, 2013b), lo que se manifestó en tasas de crecimiento promedio históricas durante el período 2003-2007, las que se ubicaron en un 7,7% (Ferreres, 2010)[9]. En este escenario, se abría una interesante posibilidad para comenzar a desplegar políticas de tipo estructural que den sostenibilidad a estas exponenciales tasas de crecimiento. Particularmente, a reiniciar un proceso de sustitución de importaciones –y ampliación de exportaciones industriales– que tuvo un marcado retroceso en las décadas anteriores y avanzar en la recomplejización de las mismas. Este aspecto era clave luego del progresivo incremento del coeficiente de bienes importados (Fiorito, 2015). Sin embargo, ya desde la crisis internacional del año 2008, se presentaron distintos obstáculos para avanzar con estas medidas. Estas dificultades se reflejaron, por un lado –y nuevamente–, en la manifestación del conflicto distributivo en el NA, y, por otro lado, en ciertas limitaciones en el NIE.

El primero de estos aspectos pudo advertirse cuando el Estado procuró modificar la modalidad que presentaban los derechos de exportación proponiendo las "retenciones móviles". Las consecuencias de esta intervención se tradujeron en "el histórico e inédito, tanto por su duración como por su amplitud geográfica, conflicto con el agro pampeano de 2008, que se desató a raíz de la resolución Nº 125 del Ministerio de economía" (Manzanelli y Basualdo, 2016:12). Este conflicto, protagonizado por las élites terratenientes –en alianza con los pequeños y medianos productores–, fue la manifestación directa de la puja distributiva que condicionó al gobierno kirchnerista –en su segundo mandato– para continuar con el avance de su política macroeconómica (Ebenau y Liberatore, 2013; Ebenau y Suau Arinci, 2012; Basualdo, 2008).

Ahora bien, este condicionamiento propio de los históricos conflictos políticos y sociales entre clases que caracterizan a la Argentina –y considerados en las secciones anteriores–, también fue acompañado por una serie de políticas estructurales y coyunturales erráticas del NIE. Respecto

---

9   Este nivel de crecimiento durante esos años (2003-2007) duplicó el promedio alcanzado durante el pleno auge del período sustitutivo, que fue de 3,5% entre los años 1951-1975 (Ferreres, 2010).

a las políticas estructurales, se evidenciaron dificultades en la promoción industrial y energética. "En el primer caso vale decir que las ramas manufactureras que actuaron como locomotoras de la expansión fabril durante todos esos años fueron la producción automotriz y la de bienes electrónicos de Tierra del Fuego. Ambas, reflejaron una abultada demanda de importaciones a raíz de la marcada desintegración vertical de sus actividades" (Manzanelli y Basualdo, 2016:32). La desintegración en la rama automotriz está relacionada con las escasas iniciativas de la política industrial para impulsar el desarrollo de proveedores locales de autopartes, como aspecto que repercutió en que la fuerte expansión de la armaduría automotriz no haya sido proporcional con la producción interna de autopartes y de la elaboración local de neumáticos (Manzanelli y González, 2012).

Por su parte, el régimen fueguino se caracterizó por un perfil "ensamblador" de insumos importados, con orientación al mercado interno (Schorr y Porcelli, 2014). Este perfil explica las deficiencias de la producción fomentada en la provincia, fundamentalmente a través de un régimen promocional de incentivos fiscales (gastos tributarios), con escaso encadenamiento con otras actividades productivas del territorio nacional y un alto componente importado en su producción (Castells et al., 2014).

También se observaron limitaciones en la política energética. El foco principal fue puesto en los subsidios económicos en energía y transporte para congelar el precio de las tarifas luego de la devaluación del año 2002 (Lombardi et al., 2014). En este sentido, sin desconocer el notable impacto redistributivo de los subsidios, no se amplió el stock de infraestructuras (Castro et al., 2015); ello se reflejó en el contraste marcado entre las transferencias corrientes al sector privado –subsidios– y la inversión real directa del sector público argentino –inversión pública–. De acuerdo a datos de la Oficina Nacional de Presupuesto[10], mientras las primeras fueron aumentando progresivamente desde 2006, para ubicarse en el 7% del Producto en el año 2015, la segunda se estabilizó en niveles cercanos al 3% durante todo el período. Si bien se avanzó sobre importantes proyectos de infraestructura pública, como el reinicio de obras en la central Atucha 2, el Plan Federal de Transporte Eléctrico, la finalización de obras en la represa hidroeléctrica Yacireta, y la re-estatización de YPF, las insuficiencias de estas obras se tradujeron en el desbalance energético del año 2011 en adelante, donde las cantidades importadas superaron progresivamente a las exportaciones (Castro et al., 2015).

---

10   Consultar: https://www.minhacienda.gob.ar/onp/

Estas políticas estructurales que agudizaron el desequilibrio del entramado productivo, fueron complementadas por una serie de políticas coyunturales desplegadas por el NIE, que contribuyeron a agravar los problemas del comercio exterior, en un momento donde el contexto internacional comenzó a presentarse adverso desde 2011 en adelante. Una de ellas fue el desdoblamiento del tipo de cambio en 2010, junto a una serie de prohibiciones para importar bienes que, lejos de brindar soluciones al problema, fomentaron el proceso de fuga de capitales que ya venía teniendo lugar desde 2008 (Gaggero et al., 2010). Frente a estas medidas, los sectores financieros –que predominaron desde las décadas anteriores de valorización financiera– incrementaron el envío de utilidades y remesas al exterior, ni bien su rentabilidad local medida en dólares dejó de alcanzar el nivel deseado, producto de la modificación en el tipo de cambio (Grondona, 2014; Manzanelli y Basualdo, 2016; Gaggero et al., 2010).

Por último, y no obstante la autonomía externa alcanzada a inicios del nuevo milenio con el proceso de reestructuración de deuda aludido, la dinámica del NIE quedó en parte sujeta a las lógicas de fragmentación y captura heredadas de las décadas anteriores (Fernández, 2016). Ello fue un obstáculo interno para redireccionar el NA avanzando en la complejización y profundización del sector manufacturero. Todas estas cuestiones, coyunturales y estructurales, incidieron directamente en el retorno de la restricción externa hacia fines del año 2011, con un continuo drenaje de reservas en dólares hasta el año 2015, como obstáculo central para continuar en la senda expansiva del período inicial, y conllevando a la desaceleración del crecimiento económico (Wainer y Schorr, 2014; Abeles et al., 2012). Esta histórica problemática, ampliamente abordada por los estructuralistas para los países periféricos –y dada por una combinación de factores externos e internos que inciden en las particulares propiedades del NA y NIE–, se hizo presente en la experiencia reciente, siendo el gran obstáculo de su desarrollo y un elemento clave que explica la variedad de capitalismo en el caso argentino.

Consideraciones finales

Con una mirada crítica al enfoque dominante de VC, el trabajo indagó las dificultades para viabilizar procesos de desarrollo económico en el caso argentino, considerando elementos que no residen centralmente en complementariedades institucionales "virtuosas o inconvenientes" sino en la particular composición de su NA y NIE. Como se expresó en la introducción, la relevancia de acudir a estas categorías no reside en la creación de una tipología específica de VC para el caso argentino, sino en dar cuenta de omisiones importantes del enfoque dominante para explicar el "éxito o fracaso" en el desarrollo económico de los países. Estas omisiones, cuyas causas radicaron en los problemas históricos planteados por la restricción externa, se vincularon con: Por un lado, en el plano interno, la desconsideración de la contradicción capital-trabajo –reflejada en la puja distributiva entre clases– y en las propiedades de la implicación estatal nacional. Por otro lado, en la particular forma de inserción a la división internacional del trabajo como aspecto que, escapando a los análisis nacionalistas metodológicos, condiciona al desenvolvimiento institucional interno.

Con este objetivo, el capítulo se organizó en cuatro secciones para dar cuenta de las dificultades por las que ha atravesado Argentina para configurar una variedad exitosa de capitalismo en términos de desarrollo económico a lo largo de su historia. Así, en la primera sección, hemos advertido que, durante el periodo del modelo agroexportador, se conformó un NIE siguiendo postulados de carácter liberal, en el escenario de división internacional del trabajo impuesto por Gran Bretaña. A partir de dicho NIE, que contuvo los conflictos distributivos entre clases y garantizó la unidad del mercado nacional, se habilitó la consolidación de un NA compuesto por actores internos ligados a la élite terrateniente y al capital extranjero, de base rentista y concentrada, que presentaba características poco virtuosas para habilitar procesos de transformación industrial de la estructura productiva.

Con la crisis del treinta a nivel internacional comienza a resquebrajarse el modelo agroexportador vigente. La caída de las exportaciones generó una fuerte restricción externa que dio inicio al proceso de ISI, de manera forzada. Durante la primera etapa de ese proceso (1930-1945) identificamos avances en la conformación de un NA en pro de viabilizar el desarrollo, en tanto la actividad central del mismo pasó a ser la manufacturera, aunque advertimos la falta de complejidad del sector y sus dificultades para relajar los déficits externos –los que se manifestaron reiteradamente a través de procesos de *stop and go*–. Planteamos que la ausencia de tales características se encontró asociada al carácter asumido por el NIE en dicha etapa, el cual presentaba una estructura fragmentada, cooptada por intereses particularistas contrapuestos entre la tradicional élite terrateniente, la burguesía industrial y la clase trabajadora, que, agudizando la puja distributiva, impidieron avanzar en un programa coherente de industrialización.

No obstante, la emergencia de los EEUU como nuevo motor del desarrollo capitalista y el predominio de políticas económicas por parte de este, que promovían su mercado interno y se orientaban fronteras adentro, permitió una mayor autonomía relativa del NIE argentino para dar continuidad a estrategias de desarrollo y profundizar el proceso de industrialización. Así, la política fiscal y financiera fueron claves durante la etapa de posguerra, particularmente en el interregno que se extendió desde 1964 a 1974, donde planteamos los significativos logros que se habían realizado en el desenvolvimiento del sector productivo industrial –de central relevancia para relajar los históricos problemas de la restricción externa–y, asociado a ello, en las condiciones de reproducción social del grueso de la población.

Ahora bien, los conflictos políticos suscitados durante ese período, explicados en gran parte por la significativa participación económica de los trabajadores y las modificaciones del *status quo* de las tradicionales élites terratenientes, se plasmaron nuevamente en el NIE, que quedó inmerso en esa disputa. El advenimiento de la dictadura militar de 1976, con la decisiva influencia geopolítica norteamericana, puede interpretarse como la manifestación más clara del "desempate" de fuerzas hegemónicas. A partir de allí tiene lugar un nuevo proceso de modificaciones en el NA y el NIE que permitió reposicionar a la tradicional élite terrateniente en un lugar de privilegio dentro de la dinámica acumulativa nacional, en la cual la valorización financiera del capital pasó a ocupar un lugar relevante.

Junto con el gobierno de facto ingresan al país, a través de redes políticas globales, las ideas neoliberales que comenzaban a ponerse en boga a nivel internacional y que pregonaban el desmantelamiento de las políticas de regulación e intervención estatal, lo que trajo un marcado proceso de jibarización y descomplejización del sector manufacturero, que se vio agudizado en los años noventa con la aplicación del denominado Consenso de Washington. Esta nueva dinámica acumulativa, sustentada en un NIE que se reconfiguró de la mano de políticas de disciplina fiscal, privatizaciones, desregulaciones y liberalizaciones generó un fuerte deterioro en las condiciones de reproducción social de la población, dando lugar, en 2001, a una de las crisis más profundas de la historia argentina. Frente a ello, diversas reacciones políticas y sociales se manifestaron en contra del modelo imperante, agudizando el conflicto que provocó la salida del gobierno de turno.

En este contexto podemos advertir la emergencia de una nueva etapa en la historia del país a la que diversos autores dieron en denominar neodesarrollista, precisamente desde el año 2003 con el ascenso al poder estatal de Néstor Kirchner. En coincidencia con un nuevo cambio del contexto internacional, marcado por la inserción de China a la Organización Mundial del Comercio en 2001, la misma se caracterizó por un cambio de posicionamiento del NIE, el que pasó a tener como objetivo central, el impulso del proceso de desarrollo económico. Las principales herramientas que desde el Estado se implementaron para avanzar en ese sentido estuvieron vinculadas a políticas macroeconómicas, sociales y laborales, logrando importantes resultados durante el período en términos de crecimiento y disminución de desigualdades socioeconómicas. Sin desconocer las bondades del "viento de cola", se destacó que las políticas públicas implementadas explicaron gran parte de dicha performance.

No obstante, también se advirtió la ausencia de políticas estructurales –vinculadas a la política industrial propiamente dicha y a la política energética–. Las deficiencias en la implementación de estas políticas por parte del Estado fueron asociadas a los procesos heredados de fragmentación y captura de períodos anteriores; como así también, a la creciente disputa distributiva –con su manifestación en el conflicto de 2008–, y el nuevo giro del contexto internacional hacia fines de 2010 –con baja de los precios internacionales y disminución de las cantidades exportables–, como aspectos que obstaculizaron la sostenibilidad del crecimiento alcanzado, dando lugar, una vez más, al histórico problema de la restricción externa.

Referencias bibliográficas

ABELES, M., LAVARELLO P. y MONTAGU, H. (2012). "Heterogeneidad estructural y restricción externa en la economía argentina", en: Infante, R. y Gerstenfeld, P. (Ed.) *Hacia un desarrollo inclusivo. El caso de la Argentina*. CEPAL, Buenos Aires.

AMICO, F. (2011). "Notas sobre la industrialización por sustitución de importaciones en Argentina: buscando adentro la fuente de competitividad externa". *Revista de historia de la industria, los servicios y las empresas en América Latina* (9), 1-35.

AMICO, F. (2013a). *La política fiscal en el enfoque de Haavelmo y Kalecki. El caso argentino reciente*. Buenos Aires: CEFIDAR DT N° 51.

AMICO, F. (2013b). "Crecimiento, distribución y restricción externa en Argentina". *Circus, Revista Argentina de Economía* (5), 31-80.

ARANÍBAR, A. y RODRÍGUEZ, B. (2013). *América Latina ¿del neoliberalismo al neo-desarrollismo?* Buenos Aires: Siglo XXI.

ARCIDIÁCONO, P. (2012). "Políticas sociales y bienestar en Argentina 2002-2009. Entre el trabajo asalariado y los programas sociales". *Revista SAAP*, 6 (2), 319-342.

AZPIAZU, D. y SCHORR, M. (2010). *Hecho en Argentina. Industria y economía, 1976-2007*. Buenos Aires: Siglo XXI Editores.

AZPIAZU, D., BASUALDO, E. y KHAVISSE, M. (1986). *El nuevo poder económico en la argentina en los años 80*. Buenos Aires: Editorial Legasa.

BASUALDO, E. (2006). "La reestructuración de la economía argentina durante las últimas décadas de la sustitución de importaciones a la valorización financiera", en: Basualdo, E. y Arceo, E. (Eds.), *Neoliberalismo y sectores dominantes. Tendencias globales y experiencias nacionales*. Buenos Aires: CLACSO.

BASUALDO, E. (2000). *Concentración y centralización del capital en la Argentina de la década del noventa*. Buenos Aires: Universidad de Quilmes.

BASUALDO, E. (2008). "El agro pampeano: sustento económico y social del actual conflicto en la Argentina". *Cuadernos del CENDES* (68), 29-54.

BASUALDO, E. (2009). *La evolución del Sistema Previsional Argentino*. Buenos Aires: *CIFRA* DT N° 2.

BASUALDO, E. (2010). "Introducción", en Arceo, N. y Socolovsky, Y. (Ed.) *Desarrollo económico, clase trabajadora y luchas sociales en la Argentina contemporánea*. Buenos Aires: IEC-CONADU.

BRESSER PEREIRA, L. C. (2006). "El nuevo desarrollismo y la ortodoxia convencional". *Economia-UNAM*, 4(10), 7–29.

BRESSER PEREIRA, L. C. (2007). "Estado y mercado en el nuevo desarrollismo". *Nueva Sociedad*, 210, 110–125.

CAMPOS, L. (2010). "La segunda fase de la sustitución de importaciones", en Arceo, N. y Socolovsky, Y. (Ed.) *Desarrollo económico, clase trabajadora y luchas sociales en la Argentina contemporánea*. Buenos Aires: IEC-CONADU.

CAO, H. y RUBINS, R. (1996), *La cuestión regional y la conformación del Estado-Nación en la Argentina*. Instituto Nacional de la Administración Pública.

CASTELLS, M. J.; FERREIRA, E.; INCHAUSPE, E. y SCHORR, M. (2014). "La industria de bienes de capital en la posconvertibilidad: desempeño comercial externo y (des) aprovechamiento de la masa crítica existente", *Realidad Económica* (283), Buenos Aires.

CASTRO, L.; SZENKMAN, P. y LOTITTO, E. (2015). "¿Cómo puede cerrar el próximo gobierno la brecha de infraestructura?", *Centro de Implementación de Políticas Públicas para la Equidad y el Crecimiento (CIPPEC)*. Análisis 148, marzo.

CAVAROZZI, M. (1991). "Más allá de las transiciones a la democracia en América Latina", *XVI Congreso de la Latin American Studies Association*, Washington.

COATZ, D. y KOSACOFF, B. (2012). "Fortalezas y Desafíos de la Política Económica Argentina en el Marco de la Crisis. La Necesidad de Consolidar una Política Industrial Integral". *Proyección*.

DAMILL, M. y FRENKEL, R. (2009). "Las políticas macroeconómicas en la evolución reciente de la economía argentina". *Cedes*, 65.

DIAMAND, M. (1985). "El péndulo argentino: ¿hasta cuándo?" *Cuadernos del Centro de Estudios de la Realidad Económica*, 1, 1-39.

DUARTE, M. (2002). "El Consenso de Washington y su correlato en la Reforma del Estado en la Argentina: los efectos de la privatización", en: Debrott Sánchez, D. (ed.): *Más allá del pensamiento único. Hacia una renovación de las ideas económicas en América Latina y el Caribe*. CLACSO, Consejo Latinoamericano de Ciencias Sociales.

EBENAU, M. y LIBERATORE, V. (2013). "Neodevelopmentalist state capitalism in Brazil and Argentina: Chances, limits and contradictions". *Der moderne Staat*, 6 (1): 105–125.

FAJNZYLBER, F. (1992). "Industrialización en América Latina. De la caja negra al casillero vacío". *Nueva Sociedad* (118).

FERNÁNDEZ, V. R. y SEILER, C. (2016). "Procesos de acumulación, industria y pyme. El caso argentino y los límites del neodesarrollismo". *Sociedad y economía* (30). 225-253.

FERNÁNDEZ, V. R. (2016). "Desde el laboratorio neo-desarrollista a la resurgencia neoliberal. Una revisión creativa del "doble movimiento" polanyiano en América Latina". *Revista Estado y Políticas Públicas* (7). 21-47

FERNÁNDEZ, V. R. (2017). *La trilogía del erizo-zorro. Redes globales, trayectorias nacionales y dinámicas regionales desde la periferia.* Barcelona: Anthropos Editorial-Universidad Nacional del Litoral.

FERNÁNDEZ BUGNA, C. y PORTA, F. (2007). "El crecimiento reciente de la industria argentina. Nuevo régimen sin cambio estructural", en: B. Kosacoff (Ed.), *Crisis, recuperación y nuevos dilemas. La economía argentina 2002-2007.* Buenos Aires: CEPAL.

FERRER, A. (2007). *La Economía Argentina. Desde sus orígenes hasta principios del siglo XXI.* Buenos Aires: Fondo de Cultura Económica.

FERRER, A. (2012). "La construcción del Estado neoliberal en la Argentina". *Revista de Trabajo*, 8 (10).

FERRERES, O. J. (2010). *Dos siglos de economía argentina 1810-2010: historia argentina en cifras.* 1a ed. Buenos Aires: El Ateneo; Fundación Norte y Sur, 2010.

FIORITO, A. (2015). *Patrones de desarrollo y distribución del ingreso en Argentina.* Buenos Aires: CEFIDAR DT N° 70.

GAGGERO, J.; KUPELIAN, R. y ZELADA, M. (2010). *La fuga de capitales II. Argentina en el escenario global (2002-2009).* Buenos Aires: CEFIDAR DT N° 29.

GAITÁN, F. (2014). *Auge, ocaso y resurgimiento de los estudios sobre desarrollo en América Latina.* Santiago de Chile: CEPAL.

GARAVAGLIA, J. C. (2016). *La Disputa por La Construcción Nacional Argentina.* Buenos Aires: Prometeo.

GARCÍA DELGADO, D. y CAO, H. (2015). "Desarrollo regional, recursos naturales y organización federal". *Realidad Económica*, 292.

GRASSI, E. (2012). "La política social y el trabajo en la Argentina contemporánea. Entre la novedad y la tradición." *Revista electrónica de estudios latinoamericanos*, 10 (39), 1-28.

HALL, P. y SOSKICE, D. (2001). *Varieties of Capitalism. the Institutional Foundations of Comparative Advantage.* Oxford: Oxford University Press.

HORNES, M. (2012). "Los programas de transferencias monetarias condicionadas. Una aproximación desde la socio antropología económica". *Revista Debate Público. Reflexión de Trabajo Social*, 5 .

KOSACOFF, B. (1993). *La industria argentina un proceso de reestructuración desarticulada*, Buenos Aires: CEPAL.

KULFAS, M. (2009). *Las pymes argentinas en el escenario post convertibilidad. Políticas públicas, situación y perspectivas.* Santiago de Chile: CEPAL.

MANZANELLI, P. y BASUALDO, E. (2016). "Régimen de acumulación durante el ciclo de gobiernos kirchneristas". *Realidad económica*, 304, 6-40.

MANZANELLI, P. y GONZÁLEZ, M. (2012). *La industria en la posconvertibilidad. El caso del complejo automotor.* Buenos Aires: Área de Economía y Tecnología de la FLACSO DT N° 25.

MINISTERIO DE INDUSTRIA (2011). *Plan estratégico industrial 2020.* Buenos Aires: Presidencia de la Nación.

NAHÓN, C. (2010). "Transformaciones económicas en la década del noventa en la Argentina: la consolidación de la valorización financiera", en Arceo, N. y Socolovsky, Y. (Ed.) *Desarrollo económico, clase trabajadora y luchas sociales en la Argentina contemporánea.* Buenos Aires: IEC-CONADU.

LOMBARDI, M.; MONGAN, J. C.; PUIG, J.; y SALIM, L. (2014). *Una aproximación a la focalización de los subsidios a los servicios públicos en Argentina.* Buenos Aires: Dirección Provincial de Estudios y Proyecciones Económicas DT N° 9.

LO VUOLO, R.; BARBEITO, A.; PAUTASSI, L. y RODRÍGUEZ, C. (1999). *La pobreza... de la política contra la pobreza.* Buenos Aires: Miño y Dávila Editores.

O'DONNELL, G. (1977). "Estado y alianzas en la Argentina, 1956-1976". *Desarrollo Económico*, 16 (64), 523-554.

O'DONNELL, G. (2011). *Modernización y autoritarismo*: Buenos Aires: Prometeo.

PORCELLI, L. (2010) "La primera etapa del régimen de valorización financiera", en Arceo, N. y Socolovsky, Y. (Ed.) *Desarrollo económico, clase trabajadora y luchas sociales en la Argentina contemporánea.* Buenos Aires: IEC-CONADU.

PORTANTIERO, J.C. (1977). "Economía y política en la crisis argentina: 1958-1973". *Revista Mexicana de Sociología*, 39 (2), 531-565.

PREBISCH, R. (1986). "El desarrollo económico de la América Latina y algunos de sus principales problemas*". Desarrollo Económico*, 26, 479-502.

OSZLAK, O. (1989). "El Estado Nacional en el interior. Significación e impactos". *Administración Pública y Sociedad*, 3.

OSZLAK, O. (2007). "Formación histórica del Estado en América Latina: elementos teórico-metodológicos para su estudio", en Acuña, C. (Comp.) *Lecturas sobre el Estado y las políticas públicas: Retomando el debate de ayer para fortalecer el actual.* Buenos Aires: Jefatura de Gabinete de Ministros.

RAPOPORT, M. (2000). *Historia Económica, Política y Social de la Argentina (1880-2000).* Buenos Aires: Ediciones Macchi.

ROFMAN, A. y ROMERO, L. A. (1997). *Sistema socioeconómico y estructura regional en la Argentina.* Buenos Aires: Amorrortu Editores.

ROUGIER, M. (2011). "La banca de desarrollo como palanca del crecimiento económico. Los problemas de la experiencia argentina", en Rougier, M. (Ed.) *La Banca de Desarrollo en América Latina. Luces y sombras en la industrialización de la región.* Buenos Aires: Fondo de Cultura Económica.

ROUGIER, M. (2007). "Crédito e industria en tiempos de Perón, 1944-1955". *Revista de Historia Industrial*, 35, 79-113.

ROUGIER, M. y ODISIO, J. (2011). "Estrategias de desarrollo y modalidades del financiamiento en el "canto del cisne" de la industrialización argentina". *Escuela de Historia Revista Digital*, 2, 43-73.

ROUGIER, M. y SCHORR, M. (2012). *La industria en los cuatro peronismos: estrategias, políticas y resultados.* Buenos Aires: Capital Intelectual.

SANTARCÁNGELO, J. E. y FAL, J. (2010). *La política financiera y su impacto en la acumulación. El caso argentino, 1977-2006.* Buenos Aires: Universidad Nacional de General Sarmiento.

SCHORR, M. (2012). "Industria y neodesarrollismo en la Argentina posconvertibilidad". *Voces en el Fenix*, 16, 14-25.

SCHORR, M. y WAINER, A. (2014). "Restricción externa en la Argentina: una mirada estructural de la posconvertibilidad". Programa de *"Desigualdad y Democracia"*: Fundación Heinrich Böll.

SCHORR, M. y PORCELLI, L. (2014). "La industria electrónica de consumo en Tierra del Fuego. Régimen promocional, perfil de especialización y alternativas de desarrollo sectorial en la posconvertibilidad". Buenos Aires: *UNSAM-IDAES DIS* N° 26.

SCHVARZER, J. (1996). *La industria que supimos conseguir. Una historia político-social de la industria argentina*. Buenos Aires: Planeta.

SCHNEIDER, B. R. (2008). "Economic Liberalization and Corporate Governance: The Resilience of Business Groups in Latin America". *Comparative Politics* 40, 379–98.

SCHNEIDER, B. R y SOSKICE, D. (2009). "Inequality in developed countries and Latin America: coordinated, liberal and hierarchical systems". *Economy and Society*, 38(1), 17-52.

TORRICE, L. y IRIARTE, N. (2014). "La seguridad social en el centro de la política social argentina. Un recorrido por los últimos treinta años de democracia". *Revista Debate Público. Reflexión de Trabajo Social*, 7.

WILLIAMSON, J. (2009). "A short history of the Washington Consensus". *Law and Business Review of the Americas*, 15, 7-23.

WIERZBA, G. y LÓPEZ, R. (2011). *La regulación de la banca argentina (1810-2010). Debates, lecciones y propuestas*. Buenos Aires: CEFIDAR DT N° 37.

Variaciones del capitalismo dependiente y subdesarrollado brasileño

Carlos Antônio Brandão

Instituto de Pesquisa e Planejamento Urbano e Regional -
Universidade Federal do Rio de Janeiro (Brasil)

Marcos Barcellos de Souza

Universidade Federal do ABC (Brasil)

"...el capitalismo dependiente y subdesarrollado es un capitalismo salvaje y difícil, cuya viabilidad se decide a menudo por medios políticos y en el terreno político " (Fernandes, 1975).

"Los capitalismos políticos (Weber) son especialmente importantes en América Latina debido a las herencias de colonialismo dependientes de la trayectoria (*path dependence*), los regímenes políticos autoritarios, el desarrollo dependiente y las intervenciones imperiales a través de la fuerza y la dominación y/o debido al poder de los bancos transnacionales y de las instituciones financieras internacionales" (Jessop, 2018, en este libro).

"Los enfoques de VC se centran en las comparaciones 'horizontales' de variedades de capitalismos locales, nacionales o regionales, lo cual desvía la atención de las relaciones 'verticales' que vinculan economías del centro y la periferia" (Jessop, 2018, en este libro).

Introducción

Al contrario del *mainstream* de las ciencias sociales y su visión conservadora que propugna un rumbo preestablecido, un alineamiento, hacia una composición uniforme de capitalismo con estructuras semejantes, la realidad concreta e histórica demuestra que hay heteromorfia en las experiencias nacionales y regionales. El sistema capitalista es por naturaleza polimórfico; sigue diversificadas trayectorias y vías; asume y altera diferentes configuraciones multidimensionales, ya que está sujeto a constantes movimientos contradictorios en sus estructuras y dinámicas, con pugnas y coerciones reiteradas entre distintos "estilos de desarrollos", en proceso conflictivo, contingente y abierto. Hay competición permanente de Estados territoriales y experiencias diferenciadas de desarrollo, con capacidades heterogéneas de respuestas en el interior de la complejidad capitalista. De ahí la necesidad del estudio de sus particularidades y de su modo diverso de organización de la vida social en cada contexto histórico, institucional, geográfico, etc.

En el inicio del siglo XX, a partir de la acumulación de reflexiones sobre la crisis y las transformaciones del capitalismo después de 1970, una amplia y heterogénea literatura surgió sobre Variedades de Capitalismos (VC), procurando combatir aquella visión unilateral y mecánica de convergencia inexorable rumbo a una forma superior de organización socio mercantil. La agenda de investigación bajo la rúbrica de VC asumió un considerable eclecticismo a lo largo de los años, con la presencia de diversas vertientes a su interior, y que ha sido consolidada con la publicación del libro organizado por Peter Hall y David Soskice, en 2001. Aunque la agenda científica de la búsqueda por formas de comparación y competencia entre diferentes tipos de capitalismos (Albert, 1993) no pueda ser considerada un tema reciente (Boyer, 2005; Jackson; Deeg, 2006), ganó considerable notoriedad con el trabajo de 2001 que ha sido editado por aquellos dos autores.

Este capítulo tiene por objetivo argumentar que esas interpretaciones de los "capitalismos comparativos" (CC) descuidan la división entre centros y periferias como un eje fundamental de diferenciación (Fernández; Ebenau y Bazza, 2018), lo que presenta serias limitaciones para entender la diversidad espacio temporal, estatal y escalar de las situaciones concretas de las economías subdesarrolladas, dependientes en la periferia, como las de la América Latina. Realizaremos aquí esta discusión a partir del caso de la experiencia del "capitalismo realmente existente" en Brasil. Ponemos énfasis en las recientes y complejas manifestaciones del neoliberalismo y en el reescalonamiento federativo del Estado brasileño.

Estamos inspirados por las contribuciones, en este volumen, de Fernández; Ebenau y Bazza (2018), sobre la diferenciación fundamental del capitalismo global en economías centrales y periféricas, y sus respectivas variantes; y de Bob Jessop (2018, en este libro), en que añade que la mayoría de los trabajos sobre VC dejan sin definir al capitalismo, centrándose sobre distintas familias de capitalismo, descuidando sus interrelaciones. Parte de esos trabajos da poca atención a las coexistencias, combinaciones e inestabilidades. De esta manera, se pierde parte de sus potencialidades para la tarea de analizar las "diferentes capacidades asimétricas de respuestas desde diferentes tipos de capitalismo frente a las complejidades de la economía global" (Jessop, 2018, en este libro).

Variedades y variaciones de los diversos capitalismos

La literatura internacional hegemónica sostiene que estamos en presencia, desde el inmediato fin de la Segunda Guerra, de un implacable sentido de unificación y convergencia del sistema capitalista. Este sistema fijaría rumbo a una especie de meta tipo de experiencia capitalista "monocultural" anglo-americana, que debería pautar los ajustes necesarios, las correcciones de desvíos, de aquellos países que estaban siguiendo equivocadamente otras vías alternativas. Esta literatura defiende la existencia de una tendencia ineluctable de convergencia hacia un "modelo óptimo" de capitalismo, negando la realidad, que confirma cotidianamente, la diversidad de estructuras institucionales y la pluralidad, la heterogeneidad, y la divergencia de formas y modos de organización social.

Un importante contrapunto a esta visión mecánica, automática y unilateral fue el desarrollo de una enorme literatura que recuerda y analiza la existencia de una marcada diversidad en las experiencias capitalistas.

Sin embargo, el libro *Capitalismo contra capitalismo*, de Michel Albert (1993), que discute los modelos alternativos de capitalismos, que si ha tenido alguna repercusión, fue con la colección organizada por Peter Hall y David Soskice, en 2001, marca el inicio de una de las fronteras de las discusiones sobre el proceso de desarrollo en las ciencias sociales y humanas.

El ahora ya clásico libro editado por Hall y Soskice (2001), al analizar la firma como institución central de la economía capitalista, puso todo énfasis en su micro comportamiento estratégico, y consideró su inmersión en un ambiente institucional con incentivos y restricciones en determinados dominios (sistemas financieros y gobernanza corporativa; relaciones industriales; sistemas de educación y entrenamiento; sistema de gobernanza entre compañías; y relaciones con sus empleados). Según ellos, a través de sus relaciones con esos cinco dominios, las firmas necesitan resolver problemas de coordinación cruciales en lo que se refiere a sus competencias específicas. Ese abordaje centrado en la firma establece una relación causal, en que las estrategias son elaboradas en función de la estructura, lo que da apertura a una variedad de comportamientos coherentes con los modos de coordinación vía mercado o vía interacción estratégica con sindicatos, intermediación financiera, entre otros (Hall y Gingerich, 2004; Hall y Soskice, 2001).

Preocupaciones como la gobernanza corporativa y la competitividad nacional que han sido resultantes del comportamiento estratégico de las firmas inmersas en una matriz de relaciones macro institucionales, que presentan coherencia, unidad y lógica peculiares, forman la base de lo que vino a llamarse abordaje mainstream de las VC (Coates, 2005). Hall y Soskice (2001) dejaron remarcada la distinción entre "economías liberales" y "economías coordinadas" de mercado (ELM/ECM), dos tipos ideales para analizar las diversidades.

Desafortunadamente, la literatura VC, que se expandió y diversificó a partir de aquél clásico, que había nacido para criticar a la mono o uni-trayectoria ideal/perfecta, ha elegido y se ha consolidado en la preocupación creciente centrada sobre todo en la relación entre instituciones y desempeño económico. Ese cambio es concomitante con el abandono del "viejo institucionalismo" y el importante giro teórico en la economía institucional, en el Postguerra, cuyo enfoque pasó a ser mayor en las instituciones directamente relacionadas al funcionamiento de los mercados, en la teoría de las firmas y de las organizaciones y en la emergencia de la Nueva Economía Institucional (Amable, 2003).

Tal literatura confiere a las instituciones un protagonismo en la determinación de las diferencias (y, en general, del desempeño) entre países. Sin embargo, la manera como las instituciones son definidas tiene consecuencias en el tipo de enfoque de análisis (si más macro o micro), en las relaciones entre agencia humana y estructura, en el papel de los mecanismos de gobernanza y en la interpretación de la inercia y de posibilidades de cambio institucional.

Según Fred Block (2003), el debate de las VC no debería haberse alejado del estudio y de la elaboración de conceptos críticos sobre la economía siempre inmersa. Ello implica ir más allá de la constatación del principio de la impureza y empezar con la premisa que "cualquier dinámica económica favorable debe ser entendida como resultante de la interacción entre agentes auto interesados, las acciones del Estado y las formas de regulación social" (Block, 2003: 299-230). Por lo tanto, se vuelve esencial entender el papel del Estado al momento de moldear las economías realmente existentes, la importancia cultural de las ideas para la construcción de los mercados en distintas sociedades, y la dimensión política, sobre todo en cuanto a la relación de los grupos empresariales con el Estado.

Muchas corrientes de pensamiento realizaron innumerables diálogos y críticas al abordaje *mainstream* de la VC. Sólo para recordar algunas más críticas, sería interesante ilustrar esos aportes a partir de los abordajes inspirados: en los Sistemas Sociales de Producción (SSPs), en la Escuela de la Regulación Francesa (ERF) y en las "Variaciones" de Capitalismo.

No hay espacio aquí para dialogar con más detalles con estas corrientes, pero es bueno recordar que esas son formas alternativas de abordar la diversidad de capitalismos.

De acuerdo con la perspectiva SSP, las instituciones de un país o región están integradas en una configuración social que es, al mismo tiempo, resultado y determinante de los mecanismos de coordinación presentes en determinado contexto. De esta manera, asume un papel central en ese abordaje la construcción institucional, debido a su énfasis en el poder. El orden constitucional es importante, en la medida en que se sitúa en la cumbre de una jerarquía de instituciones y representa el necesario proceso político de institucionalización en cualquier mecanismo de coordinación y configuración institucional (Boyer y Hollingsworth, 1997).

La noción de SSPs está relacionada con la existencia de diferentes mecanismos de coordinación económica: el mercado; jerarquías (con destaque para la firma); las redes (alianzas estratégicas, *joint ventures*); el Estado; las asociaciones (sindicatos, asociaciones comerciales) y comunidades.

Coherentemente con su inspiración neopolanyiana, la inmersión nacional en un sistema de reglas internacional asume un papel importante en la explicación. La consecuencia de la crisis regulatoria en la escala nacional fue un "cambio doble de los modos de regulación" hacia la supra nacionalización y la regionalización, lo que provocó una reconfiguración de los mecanismos de coordinación institucional y, consecuentemente, de los SSPs. Aunque los mercados y las alianzas estratégicas fueron favorecidos por la internacionalización, muchas redes y comunidades proliferaron en el nivel regional. Boyer y Hollingsworth (1997) contraponen la inmersión social de las instituciones nacionales de la Postguerra a un entrelace (*"nestedness"*) de instituciones en todos los niveles espaciales, cuyas consecuencias son: (a) una "causalidad multifacética" (en que interaccionan variados segmentos sociales y actores complejos) imposible de ser aprendida por abordajes "de arriba abajo" o "de abajo hacia arriba"; (b) la inexistencia de una autoridad única con poder de monitorear y regular un sistema tan complejo.

A su vez, el abordaje de la EFR, en su diálogo con VC, comparte varias de las proposiciones presentes en los trabajos de los SSPs, pero su metodología peculiar y su esfuerzo de elaboración de tipologías y agrupamientos presentan importantes particularidades. En primer lugar, es preciso destacar que el abordaje regulatorio no se resume a un sencillo análisis de la diversidad de capitalismos. Por el contrario, consiste en un programa académico más ambicioso, que engloba la relación de las diversidades observadas con el entendimiento de la evolución de las formas de capitalismos, marcadas por diversos tipos de crisis (Boyer, 2005: 14; Jessop y Sum, 2006).

En el intento de formular una "macroeconomía de las instituciones", los regulacionistas entablan un diálogo con el viejo institucionalismo norteamericano, aunque ello sea poco reconocido. Esas semejanzas se vuelven nítidas en el esfuerzo de combinar la teoría económica con el análisis histórico y en el rechazo al individualismo metodológico, en virtud de un análisis institucional más holístico, en el cual las instituciones sociales son importantes (Baslé, 2002). En ese sentido, a diferencia de la concepción más utilitarista y harmoniosa de las instituciones, presente en los abordajes hayekianos y en la Nueva Economía Institucional, los regulacionistas prefieren enfatizar una selección artificial de instituciones (al revés de natural), que incluye poder y legitimación social y la superposición de lógicas a veces contradictorias de aprendizaje y contestación, que opera sobre los agentes en un contexto de incertidumbre radical (Villeval, 2002).

La arquitectura institucional está sostenida por un modo de regulación que se basa en la relación entre cinco formas institucionales: la relación salarial; formas de competición; el régimen monetario; relaciones entre el Estado y la economía; e inserción en el sistema de relaciones internacionales. La concepción de economía de los regulacionistas se acerca a la noción polanyiana de "economía como un proceso instituido" (Jessop, 2001). De esa manera, las instituciones asumen un significado ontológico.

El régimen de acumulación comprende las relaciones dinámicas entre producción y consumo, y entre los departamentos de la economía. En otras palabras, consiste en un régimen macroeconómico que interacciona con un proceso de trabajo específico. La preocupación con las variedades de capitalismos se encuadra tanto en el proceso de extensión empírica incremental (lo que incorpora nuevos países en los análisis), como en la profundización conceptual progresiva de la agenda de investigación de la ERF (Jessop y Sum, 2006).

Según ese abordaje, la diversidad de conflictos institucionalizados da apertura a distintas formas de actuación del Estado y de intervenciones públicas, lo que garantiza una variedad de formas capitalistas (Boyer, 2005: 12-13).

Sin embargo, Jessop y Sum (2006) añaden que la teorización de los regulacionistas sobre el Estado y las políticas públicas presentan diversas brechas, expresadas en el intento de atribuir al Estado una lógica única, como capital colectivo ideal. De esas brechas se vuelve necesario teorizar el Estado como agente y objeto de la regulación, lo que implica en considerar la importancia de proyectos estatales, la movilización de discursos y estrategias en la búsqueda de consensos, y las propias contradicciones políticas y espaciales dentro del sistema estatal.

Otro abordaje crítico en relación con los desdoblamientos de los debates de las VC, es el de las "variaciones" de capitalismos. En dos textos seminales de esa interpretación, Jamie Peck y Nick Theodore (2007) apuntan a un problema metodológico grave en la concepción de instituciones dominante en la VC. Entender las instituciones a partir de las empresas y de sus problemas de coordinación ignora los componentes sociológicos y su papel en la codificación de compromisos institucionalizados como espacios de ejercicio de poder. La posición adoptada por los autores de la VC es defendida con el argumento de que se debe evitar sobreestimar lo que los gobiernos pueden de hecho alcanzar a través de sus políticas. Como consecuencia de ese abordaje más vuelto al sector privado, se verifica una teorización insatisfactoria sobre el papel del Estado en la economía y en la sociedad. En ese procedimiento, es posible identificar una separación entre instituciones y sociedad (Bruff, 2011).

Un aspecto decisivo para la VC es explicar cómo las instituciones interaccionan, lo que hace recurrir al principio de complementariedad institucional. De acuerdo con ese principio, la eficiencia de un dominio institucional depende del desempeño de otro, de modo que la presencia de determinada institución eficiente en determinado dominio aumenta la eficiencia de otra en un dominio distinto (Amable, 2003). Para Jackson y Deeg (2006), ese abordaje tiene serias limitaciones desde el punto de vista de la dinámica de la economía política, pues, además de no aprehender la diversidad de intereses políticos de cada arreglo institucional y su relación con el Estado, la utilización de elementos del análisis económico más tradicional lleva a una interpretación del cambio institucional resultante, principalmente, de choques externos. De esta manera, la cohesión institucional generada por las complementariedades y los mecanismos de ajustes a cualquier choque endógeno garantizarían equilibrios relativamente estables, lo que reforzaría el carácter *path dependent* de la economía.

Sin embargo, según Colin Crouch (2005), esa lógica se asemeja más a la procura por similitudes que a la procura por los contrastes (y hasta accidentes) que "balancean" (y complementan) la probable coexistencia de diferentes mecanismos de gobernanza entre los dominios institucionales.

Para la literatura basada en las VC, las oportunidades de cambio institucional son más restrictas. Según esta corriente, las presiones para cambios institucionales pueden perjudicar la eficiencia de complementariedades que han sido establecidas.

El enfoque de la VC a la orden transnacional es extremadamente limitado, pues se resume al suceso de choques fuertes, raros y externos a los sistemas nacionales. Peck y Theodore (2007) argumentan que las políticas nacionales están inmersas en regímenes, procesos y relaciones transnacionales que ayudarían a entender las jerarquías presentes y la evolución del capitalismo como un sistema interconectado y asimétrico.

Peck y Theodore (2007), preocupados por el "nacionalismo metodológico" y el importante giro hacia la ortodoxia de la elección racional de la VC, presentan una propuesta de compromiso crítico desde la Geografía Económica en el debate de las VC. Si, de un lado, se elogia el esfuerzo para entender como el comportamiento humano está inmerso y está constituido a través de relaciones institucionales; del otro, los autores critican la perspectiva limitada y centrada en la firma defendida por la VC (así como por los SSP, sino por la ERF). También lamentan que, en esos abordajes, con excepción de los SSPs, el espectro geográfico se resuma a la identificación de capitalismos distintos, cuyas instituciones están organizadas por regulaciones nacionales. También existe el riesgo de idealización de las experiencias de economías lideradas por el mercado, por la premisa equivocada de considerarlas menos inmersas en instituciones y caracterizadas como representaciones estilizadas de la Economía Neoclásica, cuando, en verdad, la economía norteamericana presenta significativos grados de coordinación institucional, movilización del empresariado, cooperación interempresas y apoyo y protección del Estado a sectores específicos (Block, 2007).

Las lógicas concretas del capitalismo, sobre todo en el siglo XX, traen a la luz dudas sobre la caducidad de las complementariedades institucionales, sobre todo en sistemas abiertos y complejos, donde hay múltiples puntos de presión sobre los subsistemas (o dominios institucionales), y donde el entrelace de trayectorias institucionales nacionales e internacionales es inevitable (Djelick y Quack, 2007). Según alertan Peck y Theodore (2007), ignorar esos procesos puede llevar a un fetichismo y a un funcionalismo institucional, que tienden a ser agravados por la negligencia de cuestiones fundamentales, como la evolución y la periodización del sistema capitalista, la acumulación de capital y el conflicto de clases.

Aún según Peck y Theodore (2007), la falta de consideraciones más profundas sobre las escalas socio espaciales es problemática, pues, al priorizar una escala nacional "monolítica" y relacionarla con ajustes institucionales incrementales, no se aprehenden las transformaciones en otras escalas que ponen bajo contestación la cohesión nacional a través de procesos de reescalonamientos de la actividad económica y de las formas estatales. Es preciso, determinar el peso y el papel del Estado, y de las luchas políticas y sociales en la conformación de determinado capitalismo.

En la amplia, heterogénea y creciente literatura sobre VC el análisis de instituciones y estructuras que se consideran esenciales para el entendimiento de las manifestaciones del capitalismo, como el Estado, la sociedad, la representación política, el espacio, el orden internacional, las coaliciones de negocios y las formas extra económicas, recibieron atención diferenciada (cuando entran en el análisis).

Aunque las diferentes vertientes analizadas puedan destacar elementos importantes para el entendimiento de las diversidades, la literatura que investiga las variedades no debe ignorar las condiciones para la reproducción del propio capitalismo. En ese sentido, se confiere cierto privilegio analítico a las interpretaciones que destacan las luchas y contradicciones en el proceso de reproducción de las estructuras capitalistas. Las interpretaciones que se insertan en ese grupo investigan procesos como la acumulación de capital, las luchas de clase, la autonomía relativa del Estado en sus relaciones con la economía y la sociedad, y la producción del desarrollo desigual.

Los autores de las Variaciones desarrollaron investigaciones comparadas de las experiencias concretas de neoliberalización. Eso fue caracterizado como un proceso siempre incompleto, contradictorio, contestado y complejo de experimentaciones sociopolítico espaciales. Concluyeron que este proceso debe ser tratado por su naturaleza fungible, híbrida, maleable, dependiente de la trayectoria pasada y abierto en relación con el futuro, que se desarrolla e impregna en cada ambiente, y se encuentra en permanente cambio de los contornos institucionales que van siendo rediseñados en cada tiempo coyuntural. Nunca es unidireccional pero siempre es adherente y adaptable a contextos variados.

Muy distante de la narrativa liberal conservadora, la realidad concreta es que promover un proceso de neo liberalización requiere gran y potente intervención, como así también, cambios amplios y profundos en la participación del Estado, y una verdadera reapropiación privada de los fondos públicos para la redistribución dentro del bloque en el poder. Para ello se requiere la apertura de nuevas frentes de valoraciones, privatización de los servicios públicos, re regulación de las tres mercancías "ficticias" (trabajo, dinero y tierra) (Polanyi, 1944), todo para hacer avanzar la conformación de la sociedad a las fuerzas de mercado. O sea, lo cierto es que esas fuerzas mercantiles no van por el curso natural de los acontecimientos, como está inscrito en el origen del credo liberal. Requieren amplia reorganización de fuerzas y potencia estatal para que sean engendradas autoritariamente.

Peck; Brenner y Theodore (2011) propusieron una periodización muy interesante, distinguiendo dos momentos en los procesos de neo liberalización. De esta manera, las formas neo liberalizadoras ocurrirían en dos fases de *reestructuración regulatoria* bastante distintas. En una primera, que denominan de *roll-back*, o sea, de ataque ofensivo, en que se promueve el desmantelamiento de instituciones, desorganizando centros de poder, espacios burocráticos etc., y procurando, por diversos dispositivos, disciplinar sujetos colectivos. En una segunda fase, que se llama *roll-out*, de re regulación, enfrentando modos de gobernanza diversos erigidos anteriormente, y realizando una incursión e implementación regulatoria que garantiza modos de conformación a los designios de los mercados (Peck, 2010).

Ese debate es central para profundizarse en las investigaciones de cómo los procesos neo liberalizantes se extienden y se arraigan, en fases cíclicas y contingentes, sea en un primer momento más destructivo, de desmonte, sea en un momento más proactivo de (re) reglamentación, remontaje y reducción (*rentrenchment* o evolución regresiva). Otro elemento importante en la periodización fue distinguir coyunturas históricas bastante distintas en los capitalismos atlánticos, norte y sur, de la Postguerra: con el pasaje de un *Estado Nacional de Bienestar Keynesiano (*KNWS), a un posterior, de *Régimen Shumpeteriano de Workfare Pos Nacional* (SPWR) (Jessop, 2006 y Brenner, 2010).

En el interior de esta distinción de períodos se destaca un aspecto fundamental, en el ámbito del mundo del trabajo, a través de un pasaje que los autores nombraron como un régimen regulatorio basado en el *Welfare* hacia uno residual de *Workfare*, marcado por la re conversión de la fuerza de trabajo. Con esta última expresión querían llamar la atención sobre el hecho de que el ingreso y la permanencia, con seguridad, en el mercado formal de trabajo se vuelve un pre requisito para que se tenga acceso a la salud y otros beneficios sociales (Peck y Theodore, 2010; Peck, 2010), no siendo más vistas como derechos del ciudadano, sino solamente del consumidor empleado.

Si en la década del ochenta el propósito del campo de acción del proceso de neo liberalización era el desmantelamiento agresivo del Estado (*roll-back*), a partir de la década de los noventa el énfasis pasó ser puesto en el *roll-out*, fundado en la institucionalización política más concertada del neoliberalismo. Las investigaciones sobre los cambios morfológicos del Estado en el capitalismo actual, en sus etapas de expansión/contracción de sus papeles son fundamentales para pensar la formulación de políticas orientadas por el/para el mercado (Fernández, 2017).

Sería importante procurar hacer dialogar el pensamiento crítico latinoamericano con los abordajes de las variaciones de capitalismo, para tratar su vertiente periférica y subdesarrollada.

Un borrador para los estudios de las variedades pretéritas de los capitalismos periféricos, subdesarrollados y dependientes, y de sus diversas fases de neoliberalización

América Latina concibió y acumuló, por más de medio siglo, desde el fin de la década de 1940, un inédito patrimonio académico (CEPAL, "Escuela de la Dependencia" etc.) para pensar las especificidades del proceso de desarrollado en la condición periférica. Desafortunadamente la riqueza, la originalidad y la complejidad del pensamiento crítico de las ciencias sociales desarrollado en ese continente no tuvieron la debida divulgación, visibilidad e influencia en el ambiente académico mundial.

Ese pensamiento puede ayudar en el debate sobre diversidad de experiencias capitalistas y en la necesidad de asumir definitivamente que no existe un modelo canónico a ser seguido en el proceso de desarrollo, pero una pluralidad de vías y trayectorias históricas posibles en el curso del Tiempo Espacio del proceso de desarrollo.

Lo que estaba en el centro del programa de esta elaboración teórica era un proyecto político basado en la concientización y en la búsqueda de la creación de instrumentos para: engendrar rupturas en relación con los mecanismos asimétricos del intercambio desigual; enfrentar las heterogeneidades estructurales, etc., en una construcción deliberada de autonomía en un ambiente hostil. Es decir, en un contexto periférico singular, en la mayor porción territorial del mundo, que reúne y pone en convivencia una relación contradictoria: las mayores disparidades entre retraso y el desarrollo de las fuerzas productivas capitalistas. Un cúmulo de limitaciones estructurales se plantean tanto en el "núcleo de acumulación" como en el "núcleo de implicación estatal" (Fernández, 2017). En este sentido, el caso de Brasil es revelador, y tal vez extremo, en los contrastes y en las contradicciones: el 8° sistema de fuerzas productivas del capitalismo mundial, combinando con el 156° país en desigualdad de renta.

La escuela latinoamericana de pensamiento crítico, histórico y estructural, puede contribuir para lanzar luz sobre las limitaciones, negligencias y parcialidades de los enfoques desarrollados en los países centrales, al explicar los procesos y trayectorias particulares que han tenido lugar en los espacios nacionales periféricos (Fernández, 2017).

Un ejemplo ilustrativo de los posibles diálogos Norte-Sur que podrían haber avanzado sería, por ejemplo, la discusión sobre "estilos de desarrollo", que podría haber tenido una interlocución científica con las "vías" o patrones de desarrollo, en el pasado, los SSPs, las VC o Variaciones de capitalismo, o las formas institucionales de la EFR, en el período reciente. Se podrían haber explorado más las investigaciones sobre las particularidades del Estado latinoamericano, su peculiar escala nacional y sus específicas formas de reescalonamiento. Estos temas escaparon y obturaron parte del potencial avance teórico, analítico y político.

De esta manera, podría haberse realizado un cruce de abordajes distintos, pero semejantes entre estilos, formas y patrones, con énfasis en las estructuras listadas a continuación y su relación con agentes, actores y sujetos de los procesos concretos de los países periféricos (ver Cuadro I). Todo ello, analizado en el contexto de las relaciones contradictorias del capitalismo en las diversas coyunturas históricas y geográficas.

Cuadro I. Tres escuelas de pensamiento y sus estructuras

Estilos de desarrollo (Aníbal Pinto)	Formas institucionales (ERF)	Patrones de acumulación ("Escuela de Campinas" - UNICAMP/Brasil)
Medio físico y recursos naturales	Forma de la relación salarial	Bloque de poder dominante
Población: perfiles y aptitudes	Forma de la competencia	Fracciones de capital y liderazgo en el proceso de acumulación
Estructura social	Forma de acoplamiento al régimen internacional	Naturaleza y regulación de las relaciones capital-trabajo
Organización productiva	Formas del Estado	Estructura productiva y patrones de competencia oligopólica
Relaciones externas	Forma y régimen monetario	Naturaleza de la inserción externa
		Articulación del Estado con el proceso de acumulación
		Modo de financiamento de la acumulación

Fuente: elaboración propia.

Según los autores latinoamericanos, no es sólo el hecho de que estas estructuras referidas anteriormente son atrasadas, sino que, a lo largo del tiempo, las limitaciones, privaciones, mutilaciones e incompletitudes del ser subdesarrollado acaban por deformar aún más las estructuras (productivas, ocupacionales, de distribución de renta y riqueza, y la propia composición de clases sociales) que habían sido forjadas diacrónicamente a lo largo de las limitaciones históricas puestas por la inserción subalternada de aquella escala nacional en el concierto de las relaciones con la dinámica mundial.

El subdesarrollo visto no como fase, sino como *face*, que co-evoluciona a lo largo del tiempo con el desarrollo, que fue el gran mérito del pensamiento latinoamericano, acabó poco entendido por los autores del Norte, aún los de VC. De esta manera, la interpretación de los caracteres distintivos del Sistema de Relaciones Centro-Periferia y la naturaleza peculiar de los vínculos establecidos con el exterior, a partir de los espacios subalternos, quedaron perjudicados.

A su vez, los seguidores de los pioneros latinoamericanos contribuyeron con análisis profundizados sobre la investigación de la naturaleza del capitalismo periférico, cuestionando los porqué de no lograr establecerse en esos países: 1) un núcleo endógeno de acumulación que favorezca la industrialización; 2) un patrón autónomo y sustentado de financiación y de crédito de largo del plazo; 3) un sistema de aprendizaje capaz de endogeneizar el progreso técnico; 4) un sistema de exacción que pudiera constituir un sistema tributario no regresivo y penalizador del rentismo y del patrimonialismo, capaz de soportar con fondos públicos un Estado con capacidad estratégica; 5) una estructura de distribución de renta y riqueza capaz de realizar sus tareas sancionadas por costumbres democráticas de encadenamiento de decisiones transformadoras del status quo.

Estos autores apuntaban que en América Latina persistían disritmias, asincronías, e incompatibilidades entre por lo menos cinco estructuras, las de: consumo, distribución de la renta, propiedad, estructura productiva y estructuras ocupacionales. Estas últimas eran aún agravadas por la decisiva presencia de las grandes corporaciones multinacionales en los principales enlaces de las cadenas productivas de mayor densidad tecnológica, configurando una estructura productiva de carácter heterogéneo y de baja aptitud en la generación de empleo.

Precisamos retomar ese debate clásico del pensamiento crítico latinoamericano, buscando reactualizarlo para un mundo cada vez más asiático y en que casi todos los imperios seculares o milenarios volvieron a la escena del tablero geopolítico.

Hoy hay un gran desafío que sería identificar y calificar las potencialidades, pero también las ausencias, negligencias y limitaciones del pensamiento crítico histórico estructural latinoamericano que sean dignas de anotación para la formulación de investigaciones colectivas de alta complejidad. Un punto central sería cuestionar si y cómo el pensamiento crítico latinoamericano trató las escalas espaciales de forma no estática[1] y cuáles serían las

---

1   No es que en el estructuralismo histórico latinoamericano no esté la concepción de escalas espaciales, pero estaban subentendidas, no totalmente expresas, antes presupuestas sino implícitas en sus creativos análisis de la división internacional del trabajo, de los centros de decisión exogeneizados, de las heterogeneidades estructurales endógenas y de las relaciones centro periferia. En la escala nacional se analizaron las estructuras y los agentes, como si sólo estuvieran ubicados e insertados en una moldura de encuadramiento circunscrito y estáticamente restricto. Estas y otras escalas (la subnacional, por ejemplo) no fueron con-

particularidades del Estado latinoamericano, las coaliciones y fracciones de clase en su interior y sus específicas formas de reescalonamiento.

Con seguridad, desde un punto de vista poco complejo de la escala mundial (sobre todo de su geopolítica y geocultura), ese pensamiento poco cuestionó cual sería la naturaleza de la escala nacional en un espacio "nacional" periférico, sin autonomía de decisiones, dependiente asociado, y con posición subordinada, en el concierto de las relaciones y de las divisiones inter nacionales/inter estatales. Al analizar solamente el núcleo *versus* la periferia, es decir, las formas unidireccionales de acoplamiento de esta última en el espacio céntrico, el carácter dinámico y relacional de las vinculaciones endógenas/exógenas no ha sido tan analizado.

Seguramente una de las limitaciones del estructuralismo histórico latinoamericano para entender el capitalismo actual será desarrollar una otra noción de Estado, de conflictos, de las relaciones centro y periferia en el siglo XXI y la multi escala de los procesos sociales. A pesar de la originalidad de sus reflexiones sobre la condición periférica, el estructuralismo histórico latinoamericano no logró recuperar y analizar adecuadamente la riqueza de la diversidad de sus trayectorias nacionales (con sus procesos específicos de acumulación, re regulación, dominación, alienación y legitimación), sin incurrir en algún tipo de nacionalismo metodológico.

Descuidaron, o poco consiguieron capturar, las dinámicas de la geometría variable de los capitalismos, la multiplicidad de espacios nacionales y regionales y sus respectivas y peculiares capacidades de respuesta, ante la constante penetración y reconfiguración realizada por las redes y agentes institucionales y económicos multiescalares (Fernández, 2017).

En verdad, sus principales autores siguieron presos a cierto nacionalismo metodológico que exagera en las relaciones *horizontales*, descuidando las potentes relaciones *verticales* relacionales y de co-evolución contradictoria (centro periferia, redes económicas y políticas globales).

En resumen, es necesario poner bajo sospecha la idea de la economía nacional como unidad analítica válida, ignorando las configuraciones socio espaciales en sentido más plural (Jessop, 2018). Superar el nacionalismo metodológico reificador, para comprender, desde sus dinámicas internas, los comportamientos mundializados y la complejidad de las relaciones centro periferia hoy es el desafío, sobre todo para intentar capturar la complejidad escalar del capitalismo actual, a partir de la periferia. No se puede descuidar las determinaciones exógenas y coyunturalmente contextuales, que

---

cebidas como construcciones sociales conflictivas, relacionales, contestables, procesuales y contingentes.

provienen de los Estados supranacionales imperiales hegemónicos (EUA), en un contexto mundial de inserción en sistemas interestatales en disputa.

La articulación entre el capitalismo político abigarrado y el pensamiento crítico latinoamericano precisa ser construida. Una de las tareas será incorporar el papel del Poder y de la reiteración de las formas de dominación, a través del reordenamiento espacial de las capacidades estatales, al hacer el vínculo espacio-competencia-regulación. Hay dispositivos muchas veces subrepticios que integran la reutilización de los Estados periféricos para las estrategias del capital global y sus renovadas formas regulatorias que requieren apurados análisis.

Variaciones del capitalismo periférico de Brasil

Un listado sintético de las características específicas del abigarrado capitalismo en Brasil debería contener: su marcada valoración y dotación de gigantescas fronteras interiores; la precariedad de la constitución de clases sociales más dinámicas (marcado por el colonialismo portugués y por la esclavitud); el descompromiso permanente de sus elites con la soberanía, el territorio y con el espacio nacional; la destitución histórica de derechos y el desamparo a que están sometidas a las clases subalternas; entre otras características estructurales.

Las preguntas clave de esta especie de capitalismo periférico, que no tenemos la pretensión de contestar aquí, pero que ayuda a comparar el capitalismo político brasileño con otros, pasan por intentar entender: ¿cuáles son las circunstancias y cuál la composición y la naturaleza del arco de alianzas que permitieron montar una máquina de desigualdades dotada de tal potencia y sofisticación? ¿Qué lleva a la persistencia en el funcionamiento de esta máquina de (re)producción de múltiples desigualdades y de preservación de estructuras socioeconómicas de exploración, expropiación y marginalización? ¿Por qué no se arma un Sistema de Fuerzas Productivas vigoroso, con amplia capacidad de generación y distribución de riqueza material? ¿Cuáles son los bloqueos para que se engendren impulsos articuladores del conjunto de la actividad económica, dotados de coherencia sistémica de toda la estructura económico productiva o una división socio territorial del trabajo dinámica?

En este contexto, adquiere relevancia interrogarse sobre las especificidades de nuestro sistema económico sectorial social que dio soporte a un complejo mercantil sofisticado y, de esta manera, cuestionar sus alianzas e instrumentos de poder, sus mecanismos de actuación y sus relaciones geopolíticas y geoeconómicas, y sus articulaciones con el régimen de acumulación financierizada –y su acoplamiento cíclico subordinado en las olas de liquidez internacional–.

En este contexto es importante cuestionar la naturaleza y las limitaciones a que están sometidos tanto el NA como el NIE brasileños. En Brasil, las duras marcas del retraso estructural, impresas de forma perenne en el territorio y en las relaciones sociales, están fundadas en una historia de expansión a lo largo de la amplia plataforma territorial, de extensión continental, en la que yacen clases sociales con bajo potencial transformador, siendo frágilmente constituidas. Arriba, clases fundadas y arraigadas en formas mercantiles patrimonialistas y financiadas usuarias rentistas, sin compromiso con el pueblo ni la nación. Abajo, clases destituidas de derechos y de propiedad.

Al analizar la dinámica de acción de las diferenciadas facciones de las clases sociales, se depara con la precariedad de la constitución de sujetos sociopolíticos portadores de decisiones transformadoras, lo que pone impases estructurales a la construcción politizada de procesos de desarrollo. Lo que se reafirma, recurrentemente, es la amplitud y el poder de las estructuras políticas conservadoras y reaccionarias, con ineptitud congénita para dar universalidad a la ciudadanía, a los derechos sociales y promover fuerzas (re)productivas con organizaciones capitalistas más modernas.

Hay una especie de insuficiencia dinámica estructural, ante los enormes desafíos de construcción de las bases materiales requeridas para las tareas transformadoras en busca de superación del subdesarrollo. De esta manera, la historia brasileña puede ser sintetizada en movimientos en que todas las heterogeneidades estructurales y las diversidades de carácter productivo, urbano, social y ambiental estuvieron subordinadas a la lógica económica de la valoración fácil y rápida, es decir, de naturaleza inmediatista, rentista y patrimonialista.

Ciclos históricos del abigarrado capitalismo periférico dependiente brasileño

En una sencilla y poco rigurosa periodización de la historia brasileña, se deben contemplar por lo menos los períodos de: 1500-1820 - Colonia de Portugal; 1820-1889 - País independiente – Imperio; 1989/1929(33) - República Vieja; 1933/1963 - Industrialización desarrollista y diversificación social; 1964/1982 – Golpe militar-empresarial, autoritarismo y endeudamiento externo; pos-1983 - Diversas fases de ajustes, austeridades y neoliberalización.

Es muy difícil sintetizar aquí los grandes trazos de los movimientos cíclicos y los patrones de acumulación erguidos en estos momentos más decisivos de transformación material y social de Brasil. Por ello, recurrimos a un cuadro organizado por Paulani (2013).

Cuadro II. Formas de inserción de la economía brasileña en el proceso mundial de acumulación capitalista

	Momento en la historia del capitalismo	Forma de inserción de la economía brasileña
Fase 1	Acumulación primitiva	Como objeto de espoliación del Centro
Fase 2	Consolidación del modo de producción capitalista	Como palanca de la acumulación en el Centro, que produce materias primeras y alimentos baratos y siendo víctima del deterioro de los términos de intercambio
Fase 3	Indicios de crisis de sobreacumulación en el Centro	Como el mercado para inversiones industriales que empezaba a escasear en los países del Centro
Fase 4	Afirmación de crisis de sobreacumulación (primera etapa de la financiación)	Como la demanda por prestamos que no existía en otros lugares, en tiempos de recesión y crisis mundial (inserción pasiva en la financiación)
Fase 5	Madurez de la financiación (segunda etapa de la financiación)	Como plataforma internacional de valoración financiera y productor de bienes primarios (inserción activa en la financiación)

Fuente: Paulani (2013: 245).

En la larga duración histórica de quinientos años, Brasil de mera plataforma de entrepuestos comerciales, unidades aisladas de negocios mercantiles, y verdadero archipiélago de núcleos monocultores y primario exportadores, centrífugos y exogeneizados, que tiene toda su lógica de funcionamiento sometida a los designios de los mercados externos y a la acumulación primitiva y a la espoliación del Centro, irguió en su heterogéneo y continental territorio una de las diez mayores y complejas economías nacionales urbano-industriales capitalistas del mundo.

El "sistema económico nacional" configurado en el siglo XX alcanzó un elevado grado de integración comercial y productiva, al dotarse de una red matricial de relaciones intra e inter-ramas económicos, que se distribuyó desigualmente por todo el país y, aunque con alta concentración espacial, se contribuyó virtuosamente al acoplamiento de todas las economías regionales en una complementariedad expansiva, que conformaba un todo que "crecía junto", no sin fuertes asimetrías y disritmias entre sus partes cohesionadas. Se consolidó un complejo esquema de relaciones centro-periferia entre sus diversas regiones, anclado en una larga trayectoria de articulaciones mercantiles, que solidarizaron, por la vía del mercado, las partes del país, lo que hizo que los variados espacios regionales confluyesen sus proyectos y coaliciones de expansión alrededor de una convención desarrollista durable por medio siglo (1930/1980).

A partir de la segunda mitad de la década de los años cincuenta el país viviría profundas transformaciones económicas, culturales, sociales, políticas etc., todas sometidas al carácter de modernización conservadora que condujo tales cambios estructurales. La modernización con tal naturaleza agudizaría aún más los elementos históricos de heterogeneidad estructural (productiva, social y espacial), como marcas de la variedad periférica de capitalismo.

El golpe militar de 1964 representaría la victoria "definitiva" ante la potencial vía alternativa, democrática y con inclusión social, que avanzaba en el país. Cualquier periodización sobre nuestra historia y sus especificidades sociales, económicas y políticas debe realizar un corte temporal en 1964. Para el estudio de la dinámica de nuestra sociedad es necesario recordar ciertas determinaciones y condicionantes impuestos en el período 1964-1985.

La destrucción del estado democrático de derecho, perpetrada por el Golpe de 1964, acabó por devastar estructuralmente la política, la formación de cuadros y despolitizar las relaciones políticas en Brasil. El régimen autoritario de veinte años desmanteló la esfera política, el espacio público, las bases democráticas, destituyendo de habla y derechos, y aun invisibilizando, las fuerzas populares en los centros de decisión. El NIE se volvió incapaz en el siglo XXI de desarrollar capacidades estatales de transformación estructural y de inserción soberana en el contexto internacional.

Un aparato de gestión pública tecnicista, autoritario y con alta centralización de decisiones se ha erguido durante esta modernización despótica conservadora, que desmanteló y reorganizó administrativa y burocráticamente el Estado.

La industrialización avanzó, arrastrando e incentivando el conjunto de las actividades económicas terciarias, agropecuarias, de soporte infraestructural etc. Transformaciones materiales amplias en el NA (igual al de la segunda revolución industrial) se procesaron, pero nunca fueron acompañadas de mayor accesibilidad, por parte de la mayoría de la población, a la propiedad, a la tierra rural o urbana, a la educación y salud de calidad, a la vivienda, a los servicios urbanos, a la inserción formal en el mercado laboral, a la renta con permanencia y seguridad, es decir, sin derechos a la economía urbana moderna, etc. Sin embargo, se avanzó en la construcción de un espacio nacional, erigido bajo nuevo patrón de acumulación, vía profundización de mecanismos de políticas públicas protectoras y controladoras de la reproducción ampliada de diversas facciones burguesas, lo que consolidó una capacidad de dar coherencia a la valoración de un amplio frente de capitales – bastante asimétricos, según los cortes sectoriales, regionales, de porte etc. – pero ahora integrados productivamente.

El nuevo patrón agrícola que se erige tras 1965, con la institucionalización del Sistema Nacional de Crédito Rural, promovió la industrialización de la agricultura, profundizó la modernización conservadora del agro y ejerció presión en las relaciones de producción y de propiedad, determinando masivos movimientos de expulsión de la zona rural.

En el plan económico, se han definido articulaciones con el *"núcleo central del aparato productivo nacional*, centrado en el polo Rio-São Paulo, *amalgamados en un complejo industrial comercial financiero"* (Barros de Castro, 1969: 174). En la cuarta parte del siglo XX, la acción estatal, sobre todo en la periferia nacional, reforzó su papel de inversionista directo y estructurante del territorio nacional. La implementación de un pesado bloque de inversiones, a partir del II Plano Nacional de Desarrollo (1974/76), le ofreció infraestructura básica y avanzó inversiones directas de los sistemas productivos estatales y las industrias de insumos básicos y de bienes de capital (petroquímica, energía, siderurgia), articulando las bases económicas regionales en una fuga expansiva ramificada sectorialmente por el territorio.

En el plan social, el crecimiento económico generó capacidad, ubicada, pero potente, de absorción en estructuras ocupacionales formales para ciertos niveles de la población, que han sido entrañadas por movimientos de movilidad inter generacional e inter espacial y encontraron abrigo en la expansión y diversificación de los estratos urbanos medios y metropolitanos en cada estado de la federación. Otros niveles, acabaron yaciendo en otras órbitas suburbanas, marcadas por la marginación, desafiliación y desclasificación. Se consolidó un régimen de crecimiento económico rápido, y por los caminos de menor resistencia, que legitimó un estilo perverso de convivencia social, devastación cultural, exclusión social y depredación de personas, recursos naturales, valores culturales y espacios geográficos. En suma, en términos nacionales, y sobre todo durante los "cincuenta años gloriosos" de Brasil (1933/82), se consolidó una sociedad de masas compleja, dispersa y amorfa.

En el plano político, frente a esa masa informe que se dispuso diferenciadamente por todo el territorio nacional, se solidificó la hegemonía del bloque en el poder de las cumbres políticas mercantil-territoriales-rentistas que dominan Brasil. Con sus marcas históricas de imposición no democrática, por la vía dictatorial, de la cooptación o del populismo, entre otros mecanismos, se soldaron las coaliciones políticas conservadoras, ancladas en los privilegios de la valorización, garantizados por el Estado, en las órbitas extensivas de la circulación de los capitales, en el control inquebrantable de la propiedad (rural y urbana) agraria e inmobiliaria y en el uso geopolítico privatizado del territorio.

No fueron nunca vencidos, pero se reposicionaron los caudillismos, "regionalismos" y "localismos" oligárquicos y conservadores y la profusión de narrativas escalares y espaciales de las retóricas "parroquialistas" y reaccionarias, muchas antipopulares y antinacionales.

Brasil ha levantado, en un proceso de larga duración, una sociedad urbana de masas compleja, sin urbanidad, fruto de la producción de espacios urbanos precarizados e ilegales, con interdicción del derecho a la ciudad para la mayoría, y bajo el control férreo de las élites agrarias, inmobiliarias y rentistas, urbanas y rurales, poco sometidas a la disciplina de los poderes públicos y los designios colectivos.

Brasil ha montado una economía urbana moderna, con sofisticada estructura reproductiva diferenciada (compuesta por variadas fracciones de clases sociales), estructura productiva diversificada (industrial, agropecuaria y terciaria) y heterogeneidades estructurales (sociales, regionales, rurales y culturales) muy marcadas.

Los complejos procesos, de largo recorrido y de naturaleza contradictoria, tuvieron las huellas de la fuga hacia adelante, del dinamismo económico de los efectos de multiplicación y aceleración del ingreso y de la riqueza, pero también las marcas de la interdicción estructural y de los trabamientos coyunturales recurrentes de las reformas sociales, de la distribución de ingresos y de la habilitación por la propiedad y por el acceso a los derechos, para la mayoría de la sociedad.

El proceso expansivo de medio siglo de inserción con crecimiento en el contexto internacional de la posguerra fue abruptamente interrumpido en 1983 tras la crisis de las deudas latinoamericanas. Con la crisis de liquidez, la deuda y las insolvencias generalizadas, no permitió a los países periféricos honrar sus compromisos con los servicios de la deuda externa.

A partir de ahí tuvimos pequeños ciclos inconsistentes de crecimiento, que desaguaron en: el desposeimiento del patrimonio público (y su usurpación por el sector privado), que había sido construido en medio siglo de luchas y crecimiento; la crítica casi generalizada al Estado "interventor"; y, en suma, en la reacomodación y cristalización de los viejos compromisos del amplio arco de alianzas conservadoras que dominan el núcleo del poder en Brasil.

A fines del siglo XX estas características macro estructurales históricas se exacerbaron en razón de las opciones neoliberales de conducción de la política económica realizadas. El Estado pierde poder de coordinación estructurante para orientar y promover frentes de expansión atractivos, haciendo cada día más difícil acomodar y hacer converger tantos, grandes y dispersivos intereses. Se consolidó una enorme pérdida de capacidad de concatenación por parte del Estado y, en consecuencia, de inducción de la inversión privada.

Los procesos de re-especialización y re-mercantilización que acontecieron en Brasil de la década de 1990 profundizaron aún más sus ventajas competitivas estáticas y absolutas e históricas en los segmentos estandarizados y de procesamiento continuo de recursos minerales, forestales, energéticos, agrícolas y ganaderos. Ejemplos de estos procesos podemos encontrar en torno a la producción del mineral de hierro, la siderurgia y el aluminio (básicamente insumos metálicos semi-acabados), petróleo y petroquímica, celulosa y papel, alimentos industrializados (granos, jugo de naranja, carnes, etc.) y textiles estandarizados, etc. Algunos intentos de discusión o implementación de políticas industriales se realizaron, pero sin ninguna capacidad de creación de nodalidad del Estado (Fernández y García Puente, 2013) frente a los dispersivos y parroquiales intereses empresariales.

Igual que el caso argentino, que ha sido tratado en otro capítulo de este libro, ocurrieron procesos que obstaculizaron una sinergia virtuosa entre el NA y el NIE para impulsar las orientaciones estructurales que viabilicen el desarrollo económico (Bazza, Lauxmann y Fernández, 2018).

A partir de un Estado, primero de naturaleza burocrático-autoritario, del período militar, después, gerencialista y privatista, que, aunque logró realizar la complementación de la segunda revolución industrial, ésta se dio sin la constitución de aglomeración capitalista para constituir grandes grupos empresariales nacionales, sin estándares de financiación a largo plazo y sin sistema de aprendizaje e innovación. Por lo tanto, sin un Estado con capacidad nodal para disciplinar a las fuerzas privadas y conducirlas en una estrategia competitiva sistémica.

En lo que se refiere al plano político, las fuerzas sociales y políticas de la redemocratización, que habían impuesto importantes avances durante el proceso de elaboración de la Constitución de 1988, no lograron hacer frente al proceso avasallador de la verdadera revolución conservadora (con el implante de la razón neoliberal) se tomó cuenta del país.

La década perdida, de los años ochenta, seguida de la desperdiciada, de los noventa, fueron caracterizadas por brotes sectoriales, incoherentes, inestables y focalizados de crecimiento económico en restringidos puntos de espacio en cada una de las macro regiones brasileñas. La pérdida generalizada de dinamismo económico y la ampliación de los desniveles socioeconómicos entre sus regiones fueron determinados por el ambiente macroeconómico internacional, las opciones equivocadas de política económica y la pérdida de la calidad sistémica y orgánica de la actuación del Estado, lo que resultó en disritmias entre las inversiones públicas y privadas y determinaron importantes transformaciones en las relaciones entre las regiones brasileñas. Estas fueron impactadas selectivamente y sectorialmente en sus estructuras socioeconómicas y urbano-regionales. En los tres niveles de gobierno de la federación ha sido muy diversa la sensibilidad de cada región a los procesos de apertura, a los determinantes microeconómicos de la reorganización empresarial, al deterioro de la infraestructura económica y a la desestructuración del sector público (Siqueira, 2013).

Desde la crisis de la deuda (1983), pasando por el frente post-régimen militar, la "Nueva República" (1985/1990), hasta el intento fracasado del gobierno de Collor de Mello (1990-1992), una reorganización de los liderazgos políticos se articuló para poner fin a la llamada Era Vargas (1930/80) y resolver la crisis de hegemonía. La elección de Fernando Henrique Cardoso involucró algunas condiciones económicas, políticas y fiscales favorables que posibilitaron el *roll-back* de la experiencia de industrialización y el Estado coordinador. De hecho, el ataque a la "Era Vargas", junto con el plan de estabilización, fue la prioridad del primer mandato de Cardoso. Como parte del proyecto de romper algunos de los ejes legales del Estado nacional-desarrollista, parte de los cuales fue constitucionalizada en la Constitución de 1988 (Sallum Jr., 1999), se destaca la reorganización institucional de las relaciones entre el Estado y el mercado, expresado por el fin de la discriminación constitucional en relación con la empresa de capital extranjero y la transferencia a la Unión del monopolio de la explotación, refinería y transporte de petróleo y gas, lo que antes había sido detenido por Petrobrás.

A pesar de sus diferencias contextuales, a partir de 1995, el *roll-back* se manifestaba en sus formas "clásicas": un ataque a las estructuras desarrollistas heredadas, asociado a la desregulación primitiva de los mercados. Este ataque se basaba en la administración macroeconómica monetarista, en la desregulación dogmática y en la privatización (Peck, 2010). En Brasil, esto se manifestaba en los intereses altos, apertura comercial ampliada, ajuste fiscal progresivo, cambio sobrevalorado y rechazo de la política industrial, para aumentar la competencia y evitar las distorsiones promovidas por la intervención del estado desarrollista de la Era Vargas.

Pese el ataque predatorio al federalismo y a los elementos de derechos y ciudadanía de la Constitución de 1988, las fuerzas neo liberalizantes no consiguieron eliminar todos sus rasgos desarrollistas. Tampoco logró imponer un neoliberalismo "puro", aun ante el predominio de los fundamentalistas de mercado en el equipo económico. Como discutimos, esto se debe a la resistencia de la sociedad y a la necesidad del neoliberalismo de convivir con formas extra-mercado.

En este sentido, es urgente investigar concretamente, en variados contextos geo-regulatorios, nuevas formas de desarrollo desigual y lo que Harvey (2016) denomina nuevas lógicas de formación, propagación y gestión de crisis durante estos años.

Atravesamos hoy una profunda crisis política y económica en América Latina en general y en Brasil en particular, con bajos niveles de crecimiento y en un contexto internacional marcado por amplias reorganizaciones sistémicas, nacionalistas, interterritoriales e inter-empresariales. El carácter del régimen de crecimiento impuesto al continente, de extracción y explotación de los recursos naturales minerales, agrícolas y energéticos (tanto los renovables como los no renovables tales como las reservas de petróleo y los depósitos minerales no energéticos) restablece las problemáticas estructurales de nuestra experiencia histórica periférica, con congénita insuficiencia de agentes dinámicos y estructurantes dotados de liderazgo y vigor para buscar penetración e inserción internacional más activa y dinámica en la mutante geopolítica y geoeconomía en la escala mundial.

En Brasil, además del avance del poder del agronegocio, de la extracción mineral y sus respectivas infraestructuras de logística y energía, y la cuestión del petróleo de la capa del Pre-Sal, se colocan en el centro de esta agenda neoconservadora las discusiones en torno al grado de autonomía de decisión de ese espacio nacional, que opta, por ejemplo, por la especialización regresiva –con concentración de la estructura productiva, ya bastante heterogénea– en la oferta de *commodities* de baja elaboración y en la explotación de recursos naturales. "Estrategias" de ajuste pasivas y defensivas, basadas en competitividad espuria, no orientadas para el aprendizaje son reveladoras de la limitación o ausencia de proyectos de desarrollo nacional de países como Brasil.

En los últimos 20 años, de 1995 a 2015, Brasil sufrió tres fases de neo liberalización. A pesar de la potencia de las políticas sociales implementadas, en razón de la política macroeconómica conservadora, una reforma de la previsión draconiana en 2003, las alianzas con algunas de las fuerzas más retrógradas y conservadoras de Brasil, la protección al rentismo y al patrimonialismo, y el no enfrentamiento de las cuestiones de las tierras rurales y urbanas, se puede denominar el período de los gobiernos Lula y Dilma como una especie de onda intermedia en el conjunto de las tres fases de neo liberalización que experimentamos desde el proceso de apertura política post-golpe de 1964. Así, tuvimos los gobiernos de Fernando Henrique Cardoso (1995/2002); el Lulismo (2003/2015) y el régimen de mercado auto-regulado de Temer (2016), que lanzan mano de dispositivos, mecanismos e instrumentos bastante diferenciados de experimentaciones re-reguladoras, con variadas repercusiones, en las tres mercancías ficticias: tierra, dinero y trabajo.

Durante los conservadores años de la década de los noventa, marcados por el Consenso de Washington, tuvimos dos gobiernos de FHC (1995/2002), en que se realizaron típicas estrategias de *Roll-Back*, de ataque ofensivo y desmantelamiento de instituciones públicas que regulaban el mercado, liberando sus fuerzas para actuar más libremente. Fue un momento de privatizaciones, internacionalización de la economía, destrucción de puestos de trabajo, de derechos y de garantía, con vigorosa represión a los movimientos sociales.

La necesidad de una re-regulación en diferentes áreas o de una corrección de los desequilibrios y fallas de gobernanza creadas por la fase anterior de *Roll-Back* ya se mostraba evidente cerca del final del primer mandato del gobierno. Este problema arrojó luz sobre desavenencias antiguas –o una dualidad ideológica– que persistían en el interior del gobierno y sobre la rearticulación de poder en la burocracia pública para posibilitar el *Roll-Out*. De hecho, a pesar del predominio de los neoliberales más doctrinarios, la presencia –aunque poco efectiva– de los liberales desarrollistas fue una constante en el primer mandato. Aunque muy diferentes de los nacional-desarrollistas –sobre todo en lo que se refiere a la necesidad de fortalecimiento del capital industrial nacional en un sistema productivo nacional integrado– los liberales-desarrollistas también tenían aspiraciones industrializadoras, a pesar de apoyar la modernización de los servicios y agricultura. Sin embargo, la estrategia de estabilización fue el eje de la política macroeconómica y privilegió la esfera financiera.

De esta manera, las reformas adoptadas en el segundo mandato de Cardoso, al revés de recuperar elementos industrializadores y desarrollistas, fueron en el sentido de perfeccionar para intensificar la neo liberalización, lo que incluía la creación de nuevas instituciones y la reestructuración del Estado, es decir, hacia un momento de *roll out* (Peck, 2010).

El *Roll-Out* ejecutado en el segundo mandato de FHC fue marcado también por el auge en la regulación económica tecnocrática, caracterizado por el aislamiento del Ministerio de Hacienda y del Banco Central. En este contexto, los liberales-desarrollistas pierden fuerza en el gobierno y algunos organismos públicos son vaciados, con funciones transferidas a la Hacienda (como ocurrió con Itamaraty y las atribuciones económicas del Ministerio de Relaciones Exteriores) o no llegan a salir del país, (como el Ministerio de la Producción, que representaría un retorno de la política industrial). El aislamiento burocrático del equipo económico funcionó como una "autonomía inmersa con señal intercambiada", siendo que la red de decisiones e informaciones conectó el Estado al mercado financiero, en vez de favorecer la política industrial (Couto y Abrucio, 2003). En ese sentido, el poder de una burocracia educada en centros conservadores extranjeros ayuda a ilustrar las relaciones entre el neoliberalismo y la internacionalización del Estado (Peck, 2001).

El predominio de la agenda conservadora permitió la institucionalización de un régimen de políticas que, sin embargo, acabó rehén del fiscalismo. Las divisiones en la coalición política que sostuvieron el gobierno se intensificaron tras el débil crecimiento y el fallo en el modelo regulatorio (principalmente en el sector eléctrico) y expusieron el hecho de que el gobierno no tenía un proyecto de Estado definido tras el ataque a la Era Vargas (Couto y Abrucio, 2003).

Durante los gobiernos de Lula y Dilma se implementaron reestructuraciones regulatorias de gran alcance, constituyendo una fase de *Roll-Out*, de re-regulación, enfrentando modos de gobernanza anteriores y creando refugios de defensa (trincheras) que mezclaron la conformación a los mercados con defensa de algunos derechos sociales.

Algunos trabajos recientes han discutido si hubo una reversión de trayectoria del neoliberalismo a lo largo del gobierno de Lula, si se produjo una mera continuidad de políticas anteriores (Gonçalves, 2012), o si hubo cambios significativos, aunque en un contexto neoliberal con los cambios en el bloque en el poder (Boito Jr., 2007). Antes de desarrollar esas interpretaciones, es conveniente destacar que partimos de la noción de que el Plan Real representó un momento de *path shaping*, de modo que el retorno a prácticas desarrollistas, la resiliencia de instituciones de aquel período e innovaciones institucionales ocurren en un contexto en que predominan elementos de "continuidad en la discontinuidad". Hay una dialéctica entre ese momento de *path shaping* y elementos de *path dependence* –que se manifiesta y se refuerza en las estructuras espaciales–, pero argumentamos que el cambio disolvió importantes relaciones antiguas en elementos que fueron selectivamente articulados en nuevas relaciones, instituciones o discursos (Jessop, 2008), entre los cuales el "nuevo desarrollismo" es lo más significante.

Tras el *impeachement* de Dilma, los procesos neo liberalizantes se extienden y se arraigan, una vez más, en una fase que busca liberar el "molino satánico" (Polanyi, 1944) del mercado para funcionar sin obstáculos, en un momento de re-desconstrucción institucional y ataque a la democracia. Lo que es impresionante es que, como en los previos 20 años, Brasil demostró la fragilidad de su joven experiencia democrática, construyó tres fases de neo liberalización bastante distintas, un *Roll-Back*, un *Roll-Out* y un nuevo *Roll-Back* todavía más radical que el primero.

Con matices que podrían distinguirse entre las tres fases de neo liberalización de los últimos dos decenios, en todas ellas persistió la redistribución a favor de las rentas del capital, en detrimento de las rentas del trabajo. Incluso en la fase *Roll-Out* del Lulismo, que promovió una importante distribución personal de la renta, con aumento de la homogeneidad social, la llamada distribución funcional de la renta no cambió mucho a favor de la masa de salarios en relación con la masa de ganancias.

Los reinos de las finanzas, del agronegocio y de la internacionalización abierta ganan terreno. Por otro lado, la profundización de la crisis, la violencia multidimensional, los graves problemas urbanos, demuestran la fragilidad del mercado laboral brasileño, que crea nuevos puestos en cada ciclo espasmódico y luego los destruye rápidamente. Además, el endeudamiento familiar de los más pobres es creciente, en un momento de aumento del desempleo, recesión y retirada de sus derechos duramente conquistados.

La coyuntura actual es de exacerbación del nuevo conflicto urbano metropolitano, con la complejidad de las disputas de las variadas sub fracciones de clase, con enorme fragmentación y despolitización, lo que hace convivir con nuevas dinámicas de los movimientos sociales por justicia socio espacial.

Históricamente, incluso con la modernización urbanizada, no se consolidan legitimación y fuerza política suficientes para romper el obstáculo de la implementación de políticas sociales y habilitación por la educación y la propiedad a gran escala.

En resumen, en Brasil, las transformaciones sociales de los últimos trece años incorporaron a los mercados capitalistas (de consumo, de trabajo, de vivienda, etc.) millones de brasileños que antes formaban parte de la histórica masa redundante y marginada de nuestro proceso de urbanización subdesarrollada. Las preguntas extremadamente difíciles de contestar, que requieren todavía innumerables e intensas investigaciones colectivas son, dentro de otras que podrían ser formuladas: ¿Qué esperar de esta nueva dinámica del conflicto de clases en los espacios urbanos brasileños? ¿Hasta dónde los ultraconservadores, ahora en el poder, lograrán implementar su proyecto de retroceso social y político?

Esto en un contexto en el que, en el plano de la escala mundial capitalista, están en curso cambios intensos en los marcos de la reproducción social político de clase, que toman la forma de ciclos acelerados de experimentaciones regulatorias impulsados por la crisis, con repercusiones de naturaleza estructural, desigualmente en el sistema capitalista, en sus relaciones, con distintas "variaciones" temporales, espaciales e inter escalares, en el centro hegemónico y en las diversas periferias del sistema.

Consideraciones finales

Contra la visión de la existencia de una mono morfología en el capitalismo, se desarrollaron los enfoques de las diversidades y VC. Originalmente, tales interpretaciones procuraron aprehender la diversidad capitalista, a través de la comparación institucional, sobre todo de las economías nacionales (cerradas) en el contexto del centro, del Norte. A pesar de sus contribuciones, estos enfoques presentan muchas limitaciones.

El enfoque VC no enfrenta en sus análisis las contradicciones, complejidades, la flexibilidad molecular de la acumulación en red, los conflictos, las disputas de poder, el papel central del Estado, la competencia interestatal, las relaciones centro-periferia, la naturaleza específica del subdesarrollo, etc.

A menudo, deteniéndose en una visión armoniosa de los procesos sociales históricos, propone "modelos y recetas" apuntando "falencias o defectos congénitos de las instituciones periféricas" (...) "sin resaltar la separación entre centros y periferias como una diferenciación previa a las variedades" (Fernández, Ebenau y Bazza, 2018, en este volumen), descuidando determinaciones reales-concretas en el concierto de una división internacional del trabajo jerarquizada y compleja.

Pero la realidad es la exacerbación de la coerción de competencia inter capitalista e intereses territoriales, lo que ha promovido una colosal aceleración de la intensificación de la explotación laboral, la desposesión de bienes y recursos comunes, el aumento de la inseguridad y de la individualización, con el desmonte de las regularidades y de los compromisos de clase negociados típicos del consenso del momento anterior.

En todos los principales países de América Latina, los temas de la desindustrialización, reprimarización, neoextractivismo, entrega del patrimonio común y/o público a la "iniciativa privada" foránea, la expansión de los enclaves de explotación de recursos naturales, la especialización regresiva en bienes primarios, entre otros fenómenos, están todos de vuelta y se reactualizan en la vieja narrativa de la necesidad de modernizar esos países, que ha sido impuesta por la presente ronda de neo liberalización, que barre todo el continente desde el año 2016.

Este capítulo buscó analizar las variedades (periféricas) de capitalismo con base en el caso de Brasil. Tras una breve discusión de las diversas coyunturas históricas de moldeo del capitalismo brasileño y las transformaciones en su patrón de acumulación y desarrollo, destacamos el período reciente de los procesos de neo liberalización.

Este proceso se caracterizó como siempre incompleto, contradictorio, cuestionado y complejo en contextos en que se realizan sus experimentos socio político espaciales. Así, la promoción de la neo liberalización involucra y requiere gran y potente intervención y cambios amplios y profundos en la participación del Estado y una verdadera fase de asalto y reapropiación privada de los fondos públicos para redistribución dentro del bloque en el poder.

De esta manera, en los últimos 23 años, de 1995 a 2018, Brasil fue sometido a tres muy distintas fases de reestructuración regulatoria. En una primera, que denominan *Roll-Back*, o sea, de ataque ofensivo, en que se promueve el desmantelamiento de instituciones, desorganizando centros de poder, espacios burocráticos, etc., que procura, por diversos dispositivos, instrumentos y mecanismos, disciplinar sujetos colectivos. En una segunda fase, denominada *Roll-Out*, de re-regulación y desmontaje de modos de gobernanza diversos erigidos anteriormente. Y en una tercera, de *Roll Back*, se vuelve a un proceso más directo y brutal de entrega al mercado.

Fueron las fases que corresponden a los gobiernos FHC (1995/2002); Lula-Dilma (2003/2015) y el del golpe jurídico-mediático-parlamentario (2016). El primero de *Roll-Back*, es decir, ataque ofensivo y desmantelamiento de la regulación estatal, privatizaciones, etc. El segundo de *Roll-Out*, creando refugios de defensa que mezclaron contradictoriamente la conformación a los mercados financieros con defensa de algunos derechos sociales. El tercero, un nuevo *Roll-Back* más radical y totalitario, de liberación del «molino satánico» (Polanyi, 1944) del mercado para funcionar sin restricciones, en un momento de re-desconstrucción institucional y brutal ataque a la democracia por parte de las oligarquías y fuerzas sociopolíticas más retrógradas del país.

En este capítulo, como en el contexto georegulatorio de lo que podría denominarse Capitalismo Sur Atlántico Periférico Subdesarrollado Latinoamericano, con destaque para Brasil, que es preciso partir del rico patrimonio científico-académico-político, que durante medio siglo desarrolló un pensamiento crítico que acumuló una interpretación cíclico-dinámica de la reestructuración espacio-temporal de la contradicción histórico-sistémica de las relaciones centro-periferia (Fernández, 2017), procuraron, con bastante originalidad, a partir de América Latina.

Tal patrimonio, enfrentó la problemática de la no plena constitución de la escala nacional. Según esta interpretación, el carácter restringido, parcial e incompleto de las fuerzas productivas nacionales, con una oferta ilimitada de mano de obra destituida de derechos, que formaban una masa marginada, entre otras características de la condición periférica-dependiente, volvían esos espacios nacionales casi meras prolongaciones y apéndices del espacio económico de los países desarrollados.

De esta manera, la profundización de los estudios de las especificidades de los capitalismos subdesarrollados, dependientes y periféricos, pueden arrojar luz no sólo para el debate de la situación de la mayoría de las poblaciones del planeta; pueden demostrar la otra cara del desarrollo de los capitalismos del centro; pero sobre todo pueden articular y discutir las relaciones asimétricas entre centros y periferias.

Referencias bibliográficas

ALBERT, M. (1993). *Capitalismo contra capitalismo*. Buenos Aires: Paidós.

BARCELLOS DE SOUZA, M. (2013). "Variedades de capitalismo e reescalonamento espacial do Estado no Brasil". *Tese de doutorado*. Campinas: Unicamp.

BARROS DE CASTRO, A. (1969). *Sete ensaios sobre a economia brasileira*. Rio de Janeiro: Forense, 1969.

BASLÉ, M. (2002). "Acknowledged and unacknowledged institutionalist antecedents of Régulation Theory". en: Boyer, R.; Saillard, Y. (Ed.). *Régulation Theory: the state of the art*. London: Routledge, 2002. p. 21-27.

BLOCK, F. (2001). Introduction. en: Polanyi, K. *The great transformation: the political and economic origins of our times*. Boston: Beacon Press, p. XVIII-XXXVIII.

BLOCK, F. (2003). "Karl Polanyi and the writing of the great transformation". *Theory and Society*, [S. l.], 32 (3):275-306.

BLOCK, F. (2007). "Understanding the diverging trajectories of the United States and Western Europe: a neo-polanyian analysis". *Politics & Society*, [S. l.], 35 (1): 3-33.

BOITO Jr., A. (2007). "Estado e burguesia no capitalismo neoliberal". *Revista de Sociologia e Política*, Curitiba, 28: 57-73.

BOYER, R. (2005). *How and why capitalisms differ. Köln: Max-Planck-Institut für Gesellschaftsforschung*. (MPIfG Discussion Paper, 05/4).

BRANDÃO, C. (org.). (2018). *Teorias e políticas do desenvolvimento latino-americano*. Rio de Janeiro: Centro Internacional Celso Furtado/Contraponto.

BRANDÃO, C.A.; FERNANDÉZ, V.R. y RIBEIRO, L.C.Q. (orgs.). (2018). *Escalas espaciais, reescalonamentos e estatalidades: lições e desafios para América Latina*. Rio de Janeiro: LetraCapital.

BRENNER, N.; PECK, J. y THEODORE, N. (2011). "¿Y después de la neoliberalización? Estrategias metodológicas para la investigación de las transformaciones regulatorias contemporáneas". *Urban*, 01: 21-40.

BRENNER, N.; PECK, J. y THEODORE, N. (2010). "Variegated neoliberalization: geographies, modalities, pathways". *Global Networks*, 10 (2): 182-222.

BRUFF, I. (2011). "What about the elephant in the room? Varieties of capitalism, varieties in capitalismo". *New Political Economy*, 16 (4): 481-500.

BRUNO, M. y CAFFE, R. (2017). "Estado e financeirização no Brasil: interdependências macroeconômicas e limites estruturais ao desenvolvimento". *Economia e Sociedade*, Campinas, 26, Número Especial: 1025-1062, dec.

CHIBBER, V. (2009). "¿Revivir el Estado desarrollista? El mito de la "burguesía nacional." *Revista Documentos y Aportes* (11). Universidad Nacional del Litoral, Santa Fe.

COATES, D. (2005). "Paradigms of explanation", en: Coates, D. (Ed.). (2005). *Varieties of capitalism, varieties of approaches*. London: Palgrave, p. 1-25.

COUTO, C. y ABRÚCIO, F. (2003). "O segundo governo FHC: coalizões, agendas e instituições". *Tempo Social*, 15 (02).

CROUCH, C. (2005). "The role of governance in diversity and change within contem- porary capitalismo", en: Miller, M. (org). (2005). *Worlds of capitalism: institutions, governance and economic change in the era of globalization*. London: Routledge, p. 71-92.

DJELIC, M-L. y QUACK, S. (2007). "Overcoming path dependency: path generation in open systems". *Theory and Society*, 36 (2): 161-186.

EBENAU, M. (2012). "Varieties of capitalism or dependency? A critique of the VoC approach for Latin America". *Competition & Change* (16): 206–223.

FERNANDES, F. (1975). *A revolução burguesa no Brasil: ensaio de interpretação sociológica*. Rio de Janeiro: Zahar.

FERNÁNDEZ, V.R. (2017) *La trilogia del erizo-zorro: redes globales, trayectorias nacionales y dinâmicas regionales desde la periferia*. Santa Fe: Anthropos/UNL.

FERNÁNDEZ, V.R. y GARCÍA PUENTE, M.J. (2013). "Estado, producción y desarrollo. Las capacidades nodales en una perspectiva latino-americana". *Revista Estado y Políticas Públicas* (1): 19-46.

FERNÁNDEZ, V.R., EBENAU, M. y BAZZA, A. (2018). "Repensando las variedades de capitalismo desde la periferia latinoamericana". En este volumen.

HALL, P. y GINGERICH, D. (2004). *Varieties of capitalism and institutional complementarities in the macroeconomy: an empirical analysis*. Köln: Max- Planck-Institut für Gesellschaftsforschung. (MPIfG Discussion Paper 04/5).

HALL, P. y SOSKICE, D. (Org.). (2001). *Varieties of capitalism: the institutional foundations of comparative advantage*. Oxford: Oxford University Press.

HARVEY, D. (2017). *17 contradições e o fim do capitalismo*. São Paulo: Boitempo.

HOLLINGSWORTH, J.R. y BOYER, R. (edit.) (1997). *Contemporary capitalism: the embeddedness of institutions*. Cambridge: Cambridge University Press.

JACKSON, G. y DEEG, R. (2006). *How many varieties of capitalism? Comparing the comparative institutional analyses of capitalist diversity*. MPIfG Discussion Paper, 06/2.

JESSOP, B. (2018). "Capitalismo: ¿diversidad, variedad o abigarramiento?" En este volumen.

JESSOP, B. (2007). "From micro-powers to governmentality: Foucault's work on statehood, state formation, statecraft and state power". *Political Geography*, 26 (1): 34-40.

JESSOP, B. (2001). "Institutional re(turns) and the strategic: an relational approach". *Environment and Planning A*, 33 (7): 1213-1235.

JESSOP, B. y SUM, N.L. (2006). *Beyond the regulation approach: putting capitalist economies in their place*. Cheltenham: Edward Elgar.

JESSOP, B. (2008). *State Power*. Cambridge: Polity Press.

PALMA, G. (1989). "Dependencia y desarrollo: una visión crítica", en: Seers, D. [comp.], *La teoría de la dependencia, una revaluación crítica*. México, FCE.

PAULANI, L. (2013). "Acumulação sistêmica, poupança externa e rentismo: observações sobre o caso brasileiro". *Estudos Avançados*, 27 (77): 237-261.

PECK, J. (2010). *Constructions of neoliberal reason*. Oxford: Oxford University Press.

PECK, J. (2005). "Economic Sociologies in space". *Economic Geography*, 81 (2): 129-175.

PECK, J. (2002). "Political Economies of scale: fast policy, interscalar relations, and neoliberal workfare". *Economic Geography*, 78 (3): 331-360.

PECK, J. y THEODORE, N. (2007). "Variegated capitalismo". *Progress in Human Geography*, [S. l.], 31 (6): 731-772.

PECK, J. y TICKELL, A. (2002). "Neoliberalizing space". *Antipode*, [S. l.], 34 (3): 380-404.

PECK, J. y TICKELL, A. (1994). "Searching for a new institutional fix: the after-fordist crisis and global-local disorder", en: Amin, A. (Org.). *Post-Fordism: a reader. Blackwell:* Oxford. p. 280-316.

POLANYI, K. (1980) [1944]. *A grande transformação: as origens da nossa época*. Rio de Janeiro: Campus.

SALLUM Jr., B. (1999). "O Brasil sob Cardoso: neoliberalismo e desenvolvimentismo". *Tempo Social: Revista de Sociologia da USP*, 11 (2): 23-47.

SIQUEIRA, H. (2015). "Novo-desenvolvimentismo e dinâmica regional recente no Brasil (2004/2013)". *EURE,* Santiago do Chile, 41 (122): 261-277.

VILLEVAL, M.C. (2002). "Régulation Theory among theories of institutions", en: Boyer, R.; Saillard, Y. (Org.). *Régulation Theory: the state of the art*. London: Routledge, 2002. p. 291-298.

Nuevo ciclo industrial y el neoliberalismo como variedad actual del capitalismo en México

Sergio Ordóñez[1]

Instituto de Investigaciones Económicas,
Universidad Nacional Autónoma de México (México)

Introducción

El capítulo aborda el neoliberalismo como variedad actual del pasaje a una nueva fase de desarrollo del capitalismo en México, centrado en el estudio del sector electrónico-informático y de las telecomunicaciones (SE-IT), y su capacidad de convertirse en núcleo dinámico de un nuevo ciclo industrial.

La importancia de estudiar a México desde esta perspectiva, radica en que es el único país mayor de América Latina que se integra plenamente a la división global del trabajo del SE-IT, en tanto que núcleo dinámico de un nuevo ciclo industrial mundial a partir de los años ochenta del siglo XX, con la consiguiente potencialidad endogenizar su dinamismo en una perspectiva de desarrollo, como lo han hecho países bajo otras variedades de capitalismo como los escandinavos y del Este Asiático.

En esa perspectiva se argumenta que el concepto de ciclo industrial debe ser parte integrante fundamental del núcleo de acumulación (NA), y que el concepto gramsciano de bloque histórico es un concepto de mediación necesaria entre aquél y el núcleo de implicación estatal (NIE), sin el cual no pueden entenderse integral y plenamente los determinantes, así como los alcances y limitaciones, del accionar de éste en una perspectiva de desarrollo de largo plazo.

La argumentación contiene un primer apartado que ubica el punto de partida teórico del trabajo en relación con el debate de variedades de capitalismo, y plantea la necesidad de la consideración de los conceptos indi-

---

1   Agradecimiento al Programa de Apoyo a Proyectos de Investigación e Innovación Tecnológica de la Universidad Nacional Autónoma de México por financiar el proyecto titulado: "Vía de desarrollo y nuevo ciclo industrial en México: análisis comparativo internacional de la capacidad articuladora y dinamizadora del sector electrónico-informático y de las telecomunicaciones" clave IN301616

cados de ciclo industrial y bloque histórico en ese debate. En un segundo apartado se abunda sobre la relevancia del ciclo industrial en el marco de las fases de desarrollo del capitalismo, las características del ciclo industrial actual y su importancia en el ascenso industrial de países con variedades de capitalismo distintas al neoliberalismo. En el tercer apartado se estudia el neoliberalismo en México como variedad actual del capitalismo, teniendo como eje el papel del SE-IT en el NA y las contradicciones de la modalidad de desarrollo del sector que le impiden convertirse en núcleo dinámico de un nuevo ciclo industrial. A partir de ello, en un cuarto, se analizan los cambios necesarios en el bloque histórico como sustrato de un nuevo accionar estatal que haga efectiva esa capacidad estratégica del sector como eje de un NA dinámico y competitivo, y derive en un cambio posneoliberal en la variedad de capitalismo y el ascenso industrial del país.

1. La necesidad de incorporar los conceptos de ciclo industrial y bloque histórico en el debate y el punto de partida

En las siguientes líneas se pretende llevar a cabo una aportación al debate sobre variedades de capitalismo, reconociendo la pertinencia de la incorporación de los conceptos de NA y NIE, aun cuando despojados de su matriz gnoselógica estructuralista, como se desarrollará líneas más abajo. Asimismo, se considera apropiado el análisis de la relación de ambos conceptos con las redes económico-político globales en el marco de la actual fase de desarrollo del capitalismo, pero en una dinámica bidireccional en donde al mismo tiempo que esas redes son portadoras de los intereses del sistema de hegemonía de Estados y de grupos trasnacionalizados financiero/productivos, también constituyen el ámbito en el cual tanto grupos financiero/productivos transnacionalizados de origen nacional de países en desarrollo, como miembros de las burocracias dirigentes de sus Estados-nacionales, promueven y proyectan sus propios intereses transnacionales, como se detallará en el apartado 3 para el caso de México.

La aportación al debate se centra en la argumentación sobre la necesidad de incorporar los conceptos de ciclo industrial y bloque histórico, en la medida en que resultan centrales en la diferenciación de variedades nacionales de capitalismo, no sólo en una dimensión espacial sino temporal también, si se consideran las fases de desarrollo capitalistas, concepto que no puede ser asimilado al de variedades o variaciones de capitalismo, como se abundará más adelante.

En línea de continuidad con la idea de que las fases de desarrollo capitalistas deben ser consideradas en la discusión sobre las variedades de capitalismo, el concepto de NA debe incorporar el concepto de ciclo industrial, el cual proporciona un fundamento analítico de la diferenciación de complejos diferentes de actividades articuladoras y dinamizadoras del crecimiento en cada periodo histórico, conforme a lo que se discute en el apartado siguiente.

En esa perspectiva resulta totalmente pertinente la crítica al *mainstream* del enfoque de variedades sobre su carácter en gran medida a-histórico, basado en las especificidades de complementariedades institucionales estáticas que ocultan el cambio. Pero en esa crítica se impone agregar que por "cambio" es necesario entender, ante todo, el cambio histórico y una historicidad del capitalismo en términos de *fases de desarrollo,* que debe ser el punto de partida y la base conceptual de cualquier distinción de variedades o variaciones, por lo que las fases de desarrollo no pueden ser entendidas como meras variaciones en el tiempo, junto a otras variaciones espaciales.

Una fase de desarrollo del capitalismo se constituye cuando una revolución tecnológica se traduce en una nueva base productiva[2] y una nueva forma de producción, que traen consigo el surgimiento de nuevos productos, servicios y ramas de actividad, los cuales se convierten en los sectores que tienden a articular al resto de la actividad económica y a dinamizar su crecimiento, conformando un *nuevo ciclo industrial.*

Pero ese proceso no puede consumarse si las transformaciones en curso en la estructura tecnológico-productiva no se acompañan de cambios en la trama socio-espacial e institucional conformando un nuevo *bloque histórico*, a partir de una nueva *hegemonía* o capacidad de las clases dominantes de articular de sus intereses y objetivos históricos con los del resto de las clases y grupos sociales en un proyecto histórico común dirigido por las primeras, en torno al cual y como resultado de lo anterior, se articula un conjunto jerarquizado de compromisos, acuerdos y alianzas entre las clases y grupos sociales (Gramsci, 1931-1932).

La nueva hegemonía concretada en el bloque histórico supone: a) una nueva forma general de organización y solución del antagonismo y la conflictividad entre las clases y grupos sociales o momento político; b) una nueva ideología, entendida como conjunto intrincado de representaciones de la realidad que tienden a justificar un determinado *status quo*; c) una

---

2   Se entiende por revolución tecnológica a un conjunto de innovaciones "incrementales" (de continuidad en una misma base tecnológica), radicales (de ruptura con ella) y que puede abarcar a un conjunto de nuevos sistemas tecnológicos con repercusiones directas o indirectas en casi todas las ramas de actividad, es decir, un cambio en lo que Freeman y Pérez (1998) llaman paradigma tecnoeconómico.

nueva cultura como forma común de actuar, pensar y sentir que tiende a articular voluntades múltiples en un modo de vida en común; y d) un nuevo complejo institucional que aglutina y cristaliza el accionar social en un determinado marco de opciones (Gramsci, 1931-1932). El bloque histórico, además, implica una nueva espacialidad, esto es, una nueva forma de articulación y jerarquización de las escalas geográficas e integración del territorio (Ordóñez, 2014).

Por consiguiente, una fase de desarrollo del capitalismo es resultado de la articulación entre una nueva base tecnológico-productiva y una trama socio-espacial e institucional acorde con los requerimientos de despliegue y desarrollo de la primera, en una relación dialéctica de condicionamiento mutuo. En este sentido y a este nivel de generalidad, el concepto de fase de desarrollo coincide con el de bloque histórico, en tanto que éste constituye una unidad entre estructura económica y conjunto de superestructuras, que conforma una nueva época histórica cuando logra proyectarse supra e internacionalmente (Gramsci, 1932-1934), como se verá más adelante.

La incorporación del concepto de bloque histórico al debate posibilita entonces articular el análisis estructural de las bases tecnológico-productivas, correspondientes a las diversas fases de desarrollo del capitalismo, con la conformación y el accionar de las clases y grupos sociales, lo que da cabida metodológica a las clases y grupos sociales y sus posibilidades de acción dentro del enfoque de variedades o variaciones (excluidos en ambos), en el marco de una concepción gnoselógica que contempla una relación de agente-estructura y no de estructura-estructura.

En ese marco histórico y conceptual las variedades o variaciones de capitalismo remiten a la *vía específica* por la que cada país emprende el pasaje a la fase de desarrollo, lo que está relacionado con la originalidad propia a cada país, de la cual dan cuenta los conceptos articulados de *estructura de clases, trayectoria y bloque histórico nacional*, en tanto que combinación original de compromisos, acuerdos y alianzas entre las clases y grupos sociales distintivos de cada país en torno a proyectos históricos comunes que determinan una trayectoria (histórica) propia.

En consecuencia, en sentido estricto, cada país implica una variedad o variación específica de capitalismo, aun cuando existen grupos de países con estructuras de clases, bloques y trayectorias históricos similares que posibilitan conceptualizar variedades de capitalismo más amplias. Por lo anterior, la crítica al *mainstream* respecto del carácter extremadamente restrictivo de las variedades reconocidas, que acaban constituyendo una "camisa de fuerza" al momento de intentar diferenciar la originalidad de las trayectorias nacionales, resulta totalmente oportuna.

Pero además el bloque histórico nacional constituiría un concepto de mediación metodológica necesaria entre el NA y NIE de las variaciones de capitalismo, con lo que aquéllos dejarían de aparecer como dos estructuras que interactúan, dando cabida a la articulación del NA con la conformación de las clases y grupos sociales y sus posibilidades de acción, que puede resultar en la transformación de las estructuras económicas mismas en una relación dialéctica de estructura y sujeto social. Así, el NIE dejaría de aparecer sin relación alguna con el complejo jerarquizado de acuerdos, compromisos y alianzas entre las clases y grupos sociales en torno a un proyecto histórico común, del cual el Estado es en realidad una condensación que expresa una determinada configuración de relaciones sociales y políticas (Gramsci, 1930-1932). Adicionalmente, ese complejo jerarquizado de compromisos, acuerdos y alianzas explican el carácter y los alcances del accionar económico estatal y sus posibilidades de contribuir al desarrollo (Ordóñez, 2014).

De lo anterior resulta que en las complementariedades institucionales que determinan las variedades, las instituciones aparecen como determinantes de las reglas y aglutinantes de la acción social pero "vaciadas" de hegemonía, esto es, sin su relación con el proceso hegemónico propio del bloque histórico, cuando en realidad las instituciones constituyen cristalizaciones de acción social precedente que la reglamentan y hacen perdurar, en el marco de un bloque histórico dirigido por las clases dominantes, por lo que las instituciones contribuyen en grado diverso a la realización de esa función hegemónica (Ordóñez, 2012).

El bloque histórico logra proyectarse supra e internacionalmente si se conforma en un país que es jefe y guía de un sistema de alianzas internacionales, construido en torno a los objetivos nacionales e internacionales que ese país se propone, a lo cual la propia conformación del bloque histórico contribuye. Debe tratarse, entonces, de un país que cuente con la suficiente capacidad de convocatoria y "prestigio" internacional para convertirse en el referente de los demás en la solución de la época al antagonismo y la conflictividad sociales, y la construcción de una nueva hegemonía a partir de ello (Gramsci, 1932-1934).

La proyección supra e internacional del bloque histórico se efectúa mediante la conformación de sistemas de hegemonía de Estados (SHE), que consisten en complejos jerarquizados de alianzas interestatales bajo la hegemonía del país a la vanguardia y en torno a sus objetivos nacionales e internacionales (Gramsci, 1932-1934: C13: 1598)[3]. Los SHE determinan

---

3   Como jefe y guía de un sistema más o menos extendido de alianzas y acuerdos entre Estados, en torno a los objetivos internacionales y nacionales que la potencia hegemónica se propone

entonces las relaciones interestatales y un carácter cambiante de los propios espacios nacionales y su articulación y jerarquización con los espacios inter, supra y transnacionales, acorde con las fases de desarrollo y sus espacialidades, que es necesario asir teóricamente con el fin de contrarrestar el nacionalismo metodológico del enfoque de variedades[4].

De acuerdo con la crítica al enfoque de variedades en términos de su no consideración de la situación específica de los países en desarrollo, y en la necesidad de estudiar la especificidad de las vías de éstos en el marco de las fases de desarrollo, bajo esta perspectiva teórica los SHE históricamente implican diversas formas cambiantes de relaciones interestatales incluidas las existentes entre grandes y medianas potencias, por una parte, y países en desarrollo, por la otra, en donde se encuentran implícitos los márgenes y posibilidades del desarrollo de estos últimos propios a cada época (Gramsci, 1932-1934) en el marco de procesos de apropiación y transferencia de valor entre países.

Las formas cambiantes de relaciones interestatales de los SHE, y los márgenes y posibilidades de desarrollo de los países implícitos en ellas, implican la posibilidad de que los países en desarrollo pueden ascender en la jerarquía interestatal a partir del desarrollo endógeno de actividades propias del núcleo dinámico del ciclo industrial correspondiente, y de cambios en el bloque histórico que posibiliten un accionar estatal pro-activo a los determinantes del desarrollo de la época y con capacidades intelectuales, financieras e institucionales propias (Ordóñez 2014).

En consecuencia, bajo esta perspectiva teórica se abre la posibilidad de que países que fueron antes "periferia" en el SHE de la *Pax Britannica* hayan podido constituirse en "centro" en el SHE estadounidense (por ejemplo, la condición inicialmente "periférica" de Japón o el caso de Rusia), o países que hayan sido "periferia" en este último estén transitando hacia constituirse en "centro" en la actualidad, aparejado con el pasaje actualmente en curso hacia la multipolaridad (por ejemplo, China) (Ordóñez y Sánchez, 2017). Y más aún, países como Corea, Taiwán, Hong Kong y Singapur que en el SHE

(Gramsci, 1932-1934: 1598).

4   La perspectiva de algunas corrientes neo-gramscianas de entender al neoliberalismo no como parte del proceso de racionalización del sistema de hegemonía de Estados de EEUU en la globalización, sino como un bloque histórico transnacional que implica la constitución de un estado transnacional, conlleva el peligro de entender a los Estados-nacionales como meras "correas de transmisión" de los procesos globales en los espacios nacionales. El desafío teórico del neo-gramscismo, de acuerdo con Morton (2007: 138), consiste en no aceptar ni la predominancia fija del estado-centrismo, ni la fusión dominante de estructuras y fuerzas de clase transnacionales en un aparato de Estado transnacional. Siendo éste un desafío teórico real de gran importancia, el neo-gramscismo no logra formular un dispositivo teórico adecuado para su explicación.

estadounidense iniciaron siendo "periferia" y han rebasado al "centro" en indicadores del despliegue de sus SE-IT's nacionales y de desarrollo social (OCDE, 2015) y (WDI, 2015).

2. Ciclo industrial y nueva fase de desarrollo del capitalismo

A) El concepto de ciclo industrial

Los fundamentos de la teoría moderna del ciclo industrial se encuentran en Marx, cuando plantea el funcionamiento cíclico del capitalismo derivado de los procesos de renovación del capital fijo, el cual se desgasta y transfiere su valor parcialmente en cada ciclo productivo hasta llegado el momento de su necesaria reposición física, que en su tiempo consumía de 7 a 10 años[5]. Ello determinaba la duración del llamado ciclo corto o Juglar.

Por otra parte, Marx habla de las revoluciones periódicas de valor que tienen que ver con el cambio de la base tecnológica del capital fijo. Así, cuando teóricos posteriores como Parvus, J. Van Gelderen, y posteriormente Leontief, Kondratiev, Schumpeter y Dupriez observaron, adicionalmente, la existencia de ciclos más largos de aproximadamente 50 años (Hagemann, 1999 y Mandel, 1979), no resultó difícil concluir que la duración de esos ciclos está determinada por los procesos de reposición del capital fijo pero sobre una base tecnológica superior o revoluciones tecnológicas, como ha sido ampliamente argumentado por los autores evolucionistas (Freeman y Pérez, 1998; Pérez, 2004).

Adicionalmente, Schumpeter y los neoschumpetereanos distinguen la existencia de distintos sectores tecnológicamente originados o revoluciona-dos por una revolución tecnológica que dinamizan el crecimiento en cada ciclo industrial (Schumpeter, 1939 y Dosi et al., 1998), en lo que parece estar implícita la noción de que tales sectores tienden a articular el crecimiento de los demás (*induced growth sectors*), lo cual Fajnzylber (1983) hace explícito en su noción de patrón industrial.

Por consiguiente, el ciclo industrial implica un comportamiento cíclico compuesto por periodos de recuperación, crecimiento acelerado, crisis y recesión a partir de una determinada base tecnológica-productiva y un complejo productivo o sector articulador y dinamizador de la producción,

---

5   La necesidad de la reposición física del capital fijo no necesariamente coincide con la entera transferencia de su valor al producto, debido a que –siendo esto lo más común– los procesos incrementales de innovación pueden hacer necesaria, por intermedio de la competencia, su reposición sin haber transferido todo de su valor al producto (Marx, 1885- T.II).

crecimiento y el comercio, que imprime una determinada dinámica propia al ciclo industrial.

En la fase actual de desarrollo del capitalismo o capitalismo del conocimiento, cuyos aspectos distintivos has sido ampliamente discutidos en Ordóñez (2004 y 2009), el SE-IT se diferencia como nuevo núcleo del ciclo industrial en sustitución del complejo industrial automotriz-metalmecánico y petroquímico propio de la fase de desarrollo precedente o fordismo-keynesianismo.

La existencia del nuevo ciclo industrial es resultado del amplio efecto multiplicador de las actividades, de alta intensidad en conocimiento, que componen el SE-IT sobre el conjunto de la economía, a partir de sus nexos con el sector científico-educativo (SC-E), su incidencia directa sobre la naturaleza de nuevos productos y servicios, su relación con la nueva estructura productiva y una esfera crediticia profundamente transformada por la informática y las telecomunicaciones, así como con el despliegue de una nueva infraestructura informática y de las telecomunicaciones.

El ciclo industrial nucleado por el SE-IT tiene las siguientes características distintivas: a) la ganancia creciente por escala de producción de las actividades intensivas en conocimiento está asociada a una modificación del patrón de competencia, en la medida en que el productor que logra establecer su estándar tecnológico en un sector productivo determinado, obtiene una ganancia extraordinaria y una posición de monopolio "natural" hasta que no se produce una innovación fundamental en el sector (ganancia creciente por escala de producción con posición de monopolio del primer innovador) (De Long y Summers, 2000)[6]; b) el SE-IT establece una relación directa e integrada con las restantes actividades productivas, tanto en el nivel de las tecnologías de proceso (productivas, organizacionales, laborales, informativas, de marketing) como de producto (incorporación del microprocesador y software a los más diversos medios de producción, consumo duradero e infraestructura física, operación de puentes, canales, ductos, etc.) (Dabat y Ordóñez, 2009); c) el SE-IT integra básicamente "hacia delante", suministrando insumos, a prácticamente todas la industrias y servicios, y no "hacia atrás", demandando insumos, como el antiguo complejo industrial; d) de lo que se sigue que en el ciclo industrial generado por el SE-IT la oferta va

---

6   Ello determina la nueva importancia de la política de patentes que enfrenta el gran desafío de promover la innovación tecnológica permitiendo al mismo tiempo una posición de monopolio que permita la recuperación de la inversión necesaria para la innovación fundamental. A esta lógica de la innovación se contrapone aquélla que promueve la acción del productor-consumidor o productor-usuario de la tecnología y que está enfocada al valor de uso, esto es, la lógica del desarrollo del conocimiento sin derechos de propiedad encabezada por la industria del software de fuente abierta.

dinamizando la demanda, y no al contrario la demanda a la oferta, como en el ciclo económico de la fase fordista-keynesiana; y e) por lo que si en el ciclo industrial anterior era necesaria la regulación de la demanda agregada para mantener la oferta en crecimiento (con el consecuente déficit fiscal), en el actual se requeriría la regulación de la oferta a precios decrecientes, puesto que ésta es la condición para que la oferta dinamice a la demanda, lo que hace compatible el crecimiento con un superávit fiscal, como ocurrió en el ciclo expansivo de la economía norteamericana de los años noventa del siglo XX (primero a partir de los fundamentos del nuevo ciclo industrial y sin perturbaciones "exógenas"), o en el ciclo expansivo de los países escandinavos durante el periodo 2000-2010 (Ordóñez, 2017)[7].

Lo anterior se traduce en un comportamiento característico del ciclo industrial en los siguientes términos: 1) la fase expansiva del ciclo tiende a ser más prolongada y el nivel de incremento de las tasas de crecimiento y aumento de la productividad se elevan, debido al papel dinámico de la oferta (a precios decrecientes) sobre la demanda, la mayor integración del SE-IT con el resto de las actividades económicas y la tasa más acelerada de innovación propia de la nueva base tecnológica[8]; y 2) la fase contractiva del ciclo tiende a ser menos duradera y recesiva, puesto que la organización de la producción en redes se traduce en un coeficiente menor de inventarios respecto de los pedidos y las ventas, con lo que la dinámica tradicional de una mayor contracción de la producción que de la demanda (las ventas efectivas), debido a los inventarios, se ve contrarrestada, siendo más rápida y fácil la recuperación de la producción (USDC, 2000: 16; De Long y Summers, 2000: 32)[9].

---

7   Esta problemática, aunque crucial, permanece prácticamente inexplorada en la literatura. La expansión norteamericana tuvo lugar sin la aplicación de la política keynesiana de estímulo a la demanda agregada, y en su consecución fue fundamental el estímulo inicial del Estado a industrias claves, como la del software, con efectos multiplicadores en la inversión y la infraestructura (Borrus y Strowky, 1997: 2). La crisis que cierra el ciclo sobrevino, en términos estructurales, por una sobreacumulación de capital, manifestada por una sobre inversión de las empresas en equipo electrónico-informático y de las telecomunicaciones. Para evidencia empírica al respecto véase Colecchia y Shreyer (2001) y Dabat y Ordóñez (2009). Según cifras oficiales del Fondo Monetario Internacional en los países escandinavos, por su parte, el ciclo expansivo de los años 2000 se acompañó de superávits fiscales (Noruega 13% del PIB, Finlandia 3%, Dinamarca 2% y Suecia 1%, en promedio, respectivamente).

8   La fase expansiva de la economía norteamericana de los años noventa tuvo una duración de casi diez años (segundo trimestre de 1991 al segundo trimestre de 2000), una tasa de crecimiento media de 4.1% de 1995-2000 (contra 4.2% de 1959-1973) y una tasa media de incremento de la productividad de 3.2% de 1995-2000 (contra 2.9% de 1959-1973). El incremento acelerado de la productividad se tradujo en niveles más bajos de desempleo e inflación y en incrementos importantes del salario real (Baily, 2000: 3).

9   En la contracción económica del 2001-2002 sólo hubo tres trimestres recesivos (2000-3, 2001-1 y 3) y tuvo una duración de diez trimestres (2000-3 – 2002-4) (US-BEA), aunque en

Sobre la base de esos fundamentos el SE-IT dinamiza la fase expansiva de los años noventa, determina la crisis mundial del 2001 y el 2002 y encabeza la recuperación posterior, a partir de un proceso de reestructuración tecnológico-productiva con consecuencias en su despliegue espacial mundial y su división interindustrial e internacional del trabajo (Dabat y Ordóñez, 2009: 392).

Con posterioridad a la crisis financiero-productiva mundial de 2007-2009, el SE-IT está jugando, nuevamente, un papel articulador y dinamizador en la recuperación (observable claramente a partir del tercer trimestre de 2009), como lo muestra la Gráfica 1 en lo referente a la composición de las exportaciones mundiales por grupos de productos, debido a que la promoción del desarrollo del SE-IT constituyó un componente fundamental de los paquetes de estímulos económicos de los gobiernos para impulsar la recuperación[10], y, en la mayor parte de ellos, la inversión en la industria de servicios de telecomunicaciones (ISTC) pasó a desempeñar un rol propulsor de la recuperación de la inversión en su conjunto, bajo la óptica de que una nueva inversión en infraestructura que promueva la recuperación, además del componente físico tradicional, debe incluir, en modo muy importante, un nuevo componente digital, constituido por redes de banda ancha alámbricas e inalámbricas que contribuyan a alcanzar el objetivo de un acceso universal a internet en los países más desarrollados.

---

ello incidió la situación de incertidumbre que se creó con posterioridad al 11 de septiembre del 2001, derivada de los atentados terroristas, la crisis de la aviación comercial, la guerra de Irak y el aumento en los precios del petróleo.

10   Los países del G-20 invirtieron cerca de US$ 2 billones, de los cuales US$ 100 MM corresponden a actividades relacionadas con el SE-IT. Como porcentaje del PIB, Corea, Japón y EEUU han hecho las mayores inversiones (11%, 0.7% y 0.3%, respectivamente), y como porcentaje del paquete de estímulos Corea, Francia y Japón han sido los países principales (24%, 17% y 12%, respectivamente) (ITIF, 2009: 19).

Gráfica 1

Exportaciones munciales de mercancías y de productos electrónicos, químicos, textiles, automotrices, petroleros y eléctricos, 2000-2016 (miles de millones de dólares)

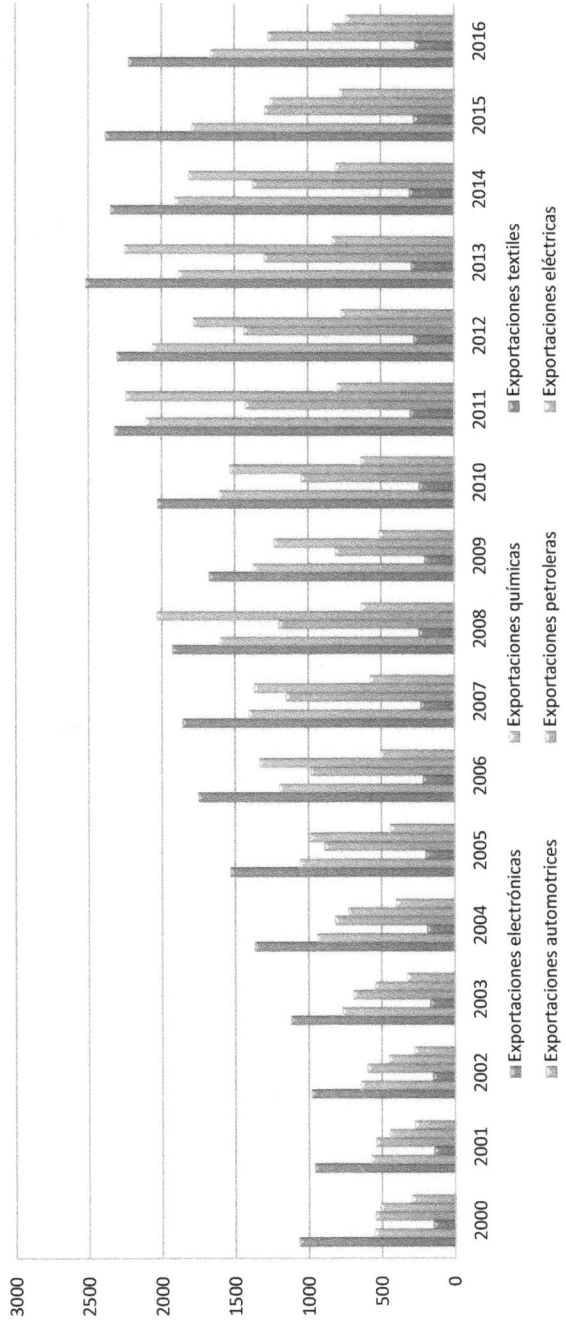

Exportaciones electrónicas
Exportaciones automotrices
Exportaciones químicas
Exportaciones petroleras
Exportaciones textiles
Exportaciones eléctricas

FUENTE: UN COMTRADE, Yearbook of International Trade of Statistics, varios años. http://www.comtrade.un.org

A escala transnacional el nuevo núcleo industrial es el fundamento tecnológico del despliegue de una nueva división interindustrial e interempresarial del trabajo que permite a las empresas la búsqueda de la valorización del conocimiento por medio de la separación y dispersión territorial y escalar entre las etapas del ciclo productivo. Éstas consisten en la concepción y el diseño de procesos o productos –concentrados en empresas *Original Equipement Manufacturing* (OEM) y Original Design Manufacturing–, por una parte, y la manufactura y los servicios de soporte asociados a ella –concentrados en empresas Contratistas Manufactureras y Contratistas de Servicios–, por la otra, lo que se traduce en el despliegue de las redes productivas globales (RPG) que reducen drásticamente los requerimientos de capital y *know how* necesarios para el desarrollo de producción a gran escala y de estrategias para grandes mercados.

Finalmente, el nuevo ciclo industrial tiende a revolucionar no sólo los procesos productivos de las actividades del antiguo núcleo dinámico, sino también la composición tecnológica de sus productos y las funciones mismas que éstos pueden desplegar, lo que se expresa, por ejemplo, en el incremento de la proporción de los componentes electrónicos en el costo total de partes y componentes de un automóvil, de 5% en 1977 a 20% en 2000, y a 40% en 2012, mientras en los autos híbridos esa proporción puede elevarse hasta el 50% (Lara, 2012).

B) Ciclo y ascenso industrial en diversas variedades de capitalismo

El nuevo ciclo industrial juega un papel decisivo en el ascenso industrial de variedades de capitalismo como el "liberalismo solidario" de los países escandinavos, o el "corporativismo selectivo" de los países del Este Asiático, como lo muestra la Gráfica 2 (Ordóñez, 2017).

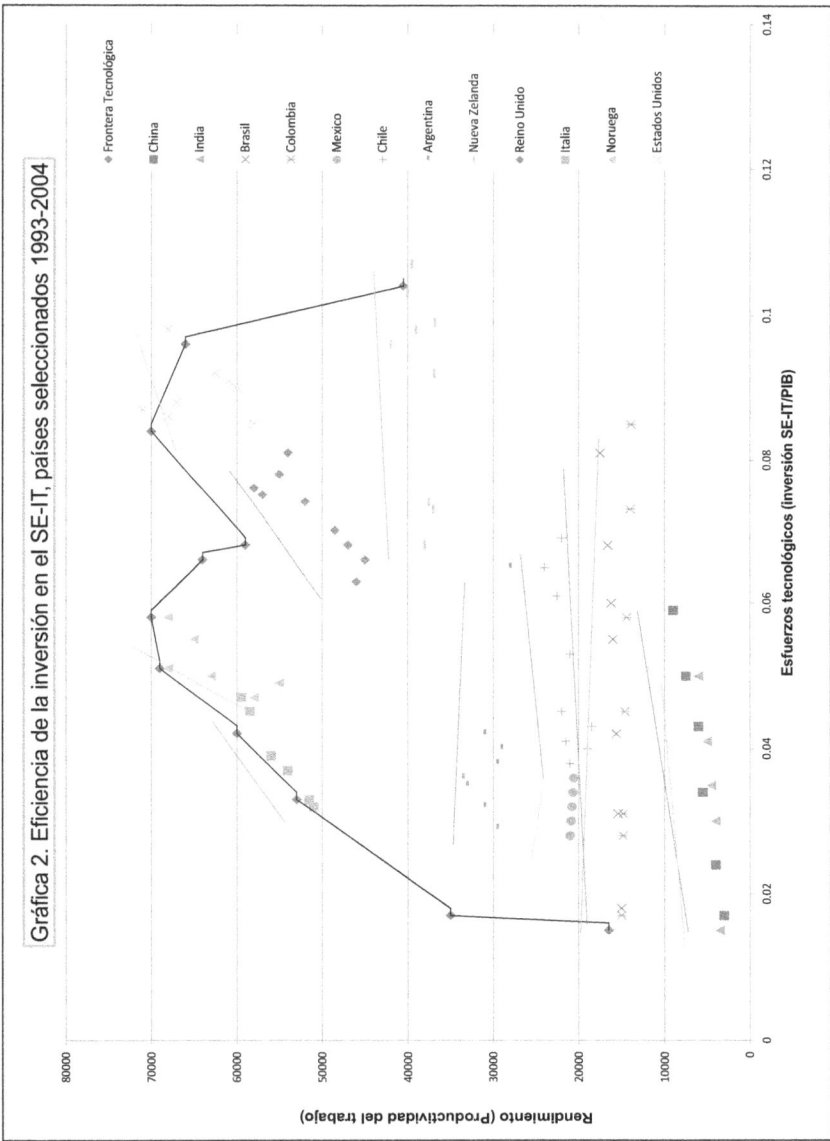

Gráfica 2. Eficiencia de la inversión en el SE-IT, países seleccionados 1993-2004

La Gráfica muestra: 1) una correlación positiva-ascendente y cercana a la frontera máxima entre niveles de productividad del trabajo e inversión en el SE-IT para los casos de Noruega, Finlandia, Dinamarca y Suecia, quienes se encuentran cercanos al nivel de productividad de EEUU pero con una inversión relativamente menor, aun cuando con efectos ascendentes mayores; 2) una correlación igualmente positiva-ascendente entre niveles de productividad del trabajo e inversión en el SE-IT, que sitúa a Corea en un nivel medio-alto de productividad y a China e India en un nivel aún bajo (pero ascendente); y 3) en cambio, una correlación negativa-descendente entre niveles de productividad del trabajo e inversión en el SE-IT para los países latinoamericanos que en los años setenta y ochenta emprendieron una variedad neoliberal de capitalismo, como Argentina, México y Colombia, y positiva-ascendente sólo en los casos de Brasil y Chile, que ubica al conjunto de estos países en niveles de productividad del trabajo medio-bajos pero aun por arriba de China e India –no obstante los incrementos de productividad en China tengan una celeridad mayor que en Brasil o Chile–.

Lo anterior se ve confirmado por la dinámica y el peso relativo mayor que alcanzan las exportaciones de las actividades de servicios del SE-IT (telecomunicaciones, servicios computacionales y audiovisual) en las exportaciones totales de los países escandinavos (con la excepción, fuera de los escandinavos, de India e Irlanda que alcanzan proporciones superiores basados en servicios computacionales[11], y, dentro de ellos, de Dinamarca con niveles notoriamente inferiores al resto), como lo muestra el Cuadro 1.

---

11 Se trata de los dos mayores exportadores mundiales de servicio computacionales (FMI-BOP).

Cuadro 1: Exportaciones de productos y servicios del SE-IT (porcentaje del total de exportaciones)

País	2000		2007		2010		2015	
	Productos	Servicios	Productos	Servicios	Productos	Servicios	Productos	Servicios
Suecia	17.73	38.95	8.60	42.05	9.72	45.96	6.92	45.60
Finlandia	23.55	42.10	15.58	32.30	6.36	39.59	2.62	49.49
Noruega	1.84	27.32	1.22	30.41	1.43	36.44	0.88	31.90
Dinamarca	7.21	*	4.67	*	3.67	16.99	3.61	16.89
India	1.69	54.99	1.07	68.15	2.00	67.97	0.97	67.97
Hong Kong	24.83	22.92	40.38	16.19	44.16	16.35	45.50	15.07
China	17.71	11.90	29.34	23.31	29.12	-6.10	25.94	28.95
Singapur	54.97	20.37	34.49	23.70	34.33	22.90	29.95	27.68
Corea	34.50	23.00	25.49	19.16	21.40	15.24	19.79	23.31
Irlanda	36.30	57.05	18.64	57.48	7.49	64.89	5.75	65.79
República Checa	4.59	15.95	13.90	27.53	15.01	27.77	13.42	31.57
Hungría	25.74	13.66	22.52	25.07	25.59	28.62	11.95	29.11
Estados Unidos	20.08	18.15	11.72	21.00	10.56	22.38	8.97	22.71
México	20.91	12.86	17.71	2.47**	20.17	3.78**	16.03	7.22**

Notas: Los datos de productos del año 2015 pertenecen al año 2014; Para Finlandia Servicios en 2007 se tomó el año 2005 y 2010 se tomó 2012; Dinamarca en Servicios de 2010 se tomó el año 2013; Para Servicios de Hong Kong de 2015 se tomó el año 2014; Servicios de Irlanda del año 2000 pertenecen a 2005   *No disponible   **Calculados con datos de la OMC
Fuentes: Banco Mundial y OMC

En los tres grupos de países se nota una tendencia más o menos generalizada al incremento del peso de las exportaciones de actividades de servicios del SE-IT y un decremento del peso de las exportaciones industriales del mismo sector en las exportaciones totales, con la excepción de Hong Kong, en donde tiene lugar el proceso inverso, y China, donde se incrementan ambos, por lo que se refiere a la variedad corporativa selectiva de capitalismo. En cuanto a los países con variedad de capitalismo neoliberal del último grupo, en República Checa se verifica un incremento en ambas proporciones (salvo en productos en 2015), mientras en Hungría aumenta continuamente la participación de los servicios.

La gran diferencia entre los tres grupos de países es que mientras los del corporativismo selectivo y del liberalismo solidario observan altas tasas de crecimiento o relativamente altas, respectivamente (los del liberalismo solidario por arriba del promedio de la Unión Europea de 1990 a 2014)[12], los países neoliberales despliegan tasas relativamente bajas (República Checa y Hungría por debajo de la Unión Europea), con la excepción de Irlanda que es un caso de éxito por sus exportaciones de servicios computacionales (PWT, versión 9.0)[13].

Por su parte, en México tanto las actividades industriales como de servicios del SE-IT tienden a disminuir su peso, lo que coincide con bajas tasas de crecimiento, por las razones que a continuación se discutirán.

3. Ciclo industrial y neoliberalismo en México

A) Bloque histórico y neoliberalismo

El bloque histórico corporativo surgido de la Revolución Mexicana había articulado al conjunto de clases y grupos sociales en torno al objetivo común de la industrialización nacional, bajo la hegemonía de la alianza entre la burguesía agro-minero exportadora y su evolución en facción industrial

---

12 Aun Finlandia, no obstante, el efecto combinado de la crisis que sobreviene al derrumbe de la Unión Soviética a inicios de los años noventa, el peso que alcanza Nokia en el PIB nacional en los años noventa y los primeros dosmil, y el consecuente devastador impacto de la posterior pérdida de la supremacía de la empresa en el mercado mundial de teléfonos celulares, que finalmente conlleva a la venta de esa división de la empresa a Microsoft en 2014 (Giertz et al., 2015: 34-35). La excepción es Dinamarca con poca participación del SE-IT en las exportaciones.

13 En el caso de los últimos tres países, salvo República Checa, lo anterior coincide una tendencia a la diminución del SE-IT en el PIB (OCDE, 2015 y 2017).

(grupo hegemónico desde finales de los años cincuenta del siglo XX)[14], la burguesía industrial (surgida del proceso) y la intelectualidad política dirigente del Estado. El bloque histórico entra en crisis como resultado de un desbordamiento social de las clases y grupos subalternos, encabezado por el movimiento estudiantil, hacia finales de los años sesenta, a lo que se agrega una disputa por la hegemonía entre la tecnoburocracia dirigente del Estado y la burguesía agro-minero exportadora y su evolución en facción industrial en el marco del agotamiento de la ISI en los años setenta, para conformar una crisis hegemónica del bloque histórico hacia finales de la década que culmina con la nacionalización bancaria de 1982 (Ordóñez, 1994).

Es en ese contexto interno que tiene lugar el "choque monetarista", la subida de las tasas de interés internacionales y la crisis internacional de la deuda tristemente inaugurada por México. Lo que implica que el país enfrenta al pasaje internacional al neoliberalismo y la crisis de la deuda en condiciones de una crisis de hegemonía interna del bloque histórico, que hace necesario para las clases y grupos dominantes entablar una nueva alianza con el capital financiero y productivo trasnacionalizado, así como con las instituciones internacionales promotoras del neoliberalismo, en condiciones de debilidad y como forma de compensar su falta de función hegemónica interna, dando paso al emprendimiento del neoliberalismo en el país.

El neoliberalismo consiste entonces en la articulación de elementos de una nueva base tecnológico-productiva en torno al SE-IT nacional (véase Gráfica 1), que comienza a conformarse con el proceso de reestructuración productiva en los años ochenta, con una trama socio-espacial e institucional corporativa, pero reconfigurada en cinco sentidos: 1) la nueva alianza internacional del grupo hegemónico indicada previamente; 2) recomposición de la relación hegemónica entre la tecnoburocracia dirigente del Estado y la burguesía agro-minero exportadora y su evolución en facción industrial, que implica la puesta en práctica por el Estado del programa económico de ésta en los años ochenta, las privatizaciones y restitución del capital bancario (contraviniendo la nacionalización bancaria) de inicio de los años noventa, y la conformación de un frente común entre ambos de cara a la negociación y firma del Tratado de Libre Comercio de América del Norte (TLCAN); 3) la ruptura del compromiso histórico con la burguesía industrial y su fracción representante en la burocracia política estatal, en términos del proceso de acumulación y generación de ganancias a partir

---

14 Con el pasaje a la industrialización pesada la burguesía agro-minero exportadora y su evolución industrial, apoyada en un capital bancario propio, se convierten en el grupo hegemónico que lidera el proceso de industrialización, a diferencia del periodo previo en el que la hegemonía es detentada por la "nueva" burguesía industrial resultante del proceso de industrialización a partir de los años treinta (Ordóñez, 1994).

de un mercado interno cautivo y la gestión del proceso de sustitución de importaciones, respectivamente; 4) la liberación de los antiguos compromisos corporativos y redistributivos con las clases y grupos subalternos; y 5) un nuevo compromiso con grupos de las clases medias a partir del nuevo acceso a productos importados a bajo costo, en la medida en que el proceso de apertura comercial se acompaña de un proceso de sobre-valuación del tipo de cambio (Ordóñez, 2017).

Lo anterior constituye el sustrato social del retiro del accionar del Estado en la reproducción y el desarrollo económicos, y, consecuentemente, de la reducción de su capacidad de gestión y regulación, lo que deja al proceso de reproducción y acumulación interna de capital totalmente expuesto a las fuerzas del mercado mundial globalizado[15].

Se trata del Estado aun corporativo pero cuyo accionar, regido por el equilibrio fiscal, se reduce drásticamente[16] y tiene lugar en el marco de asociación público-privada donde el Estado, ya sea en el espacio nacional como regional, tiene el doble papel del establecimiento de las reglas del juego y "facilitador" de la operación de los agentes concurrentes, pero siempre bajo un liderazgo empresarial, y bajo los lineamientos de la preservación de los derechos de propiedad privada, el cumplimiento de la ley y la renovación institucional orientadas al desarrollo del mercado, el librecambio, y la asignación "eficiente" de recursos. Su organización interna está orientada a la conformación de arreglos institucionales para mejorar la posición competitiva global, lo que implica la creciente subordinación de la política social a la política económica, donde el nivel salarial individual, el salario social y las pensiones dejan de ser vistos como elementos dinámicos de la demanda agregada interna, para representar costes de producción en la competencia global. Su organización interna, además, implica un redespliegue espacial en términos de una descentralización institucional que es pro-activa a un proceso de desmantelamiento y fragmentación del espacio nacional.

B) Núcleo de acumulación y ciclo industrial

México es el único país de América Latina, con la excepción de Costa Rica[17], que se integra plenamente a la división global del trabajo del SE-IT,

---

15 Ello fue lo que ocurrió en las crisis de 1994 en México, y, posteriormente en algunos países latinoamericanos, en 1998 en Brasil (y Rusia) y 2001 en Argentina.

16 De más de 45% del PIB del gasto público total (inversión y corriente) en 1981, disminuye a alrededor de 20% en los años noventa hasta 2005, año en que comienza incrementarse para alcanzar alrededor de 27% en 2015 (Ayala, 2003: 60 e INEGI-BIE).

17 Costa Rica también lleva a cabo una integración plena con la instalación de Intel para la producción de semiconductores para computadoras en 1997, a partir de lo cual tiene lugar

lo que implica la potencialidad de endogeneizar su dinamismo en una perspectiva de desarrollo. Por ello en el país coexiste una orientación exportadora de integración a las redes productivas globales (RPG) en el nuevo núcleo dinámico, además de en la industria automotriz, con una orientación exportadora en industrias tradicionales de origen agro-minero, que es el perfil exportador predominante en el resto de los países de la macro-región.

La integración a la globalización se ha llevado a cabo a partir de los siguientes fundamentos (o su ausencia): 1) apertura comercial indiscriminada y promoción de la inversión extranjera directa, a partir de ventajas competitivas de orden inferior como los bajos costos salariales, niveles medios-bajos de calificación de la fuerza de trabajo y localización geográfica; 2) traspaso del capital bancario de manos de la burguesía agro-minero exportadora y su evolución en facción industrial a los grupos externos de capital financiero transnacionalizado, con la consiguiente desregulación y apertura financiera, como resultado de la crisis financiero-productiva de 1994-95; 3) fortalecimiento de los monopolios privados ante el retiro del accionar y pérdida de capacidad de gestión y regulación estatal; 4) ausencia de promoción de procesos de aprendizaje e innovación a partir del desarrollo del trabajo complejo; 5) ausencia de políticas activas de promoción del desarrollo de industrias y sectores específicos; 6) ausencia de políticas de integración de redes productivas internas y de integración a ellas, y desarrollo de la empresa nacional.

A partir de estos fundamentos ha tenido lugar un lento proceso de acumulación de capital que entre 2003 a 2015 crece a una tasa promedio de apenas 2.7%, con la industria manufactura y el SE-IT considerados en conjunto creciendo a una tasa un poco superior (3.2%), como lo indica el Cuadro 2.

Se trata de un proceso de acumulación en donde los servicios de reproducción social crecen más que las actividades productivas (3.5%), gracias principalmente a la intermediación financiera (11%) y comercial (3.8%), además de que los servicios ligados a la generación de conocimiento observan un crecimiento exiguo de 1.6% (aun cuando los servicios educativos crecen a una tasa cercana al promedio).

---

una cierta diversificación de la industria electrónica. En 2014 Intel decide cerrar su planta pero persiste una industria de libre importación para la reexportación de aparatos médicos, además de una integración en los procesos de subcontratación y relocalización de servicios de software y computacionales (Frederick y Gereffi, 2013 y Medina Oreamuno, 2016).

Cuadro 2. Producto Interno Bruto de México por tipo de actividad (tasas de crecimiento) 2003-2015

Concepto	2003	2004	2005	2006	2007	2008	2009	2010	2011	2012	2013	2014	2015	Tasa promedio del período
Producto Interno Bruto Total	10640929	4.7	3.7	4.0	3.7	-1.1	-1.0	4.6	4.3	3.6	1.1	2.7	2.5	2.7
Impuestos a los productos, netos	273576.853	4.6	3.8	4.0	3.8	-1.1	-1.0	4.7	4.2	3.6	1.2	5.2	5.0	3.2
Agricultura, ganadería, silvicultura y pesca	409473.631	5.5	-7.6	12.4	1.2	5.2	-6.6	0.7	0.3	8.9	1.5	2.1	0.4	1.8
Industria	3943752.59	3.7	3.8	2.7	2.1	-2.6	-2.3	4.1	3.9	1.1	0.3	2.9	0.1	1.6
Industria más SE-IT	4112941.56	4.3	4.3	3.5	3.0	-2.1	-1.6	3.7	4.2	2.7	0.2	2.6	1.5	2.2
Minería	1123438.12	-1.1	1.5	-3.1	-1.6	-1.5	-4.6	0.2	1.9	0.7	0.6	-4.9	-4.1	-1.4
Generación, transmisión y distribución de electricidad, suministro de agua y gas	179037.617	12.5	5.2	14.9	6.3	-0.1	-0.7	10.5	5.3	0.1	3.6	7.4	2.1	5.5
Construcción	792404.467	8.0	6.5	9.4	7.7	-1.1	-4.7	3.9	4.9	0.1	-4.8	5.5	-0.7	2.8
Industria Manufacturera más SE-IT	2018061.35	5.2	4.9	3.4	2.8	-3.0	1.0	4.4	4.8	4.9	1.7	3.9	4.3	3.2
Servicios	5844936.5	4.8	4.1	3.9	4.4	-0.8	-0.3	5.4	4.7	3.8	1.7	2.7	3.1	3.1
Reproducción social	3887754.42	5.6	4.5	4.4	4.4	-1.1	0.7	7.1	4.9	3.7	1.9	2.9	3.4	3.5
Comercio	1500721.51	8.1	6.2	3.8	3.1	-5.9	-2.0	10.0	7.2	4.3	1.8	5.4	4.3	3.8
Servicios financieros y de seguros	197023.917	20.5	8.8	16.2	16.9	5.4	13.6	24.1	7.6	7.4	6.8	-0.2	6.1	10.9
Inmobiliarios y de alquiler de bienes muebles e intangibles	1246068.74	2.0	3.2	4.5	4.0	2.6	1.9	2.9	3.0	2.0	0.5	2.1	2.2	2.6
Servicios de salud y de asistencia social	213441.046	2.2	3.6	7.6	0.2	1.9	0.3	4.5	0.7	2.3	-0.3	-1.4	-2.2	1.6
Servicios de esparcimiento culturales y deportivos.	55887.0986	2.5	-0.6	4.1	4.1	-4.4	-0.2	5.0	-2.2	7.7	3.0	-2.7	3.2	1.6
Alojamiento temporal y de preparación de alimentos y bebidas	247052.225	5.2	-2.1	6.7	1.7	-2.8	-5.7	1.3	3.8	5.5	1.7	3.4	8.1	2.2
Actividades de gobierno	426559.875	2.6	4.2	-3.2	6.5	1.5	0.4	0.3	2.4	1.7	1.7	1.6	-0.4	1.6
Servicios relacionados con la generación de conocimientos.	712774.118	0.1	1.9	2.5	4.4	3.4	-1.5	-1.9	3.9	2.5	0.7	1.9	1.9	1.6
Servicios profesionales, científicos y técnicos	256401.167	-0.8	2.5	6.4	8.3	4.3	-7.8	0.3	5.9	3.3	0.7	5.9	3.5	2.6
Servicios Educativos	456372.951	0.6	1.5	0.3	2.0	2.8	2.6	-3.1	2.7	2.0	0.7	-0.6	0.9	1.0
Servicios productivos	1249047.96	5.3	4.1	2.9	4.3	-2.2	-2.6	3.7	4.5	4.8	1.7	2.4	2.9	2.6
Transportes, correos y almacenamiento	627511.703	3.9	2.4	2.7	4.2	-3.7	0.0	5.2	3.8	3.2	2.7	3.9	3.9	2.7
Corporativos	60163.8831	2.7	8.4	-0.3	4.7	4.5	4.2	-2.8	9.7	10.4	-12.3	12.9	4.7	3.7
Servicios de apoyo a los negocios y manejo de desechos	330720.033	8.4	7.5	4.2	5.1	-3.1	-9.7	4.3	6.1	7.7	3.2	-2.3	0.6	2.5
Otros servicios excepto actividades de gobierno	226512.341	5.2	2.8	2.3	3.0	1.5	-0.2	0.7	2.5	3.2	1.3	2.8	2.9	2.3

Nota: Valor a precios de 2008, producción bruta total (incluye exportaciones e importaciones)

Fuente: INEGI

Nuevo ciclo industrial y el neoliberalismo como variedad actual...

La orientación exportadora, y en algunas industrias de integración en las RPG, con crecimiento subordinado del mercado interno, se traduce en coeficientes de internacionalización (exportaciones+importaciones/PIB) de alrededor de 40%, con un crecimiento de las exportaciones de la industria manufacturera y el SE-IT considerados en su conjunto de más de 5%, como lo muestra el Cuadro 3.

Cuadro 3. Tasas de crecimiento exportaciones de México, años seleccionados						
	2000	2007	2009	2010	2015	Tasa promedio anual
Industria alimentaria, bebidas y tabaco	*	7.75%	4.22%	14.17%	6.12%	7.86%
Industria Alimentaria Total		6.48%	9.31%	17.65%	6.86%	8.67%
Industria de las bebidas y del tabaco		9.31%	-1.96%	8.91%	4.87%	6.60%
Industria textil, cuero y piel	*	-5.12%	-7.79%	10.84%	2.66%	-2.49%
Fabricación de insumos textiles y acabado de textiles	*	-2.30%	-9.28%	20.09%	4.57%	-0.17%
Fabricación de productos textiles, excepto prendas de vestir	*	-5.38%	-7.67%	13.97%	1.10%	-2.99%
Fabricación de prendas de vestir	*	-6.82%	-6.74%	2.19%	-0.18%	-4.66%
Curtido y acabado de cuero y piel, y fabricación de productos de cuero, piel y materiales sucedáneos	*	-3.57%	-8.47%	16.59%	10.74%	1.32%
Industria de madera, papel e impresión	*	2.76%	-5.75%	14.64%	4.58%	2.83%
Industria de la madera	*	-3.13%	-11.17%	-2.34%	6.31%	-1.65%
Industria del papel	*	3.82%	-1.94%	14.98%	4.99%	4.29%
Impresión e industrias conexas	*	6.59%	-11.29%	25.71%	2.34%	3.30%
Industria petroquímica y plásticos	*	9.19%	-0.82%	16.13%	3.31%	6.60%
Fabricación de productos derivados del petróleo y del carbón	*	15.26%	0.39%	12.43%	-0.05%	8.20%
Industria química	*	7.47%	0.71%	14.51%	3.26%	5.96%
Industria del plástico y del hule	*	7.07%	-4.44%	23.25%	6.51%	6.43%
Fabricación de productos a base de minerales no metálicos	*	3.90%	-7.93%	24.07%	4.11%	3.28%
Industria metálica básica y productos	*	10.02%	-9.83%	35.09%	3.94%	6.36%
Industrias metálicas básicas	*	14.74%	-13.10%	65.68%	0.88%	8.03%
Fabricación de productos metálicos	*	7.19%	-7.33%	14.62%	6.53%	5.41%
Fabricación de maquinaria y equipo	*	7.42%	-3.89%	36.40%	6.01%	7.21%
SE-IT	*	4.36%	0.82%	22.20%	1.63%	4.23%
Fabricación de equipo de computación, comunicación, medición y de otros equipos, componentes y accesorios electrónicos	*	4.71%	1.08%	22.31%	1.64%	4.46%
Información en medios masivos	*	-9.25%	-26.39%	-0.04%	-2.32%	-10.85%
Fabricación de accesorios, aparatos eléctricos y equipo de generación de energía eléctrica	*	1.50%	-9.70%	25.57%	7.47%	3.00%
Fabricación de equipo de transporte	*	5.16%	-7.10%	52.04%	10.30%	7.71%
Fabricación de muebles, colchones y persianas	*	4.02%	-11.39%	37.67%	9.66%	5.30%
Otras industrias manufactureras	*	23.63%	-14.22%	19.89%	3.29%	10.60%
Total industria manufacturera y SE-IT	*	4.35%	-4.01%	29.58%	5.65%	5.17%

Fuente: https://comtrade.un.org

El Cuadro 3 muestra que no obstante el incremento del peso relativo del SE-IT en la industria manufactura y el SE-IT considerados en su conjunto de más de 13% en 2003 a 23% en 2015 (INEGI-CN), sus exportaciones crecen en menor proporción que las del conjunto (4.23%), debido a una fuerte contracción de las exportaciones de las actividades de servicios del sector (-10.85%), quienes son, paradójicamente, las responsables del incremento de su peso relativo (aquéllas aumentan su peso de más de 8% a casi 19%) (INEGI-CN).

En cambio, las exportaciones que más crecen son las de la industria alimentaria, bebidas y tabaco en casi 8%, pero con una disminución de su

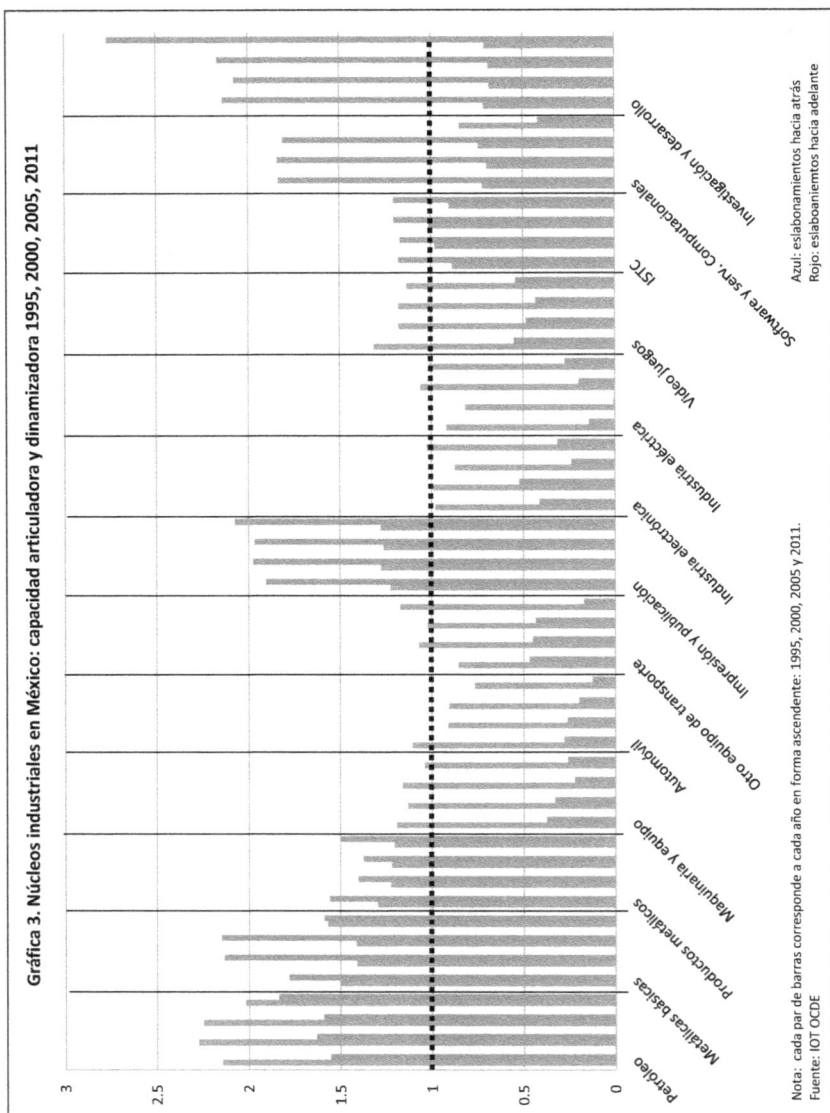

Gráfica 3. Núcleos industriales en México: capacidad articuladora y dinamizadora 1995, 2000, 2005, 2011

Azul: eslabonamientos hacia atrás
Rojo: eslaboaniemtos hacia adelante

Investigación y desarrollo
Software y serv. Computacionales
ISTC
Video juegos
Industria eléctrica
Industria electrónica
Impresión y publicación
Otro equipo de transporte
Automóvil
Maquinaria y equipo
Productos metálicos
Metálicas básicas
Petróleo

Nota: cada par de barras corresponde a cada año en forma ascendente: 1995, 2000, 2005 y 2011.
Fuente: IOT OCDE

peso relativo en la manufactura y el SE-IT considerados en su conjunto de más de 25% a 22%, lo que indica una tendencia a la internacionalización de la realización de su producción.

Nuevo ciclo industrial y el neoliberalismo como variedad actual...

Adicionalmente, las actividades pertenecientes al antiguo núcleo del ciclo industrial del periodo de la ISI, esto es, el complejo automotriz-metalmecánico-petroquímico, observan una dinámica exportadora mayor al promedio del siguiente modo: a) las exportaciones automotrices aumentan en 7.7% e incrementan su peso relativo en la producción interna de más de 10% a casi 16%; b) la industria petroquímica y plásticos aumenta sus exportaciones en 6.6% pero disminuye su peso relativo en el producción interna de casi 20% a casi 14%; y c) la industria metálica básica y productos incrementa sus exportaciones en 6.36% y disminuye su peso relativo en la producción interna de casi 10% a casi 8%, indicando en estas dos últimas industrias una tendencia a la internacionalización de la realización de su producción (INEGI-CN).

Acorde con lo anterior la Gráfica 3 muestra que en el proceso de acumulación de capital en el país el ciclo industrial propio de la industrialización por sustitución de importaciones (ISI), en torno al complejo industrial automotriz-metalmecánico-petroquímico, sigue teniendo una significativa, aun cuando declinante, capacidad articuladora y dinamizadora del crecimiento, mientras el nuevo ciclo industrial en torno al SE-IT no se ha consolidado aun y mantiene una capacidad de articular y dinamizar el crecimiento comparativamente menor. Se muestra, además, cómo en las actividades que forman el núcleo industrial anterior la capacidad de articulación y de imprimir dinamismo hacia atrás, o de arrastre sobre otras actividades, es la predominante en relación con la capacidad de articulación hacia delante; mientras en las actividades del nuevo núcleo ocurre lo contrario, esto es, predomina su capacidad de impulso sobre el resto de las actividades.

Conforme a la coexistencia de los dos ciclos industriales se pueden distinguir las cinco dinámicas de acumulación que a continuación se detallan, que corresponden a otras tantas facciones de capital reconocibles:

1) *Los grupos transnacionalizados de capital financiero de origen externo*

Son los grupos que han resultado mayormente beneficiados por la globalización en su modalidad neoliberal, y con los cuales las clases y grupos hegemónicos nacionales se alían inicialmente para dar paso al neoliberalismo y acceder a los mercados dinerarios globales como resultado de la reestructuración de la deuda pública externa por medio del Plan Brady.

Como consecuencia de la crisis financiera-productiva de 1994-95 tiene lugar su entrada y participación directa en el proceso interno de acumulación de capital al adquirir a prácticamente todo el complejo bancario nacional tras su bancarrota, con lo que la burguesía agro-minero exportadora y su evolución en facción industrial pierde participación en el circuito de la intermediación dineraria de manera significativa a manos de los grupos financieros transnacionalizados: hacia 2003 los bancos extranjeros controlaban el 81% de los saldos bancarios y 46% las inversiones en bolsa, además de que tenía lugar un incremento en el financiamiento al capital privado, en donde coincidían una disminución del financiamiento bancario con incrementos en el financiamiento no bancario y provisto por fondos extranjeros (Garrido et al., 2004: 23).

Se trata de algunos de los principales grupos transnacionalizados de capital financiero que se incorporan al proceso de acumulación interna, como consecuencia de la adquisición de bancos nacionales resultado de la crisis financiero-productiva de 1994-95: HSBC, primero en participación en el financiamiento global en 2012; Citigroup, segundo; Grupo Santander, tercero; Banco Bilbao Vizcaya, quinto; Scotia Bank sexto; Investa Bank, noveno (González y Peña, 2012: 145-48).

Asimismo, es la facción de capital más favorecida por la modalidad de acumulación que privilegia el crecimiento de los servicios de reproducción social por sobre las actividades productivas, y, particularmente, el crecimiento de los servicios de intermediación financiera (véase Cuadro 2), aun cuando ello implica una proporción muy baja del crédito interno en relación con el PIB de 34% en 2015, por debajo, en el contexto latinoamericano, de países como Chile (83%), Brasil (70%), Perú (50%) y Venezuela (40%) (CEPAL, 2016). Además, en el marco de una relación casi paritaria entre el crédito a la producción y el crédito al consumo por parte de la banca comercial, la participación del primero se incrementa levemente hasta mediados de 1998, para luego comenzar a disminuir hasta la segunda mitad de 2014, y posteriormente acelerar su crecimiento (INEGI-BIE)[18].

2) *Grupos industriales transnacionalizados de origen externo*

Son grupos con presencia tradicional en las ramas más dinámicas y que cobran importancia en la ISI a partir de la segunda mitad de los años cincuenta, bajo una dinámica de integración nacional de su producción.

La nueva alianza de las clases y grupos hegemónicos nacionales con esta facción de capital que da paso al neoliberalismo, conlleva a la ampliación de su participación en el proceso interno de acumulación a partir de la búsqueda de captación de IED y la generalización de la modalidad de industrialización por fraccionamiento y relocalización en el espacio nacional

---

18   A finales de 2017 el crédito a la producción alcanzó 2.19 billones de pesos, contra 1.66 billones de pesos del crédito al consumo (incluye crédito a la vivienda) (INEGI-BIE).

de procesos productivos globales (y el abandono de la ISI). Esa modalidad de industrialización se despliega bajo un régimen regulatorio basado en la libre importación temporal para la re-exportación, el cual inicialmente y hasta la firma del TLCAN se acompañaba de requerimientos de coeficientes de exportación/importación y porcentajes de contenido nacional.

La firma del TLCAN elimina esos dos últimos requerimientos, con lo que queda abierta la posibilidad de una cierta integración interna de cadenas de valor entre empresas transnacionales, lo cual tiene lugar en los núcleos industriales tanto del antiguo ciclo industrial como del nuevo, siendo las industrias más representativas la de automóvil y la IE, respectivamente: ambas con perfiles bajos y decrecientes de articulación nacional hacia delante y hacia atrás (salvo la IE en sus articulaciones hacia atrás que se incrementan levemente) (Gráfica 3), y, por tanto, con altos coeficientes de importación/exportación, que las llevan a tener el mayor peso en las exportaciones manufactureras (29% y 24%, respectivamente) (COMTRADE: https//:comtrade.un.org), dirigidas a EEUU en más del 80%.

Con lo que se conoce como "segunda oleada" de formación de grupos industriales transnacionalizados de origen nacional hacia finales de los años ochenta[19] (salida de los grandes grupos industriales a los mercados internacionales vía IED de origen nacional), los grupos industriales transnacionalizados de origen extranjero incrementan su participación en la acumulación interna y mejoran su posicionamiento en el mercado nacional, mediante las asociaciones de capital que los primeros establecen con los segundos para contrarrestar sus debilidades competitivas relacionadas con la falta de desarrollo tecnológico y organizativo, y conocimiento de los mercados externos: entre 1992 y 1994 se llevaron a cabo la mitad de 132 asociaciones con grupos de capital externo identificadas por Basave (2016: 70) en una muestra de 54 grandes grupos industriales de origen nacional (Basave, 2016: 70).

Así, hacia finales de los años noventa la siguiente relación de grupos industriales, comerciales o financieros trasnacionalizados habían incursionado en la acumulación interna de capital como resultado de asociaciones y *joint ventures* con grupos empresariales de origen nacional: a) 12 grupos industriales integrados de alta diversificación de origen nacional habían establecido relación con 42 socios (23 de EEUU, 5 de Japón, 4 de Italia, 2 de Canadá, 1 de Francia, China y Gran Bretaña); b) 25 grupos industriales integrados de baja o nula diversificación habían establecido relación con 49 socios (40 de EEUU, 3 de Canadá, 2 de Venezuela, 1 de Alemania, 1

---

19 La primera había tenido lugar en los años setenta (Basave, 2016: 70).

de Japón); c) 1 grupo comercial y de servicios no financieros, integrado y de alta diversificación había establecido relación con un socio de EEUU; d) 10 grupos comerciales o de servicios no financieros, integrados de baja o nula diversificación habían establecido relación con 17 socios (12 de EEUU, 3 de Francia, 1 de Brasil y 1 de Perú); e) 1 grupo bancario-bursátil, diversificado había establecido relación con 1 socio español; f) 2 grupos bancarios-bursátil, exclusivos habían establecido relación con 3 socios (2 de EEUU y 1 de España); y 2 grupos mixtos (bancario-bursátil/industrial/comercial) habían establecido relación con 16 socios (12 de EEUU, 3 de Canadá, 1 de Gran Bretaña) (Basave, 2016: 70). A ello hay que agregar las filiales implantadas en el espacio nacional de empresas OEM globales de industrias como la automotriz y electrónica que son las más internacionalizadas (para la industria electrónica, véase Ordóñez (2017)

Sus fuentes de financiamiento son el capital bancario y bursátil externo, además de las matrices y los proveedores básicamente extranjeros pero asentados en el espacio nacional.

3) *La burguesía agro-minero exportadora y su evolución en facción industrial*

Tiene su origen en el porfiriato (1876-1910) con la reorientación de la gran propiedad terrateniente a la agro-industria y la minería, y desde entonces comienza a evolucionar hacia la formación de una facción industrial, aun cuando este proceso se ve enlentecido durante las primeras etapas de la ISI de los años treinta a la segunda mitad de los años cincuenta, en los cuales la facción más favorecida por el Estado fue la nueva burguesía industrial que emerge de la puesta en práctica de la ISI (Ordóñez, 1994).

Sin embargo, con el tránsito de la ISI a su etapa de madurez hacia finales de los años cincuenta, esta facción de capital pasa a encontrarse en el centro del esfuerzo de industrialización, con lo que su evolución industrial se acentúa y continúa durante los años sesenta y setenta.

El tránsito al neoliberalismo implica su ya indicada nueva alianza con los grupos financieros e industriales transnacionalizados exógenos y la ruptura del compromiso con la burguesía industrial surgida de ISI en función del mercado interno cautivo.

El máximo desarrollo y expansión de esta facción de capital consiste en la constitución y despliegue de los grupos industriales transnacionalizados de origen nacional en las dos "oleadas" de los años setenta y finales de los ochenta, ya referidas. Además, la recomposición de la relación hegemónica en el bloque histórico apuntada previamente entre esta facción de capital y su intelectualidad política en la dirigencia del Estado, culmina con el fin del corporativismo empresarial en 1996 como forma de organización (nacional-céntrica) e interlocución del empresariado con la tecnoburocracia dirigente del Estado, a favor de nuevas organizaciones empresariales basadas en la gobernanza asociativa y la cooperación regional, lo que se complementa con la incursión de la facción de capital en redes políticas globales como la American Chamber of Commerce y la International Chamber of Commerce, mediante organizaciones como la Coordinadora de Organismos Empresariales del Comercio Exterior, Consejo Empresarial Mexicano para Asuntos Internacionales y Consejo Coordinador Financiero (Luna, 2004).

Lo anterior coincide con la formación de la corriente empresarial liberal pragmática hacia los años noventa, que trae consigo la consolidación de la capacidad de interlocución con el Estado y de influencia ideológica hacia la sociedad de esta facción de capital (Luna, 2004).

La renovada capacidad de interlocución con el Estado y la incursión en redes políticas globales posibilitaría la promoción transnacional de los intereses de esta facción de capital en las negociaciones del TLCAN (Luna, 2004: 350). Lo anterior se complementa con la incursión paralela de personajes importantes de la intelectualidad política neoliberal dirigente del Estado en redes económicas y políticas globales que aglutinan a una nueva intelectualidad neoliberal trasnacionalizada, quienes diseñan y promueven políticas públicas globales favorables a la expansión del capital transnacional (cualquiera sea su origen) sin el concurso de los Estados-nacionales, y cuyo accionar expresa la contradicción de la existencia y el despliegue de nuevos ámbitos públicos globales que operan como instancias de decisión de carácter privado, con incidencia en las sociedades pero sin ningún tipo de rendición de cuentas hacia ellas (Salas-Porras, 2014)[20].

La expansión transnacional de los grupos industriales/financieros de origen nacional ha implicado 22 adquisiciones internacionales anuales promedio en 1993-1999; 29 en 2000-2006; y 41 en 2007-20013; lo en 2013 se traducía en la existencia de 62 subsidiarias en América del Norte, macro-región que participa con 34% de los flujos IED de origen nacional; 176 en América Latina y el Caribe con 47.3% de la IED de origen nacional; 54 en Europa con 15.7% de la IED de origen nacional; 27 en Europa del Este y Asia Central; 12 en China e India; 11 en el Este-Sudeste Asiático y el Pacífico

---

20   El personaje-intelectual más importante es E. Zedillo, ex-presidente del país y que actualmente participa en los consejos directivos de alrededor de 14 empresas transnacionales y ocupa puestos directivos en otras tantas organizaciones globales que incluyen Think Tanks, consultorías, etc., entre las cuales están el WEF, Yale Center, Clinton Global Initiative, Center for Global Development, International Crisis Group, etc., quienes actúan en la perspectiva de la expansión de los grupos financieros e industriales transnacionalizados y de la orientación de las instituciones internacionales promotoras del neoliberalismo.

con 1.1% de la IED de origen nacional; y 5 en África del Norte y Medio Oriente con 0.8% de la IED de origen nacional. La expansión transnacional ha tenido como base nacional ventajas de propiedad oligopólico-financieras en sus ramas industriales de origen (Basave, 2016), lo que se traduce en un comportamiento rentista y poco innovador en el mercado nacional.

En esta facción de capital prevalece una escisión entre el capital productivo y el capital financiero, en tanto que sus fuentes de financiamiento son el capital bancario y bursátil extranjero, el capital bursátil nacional, y, en una proporción mínima, el capital bancario propio.

Asimismo, está asentada en las ramas más dinámicas a la exportación predominantemente de base agro-minera y en el núcleo del antiguo ciclo industrial con una distribución de los 25 mayores grupos como sigue: 6 en industria alimentaria, bebidas y tabaco con crecimiento promedio exportador de 7.9% en 2000-2015 (Cuadro 3); 1 en equipo de transporte (autopartes) con 7.7%; 2 en industria petroquímica y plásticos con 6.6%; 1 en industrias metálicas básicas y productos con 6.4%; 4 en minerales no metálicos con 3.3% (además de 1 en minería); y 1 en industria de madera, papel y cartón con 2.8%; siendo el resto grupos diversificados, de servicios de reproducción social o de actividades industriales pero fuera de la manufactura (construcción). En cambio, sólo un grupo transnacionalizado está asentado en el SE-IT, particularmente en la ISTC (Basave, 2016), y 3 son de reciente formación como resultado de las privatizaciones de los años noventa (Garrido, 1998)[21].

4) *Grupos local-regionales integrados a las cadenas de valor de las RPG*

Se trata de facciones de capital de base local-regional que se integran a las cadenas de valor de las RPG en industrias ya sea del antiguo núcleo como del nuevo (industria electrónica, aeroespacial). Su máxima expansión ha sido alcanzada en industrias del antiguo núcleo como autopartes, acero, aluminio y vidrio, en donde a partir de su integración temprana en las cadenas de valor de las RPG de multinacionales automotrices implantadas en México, han logrado su constitución en grupos industriales transnacionalizados con importantes participaciones en la producción nacional e índices de transnacionalidad (ITN)[22]. Algunos ejemplos son los Grupos San Luis y Proeza (autopartes), el primero con un ITN de 50%, Grupo Alfa (hojalata y lámina) 43%, Altos Hornos de México 2% e Industrias CH 49% (acero y

---

21 Grupo Carso (industrial, integrado y altamente diversificado) es el más significativo.

22 Promedio en porcentajes de activos externos/totales; ventas externas/totales; y empleados externos/totales.

productos metálicos), y Grupo Vitro 3% (minerales no metálicos) (Basave, 2016: 70). En este grupo más desarrollado de esta facción de capital existe una imbricación con la burguesía agro-minero exportadora y su evolución en facción industrial, y sus fuentes de financiamiento son el capital bancario y bursátil extranjero y el capital bursátil nacional.

En el otro extremo se encuentran medianas y pequeñas empresas que han logrado integrarse "por arriba" en las cadenas de valor de las RPG en industrias del nuevo núcleo como la industria electrónica y la aeroespacial, aun cuando mantienen poca participación en la producción nacional. Algunos ejemplos son un puñado de 20 empresas ubicadas en la zona metropolitana de Guadalajara (Jalisco) que a partir del diseño de software-hardware se integran en las cadenas de valor de las RPG de la industria electrónica (Ordóñez, 2017: 22), y un grupo de cuando menos 6 empresas ubicadas en Baja California quienes a partir de su origen en actividades de maquinado se incorporan en las cadenas de valor de las RPG de la aeronáutica asentada en ese estado. Esta sub-facción tiende a integrarse en la corriente empresarial liberal-crítica, coincidiendo con la burguesía industrial surgida de la ISI, como se detallará más adelante.

Se trata de una facción de capital con acelerados ciclos de innovación y con incrementos en las ganancias más ligados a la ampliación de la escala de la producción que a la generación de propiedad intelectual propia, y cuyas fuentes de financiamiento son básicamente las RPG asentadas tanto fuera como dentro del espacio nacional.

5) *Burguesía industrial surgida de la ISI*

Esta facción de capital alcanza su máxima expansión en los inicios de la ISI y hasta la segunda etapa que culmina hacia finales de los años cincuenta, cuando, aglutinada fundamentalmente en la Cámara Nacional de la Industria de la Transformación (CANACINTRA), se convierte en la principal beneficiaria e interlocutora del Estado. Durante los años sesenta y setenta permanece en una posición subordinada en relación con la burguesía agro-minero exportadora y su evolución en facción industrial, cuando el proceso de industrialización se orienta hacia la industria pesada, la incorporación del capital externo y cobra mayor importancia el acceso al financiamiento bancario privado (Ordóñez, 1994).

El pasaje al neoliberalismo implica la ruptura del compromiso histórico que garantizaba a esta facción la acumulación de capital a partir del acceso al mercado interno cautivo, así como a su intelectualidad política la gestión de la sustitución de importaciones. Así, queda, en lo fundamental, confinada a la dinámica del mercado interno, desvinculada del proceso exportador y de las cadenas de valor de las RPG, y compuesta básicamente por PyMES.

A partir de los años noventa surge la corriente empresarial liberal-crítica, articulada en torno a la CANACINTRA, COPARMEX, CONCANACO, CNA y AMIS, como resultado del realineamiento empresarial que da como resultado la formación de la corriente liberal pragmática y la transformación de la liberal conservadora en liberal-crítica, la cual mantiene una posición subordinada en relación con la primera (Luna 2004).

La corriente liberal-crítica tiende a convertirse en portavoz de esta facción de capital al plantear la necesidad de financiamiento y estímulos fiscales a la producción, la modernización infraestructural, cumplimiento de la legislación de competencia, desregulaciones en los niveles estatales y municipales, además de financiamiento estatal a una política industrial que considere no sólo las condiciones específicas de cada rama productiva, sino el tamaño, las capacidades tecnológicas y los desequilibrios regionales de las unidades productivas (Luna, 2004).

Se trata de una facción de capital sujeta a la dinámica del mercado interno, cuya fuente principal de financiamiento es la cadena interna de proveeduría, y que se encuentra sometida a un régimen smithiano de competencia entre productos rivales y excluyentes, en donde el equilibrio competitivo es un estado probable.

C) Nuevo ciclo industrial y núcleo dinámico

El núcleo dinámico del nuevo ciclo industrial está constituido por un SE-IT nacional compuesto por un conjunto de actividades productivas[23] y de comercialización, distribución y alquiler. Las actividades productivas comprenden tanto actividades industriales como de servicios, diferenciadas y mixtas, del siguiente modo: 1) una actividad industrial diferenciada consistente en la industria electrónica; 2) una actividad mixta que combina componentes industriales y de servicios en la industria de software y servicios de computación; y 3) un conjunto de actividades de servicios, consistentes en los servicios de telecomunicaciones y la producción y distribución de contenido en medios masivos, cuyo peso relativo en el conjunto del sector se muestra en el Cuadro 4.

---

23 Se entiende por actividades productivas aquéllas que se ubican en la esfera de la producción en sentido estricto, a diferencia de la distribución o el consumo, y en donde tienen lugar procesos de creación efectiva de valor y plusvalor. Véase Marx, capítulo VI inédito de El Capital.

En su conjunto el SE-IT ha tenido un crecimiento anual medio de la producción de más de 6% de 1993 a 2015, menor al de los años noventa de casi 8%. El sector sufre una fuerte contracción de casi -3% de 2001 a 2003, correspondiente a la crisis mundial de 2001-2002 y la tardía recuperación del SE-IT en el país (particularmente de la industria electrónica), para luego acelerar notablemente su crecimiento en 2004-2007 a más de 10%, sin verse fuertemente afectado por la crisis de 2007-2009 (4.4%), pero con una recuperación posterior por debajo del promedio del periodo de 5.6% de 2010 a 2015 (INEGI-CN).

Se observa una dinámica diferenciada de sus actividades constitutivas en los siguientes términos: 1) la industria de servicios de telecomunicaciones es claramente la actividad más dinámica, con un crecimiento de casi 10% en el periodo, cuyo crecimiento se acelera después de la crisis 2001-2002 a más de 15% en 2004-2007 (8.5% en 1993-2000) y continua creciendo aceleradamente en 2008-2009 (más de 10%), aun cuando con posterioridad a 2010 desacelera su crecimiento, lo que en conjunto se traduce en un aumento de su participación porcentual en la producción del conjunto del complejo a 54% en 2013; 2) la industria electrónica con un crecimiento de más de 2% en el periodo, que se desacelera fuertemente después de la crisis de 2001-2002 puesto que de 1993 a 2000 crece a una tasa mayor al 10%, verificándose una fuerte contracción en 2008-2009 de más de -10% y una recuperación posterior de más de 4%, lo que se traduce en una disminución de su participación porcentual a la mitad, de 32% en 1998 a 16%); 3) le sigue la industria de software y servicios de computación que se estanca durante el periodo, luego de una aceleración en su crecimiento de 5% de 2003 a 2008, y una participación porcentual de 3.7%; 4) la producción y distribución de contenido en medios masivos con un crecimiento en el periodo de apenas 0.48%, aun cuando acelera levemente su crecimiento con posterioridad a la crisis 2001-2002 en más de 2% en 2004-2007 y en poco más de 1% de 2010 en adelante; y 5) actividades de comercialización, distribución y alquiler con un crecimiento de -2%, que se acelera levemente de 2008 a 2013, (1%) y una participación porcentual de casi 8% (CN y CE, 1999, 2003 y 2008), como puede observarse en el Cuadro 4.

Como resultado de lo anterior, el SE-IT nacional ha incrementado su participación en el PIB nacional de más de 4% en 1993 a más de 9% en 2015, debido a un crecimiento más acelerado que el de este último, especialmente notorio de 1997 a 2000 y posteriormente de 2004 a 2007 (INEGI-CN).

El fuerte dinamismo tanto en la producción interna como a la exportación y las dimensiones alcanzadas por el SE-IT, plantea la interrogante de por qué el sector no ha logrado consolidar un nuevo ciclo industrial y mantiene

Cuadro 4: El SE-IT y sus actividades constituyentes en porcentajes, 1998, 2003, 2008 y 2013

Actividad Económica	Unidades Económicas				Personal Ocupado				Activos Fijos**				Producción Bruta Total				Remuneraciones Totales			
	1998	2003	2008	2013	1998	2003	2008	2013	1998	2003	2008	2013	1998	2003	2008	2013	1998	2003	2008	2013
Industria Electrónica	**42.04**	**31.43**	**28.76**	**89.43**	**48.49**	**40.60**	**40.34**	**39.80**	**10.92**	**9.50**	**6.41**	**10.30**	**32.48**	**27.83**	**19.28**	**16.23**	**30.42**	**30.10**	**37.38**	**36.59**
Computadoras y equipo de oficina	0.26	0.14	0.08	0.25	6.54	6.23	5.92	3.80	3.59	2.26	1.08	1.59	17.35	11.14	3.97	2.51	4.54	4.82	4.80	2.94
Equipo de telecomunicaciones	0.28	0.16	0.13	0.43	11.21	5.12	6.59	5.94	2.54	1.49	0.93	1.40	4.04	2.73	3.30	2.77	8.00	3.36	7.10	5.98
Electrónica de consumo	0.15	0.16	0.13	0.40	7.18	8.12	6.39	6.11	4.69	2.19	1.50	3.43	3.30	5.69	4.46	3.35	5.19	8.26	8.31	7.39
Componentes y semiconductores	0.61	0.55	0.37	1.41	13.78	13.69	1.36	16.34	1.48	2.42	2.21	2.79	4.47	5.96	5.92	5.57	8.92	11.43	14.30	16.80
Instrumentos de precisión	0.18	0.16	0.19	0.51	1.98	1.65	1.44	1.46	0.48	35.00	0.24	0.41	0.87	0.94	0.66	0.92	1.30	1.05	1.62	1.61
Mantenimiento y reparación de equipo electrónico	40.56	30.26	27.86	86.43	7.81	5.79	5.63	6.14	1.14	0.79	0.45	0.68	2.45	1.37	0.96	1.10	2.46	1.19	1.24	1.88
Software y servicios de computación	**2.41**	**2.62**	**2.75**	**10.81**	**2.65**	**4.06**	**4.34**	**7.07**	**1.09**	**0.81**	**0.69**	**2.02**	**3.91**	**2.67**	**3.32**	**3.73**	**3.89**	**2.90**	**4.26**	**3.97**
Servicios de Telecomunicaciones	**10.17**	**10.10**	**14.74**	**14.53**	**16.86**	**19.60**	**21.65**	**16.61**	**69.07**	**74.42**	**74.33**	**62.02**	**31.23**	**15.37**	**56.59**	**54.52**	**36.15**	**69.31**	**63.30**	**43.80**
Internet	1.14	1.38	0.12	0.00	3.15	2.96	1.96	1.66	0.30	0.90	0.69	1.15	1.31	1.15	0.75	1.27	1.46	1.92	1.74	2.97
Telefonía	7.80	6.58	7.73	27.46	10.18	12.78	14.41	13.02	62.78	67.55	68.66	59.46	28.04	42.02	50.08	51.29	31.76	45.09	39.25	40.15
Telegrafía	0.00	0.00	0.00	0.00	2.23	1.57	0.00	nd	1.36	2.18	0.00	0.00	0.24	0.31	0.00	0.00	1.97	1.57	0.00	0.00
Telecomunicaciones por cable	1.14	1.99	2.48	0.00	1.18	2.00	3.41	nd	1.51	1.44	3.26	0.00	1.18	1.41	3.04	0.00	0.75	0.49	0.65	0.00
Redes Satelitales	0.01	0.01	0.05	0.29	0.05	0.05	0.30	0.06	3.07	2.11	0.91	0.09	0.19	0.19	0.43	0.02	0.15	0.04	0.91	0.02
Servicios especializados	0.08	0.14	4.37	16.79	0.60	0.25	1.57	1.88	0.05	0.24	0.81	0.33	0.30	0.30	2.23	0.66	0.05	0.21	0.48	0.66
Producción y distribución de contenido en medios masivos	**7.14**	**5.69**	**3.87**	**13.50**	**12.28**	**11.53**	**9.95**	**11.79**	**10.43**	**9.10**	**12.73**	**18.27**	**14.09**	**11.79**	**10.04**	**13.25**	**15.72**	**8.20**	**7.85**	**7.43**
Producción y distribución de contenido en medios impresos	3.62	2.71	1.51	5.96	7.31	5.71	5.15	5.18	5.52	1.99	2.85	2.15	6.84	4.19	4.35	3.71	5.88	4.92	5.27	4.97
Producción y distribución de video en televisión y cine	1.20	1.15	0.92	2.48	2.75	3.61	2.94	3.73	3.67	6.31	9.44	13.98	5.41	6.46	4.74	7.88	8.14	1.79	0.96	1.04
Producción y distribución de audio y radio difusión	1.90	1.67	1.29	5.06	1.94	2.02	1.69	2.64	1.16	0.78	0.41	2.11	1.75	1.09	0.87	1.62	1.49	1.34	1.47	1.23
Producción y distribución de video y audio	0.42	0.16	0.15	0.00	0.28	0.18	0.17	0.24	0.07	0.03	0.03	0.03	0.08	0.05	0.08	0.05	0.21	0.16	0.16	0.19
Actividades de comercialización, distribución y alquiler	**38.25**	**50.16**	**49.88**	**###**	**19.72**	**24.21**	**23.72**	**24.72**	**8.50**	**6.17**	**5.84**	**8.39**	**18.29**	**12.35**	**10.78**	**12.27**	**13.82**	**9.49**	**7.20**	**8.21**
TOTAL	100	100	100	100	100	100	100	100	100	100	100	100	100	100	100	100	100	100	100	100

Fuente: Elaboración propia en base a los Censos Económicos del INEGI 1999, 2004, 2009 y 2014

** Para los años de 1998 y 2003 sumamos el valor de la depreciación por que el concepto de activos fijos totales no la incluía.

Nuevo ciclo industrial y el neoliberalismo como variedad actual...

una capacidad articuladora y dinamizadora del crecimiento menor a la del núcleo industrial de la ISI en declinación[24].

Para averiguarlo el Cuadro 5 presenta una panorámica general de las articulaciones productivas del SE-IT, tanto consigo mismo como con el conjunto de la economía.

El Cuadro 5 indica que del total de la producción del SE-IT un poco más de 66% se destina a consumo intermedio interno para otras actividades, mientras 67% se exporta. De lo entregado internamente casi 8% es a sí mismo (siendo la industria electrónica la actividad más importante: 5.1%), 5.6% a la industria, casi 2% a los servicios, y prácticamente nada a la agricultura.

Por su parte, poco más de 10% del valor de su producción está constituida por insumos directos internos, que se elevan a más de 44% de insumos recursivos (directos e indirectos), dada por la interdependencia de actividades, mientras 50% del valor de su producción está constituida por insumos importados. Internamente las articulaciones hacia atrás consigo mismo son de más de 4%, principalmente con la industria electrónica (3.3%). Tales encadenamientos consigo mismo son superiores a aquéllos con los servicios (3.6%), en donde los más importantes son con los servicios productivos (1.6%), mientras los eslabonamientos con la industria son menores (2.5%).

Por consiguiente, el SE-IT es un sector fuertemente internacionalizado que está poco articulado con la demanda intermedia interna, mientras casi 70% de su producción va dirigida a la exportación, y posee articulaciones internas débiles hacia atrás, que se complementan con un alto coeficiente de insumos importados.

De lo anterior se sigue que no obstante que el SE-IT constituye un componente fundamental de una nueva base tecnológico-productiva, su modalidad específica de desarrollo, íntimamente ligada a la variedad neoliberal seguida por el país, encierra las siguientes contradicciones que limitan su capacidad de convertirse en núcleo dinámico de un nuevo ciclo industrial y contribuir al desarrollo:

1) No obstante su fuerte dinamismo a la exportación y de crecimiento interno, que se traduce en una participación creciente en el PIB, suministra una proporción muy reducida de su producción como demanda inter-

---

24 Para estudiar la capacidad articuladora y dinamizadora del SE-IT sobre el conjunto de las actividades, en lo que sigue se llevará a cabo un análisis de los eslabonamientos productivos, tanto hacia delante como hacia atrás, del SE-IT consigo mismo y con el resto de la economía, con el fin aproximarse a su capacidad de articulación, impulso y arrastre del crecimiento de sí mismo y el conjunto de la economía. Para ello se ha recurrido al análisis de insumo-producto a partir de la matriz del mismo nombre para 2012 (MIP) (INEGI, MIP-2012).

Cuadro 5. Relaciones del SE-IT y de sus 4 agrupaciones con el resto de la Economía. Eslabonamientos hacia atrás y hacia delante de los insumos totales y exportaciones como % de la PBT 2012

SECTORES	Coeficientes técnicos directos (A)					Requisitos directos e indirectos de insumos (I-A)^-1					Coeficientes directos de entrega (E)					DI/PBT	CP/PBT	EXP/PBT	DF/PBT
	SE-IT	Electrónica	Software	Telecomunicaciones	Medios masivos	SE-IT	Electrónica	Software	Telecomunicaciones	Medios masivos	SE-IT	Electrónica	Software	Telecomunicaciones	Medios masivos	T	T	BT	T
SE-IT	4.22	2.77	0.12	0.63	0.69	27.45	12.04	2.22	7.09	6.09	7.91	4.51	0.15	1.30	1.95	66%	35%	67%	34%
Electrónica	3.30	2.76	0.07	0.25	0.22	13.21	11.93	0.13	0.61	0.54	5.15	4.48	0.09	0.49	0.08	87%	14%	115%	13%
Software	0.16	0.01	0.03	0.11	0.02	2.21	0.02	2.03	0.13	0.03	0.15	0.03	0.03	0.07	0.02	82%	0%	0%	18%
Telecomunicaciones	0.42	0.00	0.02	0.26	0.13	6.65	0.09	0.05	6.34	0.17	1.57	0.00	0.02	0.35	1.20	35%	65%	1%	65%
Producción y distribución de contenido en medios masivos	0.34	0.00	0.00	0.01	0.33	5.38	0.01	0.00	0.01	5.36	1.04	0.00	0.00	0.40	0.64	29%	72%	1%	71%
Agropecuario	0.00	0.00	0.00	0.00	0.00	0.06	0.04	0.00	0.01	0.01	0.00	0.00	0.00	0.00	0.00	73%	24%	15%	25%
Industria	2.52	1.72	0.03	0.26	0.51	10.55	7.55	0.20	1.17	1.63	5.65	5.25	0.01	0.23	0.16	55%	27%	26%	45%
Servicios	3.65	0.44	0.49	1.29	1.43	6.56	2.05	0.63	1.85	2.04	1.96	0.56	0.06	0.66	0.48	28%	55%	8%	72%
Comercio	0.32	0.10	0.02	0.09	0.11	1.03	0.58	0.04	0.18	0.24	0.01	0.00	0.00	0.00	0.00	28%	49%	14%	72%
Intermediación financiera	0.76	0.12	0.13	0.28	0.22	1.35	0.40	0.18	0.42	0.35	0.48	0.08	0.02	0.34	0.04	22%	77%	1%	78%
Reproducción social	0.73	0.04	0.02	0.43	0.24	1.07	0.20	0.04	0.50	0.33	0.30	0.06	0.00	0.11	0.11	27%	46%	0%	73%
Servicios relacionados con la generación de conocimiento	0.29	0.05	0.01	0.05	0.17	0.48	0.16	0.02	0.08	0.21	0.37	0.17	0.01	0.07	0.12	15%	20%	1%	85%
Servicios productivos	1.56	0.13	0.30	0.44	0.69	2.63	0.70	0.34	0.67	0.92	0.81	0.23	0.04	0.34	0.20	39%	52%	5%	61%
ECONOMÍA TOTAL	10.38	4.92	0.64	2.19	2.64	44.62	21.69	3.05	10.11	9.78	15.52	10.31	0.22	2.40	2.59	45%	39%	19%	55%
% de Importaciones	50%	78%	7%	12%	10%														

media interna, al estar la industria de servicios de telecomunicaciones y la producción y distribución de contenido en medios masivos orientadas principalmente a la demanda final, contar la industria electrónica con elevados coeficientes de exportación, y predominar en la industria del software la producción *in house* (no obstante la fuerte orientación de estas dos últimas a la demanda intermedia), lo cual limita de manera importante su capacidad de impulso sobre el resto de las actividades.

A la inversa, el SE-IT demanda como costos de inversión insumos nacionales directos e indirectos en una proporción reducida, en correspondencia con altos coeficientes de importación de insumos (a excepción del software), lo que constituye una fuerte limitante de su capacidad de arrastre sobre el resto de las actividades, sólo relativamente contrarrestada por una cierta articulación recursiva endógena del sector.

De lo anterior se deriva una alta potencialidad simultánea tanto de impulso como de arrastre sobre el conjunto de la economía que se ven muy fuertemente limitadas por la modalidad de desarrollo del sector.

2) La dinámica exportadora y sus efectos potenciales sobre el crecimiento interno de los relativamente fuertes eslabonamientos hacia delante y hacia atrás de la industria electrónica, tanto consigo misma como con la industria en su conjunto, se ven fuertemente limitados por sus altos coeficientes tanto a la exportación como a la importación, derivados de la libre importación para la reexportación.

3) Los efectos potenciales sobre el crecimiento en su conjunto del alto dinamismo de la industria de servicios de telecomunicaciones, así como los potenciales efectos de impulso y arrastre sobre los servicios de conocimiento de la producción y distribución de contenido en medios masivos, se ven contrarrestados por su orientación predominante a la demanda final, lo cual se complementa con la baja penetración de los servicios proporcionados por la industria de servicios de telecomunicaciones y los límites a los procesos de digitalización y distribución del contenido mediante las redes de interconexión, derivados del alto grado de monopolización de ambas industrias.

4) La acelerada expansión internacional de las empresas monopólicas de la industria de servicios de telecomunicaciones y la producción y distribución de contenido en medios masivos contrasta con la baja competitividad de ambas industrias, así como con los ya referidos baja penetración de los servicios de la industria de servicios de telecomunicaciones y retraso en la digitalización y distribución vía redes del contenido, y su efectos sobre el desarrollo de los procesos internos de conocimiento y la integración del

país en los procesos de relocalización-subcontratación internacionales de servicios intensivos en conocimiento de base electrónica-informática.
5) Los importantes efectos potenciales de impulso del crecimiento del software y los servicios computacionales, derivados de su orientación a la provisión de la demanda intermedia, se ven contrarrestados por la predominancia de la producción *in house*.

En su relación con el núcleo de acumulación el SE-IT se encuentra escindido en dos dinámicas de acumulación contradictorias y una de carácter híbrido:

La primera dinámica de acumulación es la de la industria electrónica junto con el segmento de la industria del software y servicios computacionales compuesto por las grandes empresas electrónicas exportadoras que subcontratan nacionalmente software inmerso, lo cuales cuentan con un alto grado de exogeneidad en cuanto al origen de los capitales que controlan el proceso de acumulación, con ritmos de innovación y aprendizaje acelerados pero que quedan constreñidos a espacios local-regionales de localización de procesos medios-bajos de creación de valor de las RPGs, relacionados con el diseño operativo, la manufactura compleja y el ensamble, y que generan rentas internacionales a partir básicamente de la ampliación de la escala de la producción y no de la generación de propiedad intelectual propia. Asimismo, es una dinámica de acumulación basada en la completa escisión del capital financiero y el capital productivo, en tanto que el financiamiento proviene de las propias RPGs con intervención mínima del capital financiero, mayoritariamente exógeno, asentado en el país.

La segunda dinámica es propia de la industria de servicios de telecomunicaciones y la producción y distribución de contenido en medios masivos, la cual cuenta con un alto grado de endogeneidad del origen de los capitales que controlan el proceso de acumulación y un fuerte proceso de centralización de capital (ante la contracción del accionar estatal), generando sobreganancias internas y rentas internacionales a partir del control monopólico y la gestión rentista de las redes de interconexión, con concentración espacial de la producción y diferenciación escalar de "arriba-abajo" de los servicios proporcionados en los espacios nacional y subnacionales. Aquí coexisten procesos extremos de articulación del capital financiero con el capital productivo como en el caso del operador monopólico de la telefonía y servicios de internet que cuenta con su propio capital financiero (*América Móvil-Inbursa*), con procesos de desvinculación y formas de financiamiento bursátil y bancario internacional.

La tercera dinámica de carácter híbrido corresponde al segmento *in house* de la industria de software y servicios computacionales, el segmento de empresas medianas y pequeñas desarrolladoras de software a la medida (incluido el software inmerso para la industria electrónica), y probablemente un segmento emergente en la producción y distribución de contenido en medios masivos ligado a la digitalización del contenido y su distribución vía redes de interconexión, con fuerte endogeneidad en cuanto al origen del capital aunque en menor medida en lo relacionado con el capital que controla el proceso de acumulación, importantes procesos de innovación y aprendizaje en el espacio nacional y por fuera de las RPGs en procesos relacionados con el diseño operativo y la creación de contenido, lo que coincide con una desvinculación del capital financiero, mayoritariamente exógeno, asentado en el país, y el capital productivo, al obtenerse el financiamiento básico a través de la redes de proveeduría.

Por consiguiente, la variedad neoliberal del pasaje al capitalismo del conocimiento en el país ha derivado en un SE-IT cuya modalidad de desarrollo incluye altos coefiecentes de importación/exportación y reducidas cadenas de valor internas, altos grados de centralización del capital y control de las redes de interconexión, una espacialidad que combina la "glocalización' de la industria electrónica con concentración espacial de la producción y diferenciación regional de "arriba-abajo" de los servicios proporcionados de la industria de servicios de telecomunicaciones, y, en menor medida, en la producción y distribución de contenido en medios masivos. Esa modalidad de desarrollo impide al SE-IT hacer efectiva su capacidad potencial de articular y dinamizar el crecimiento, lo que se traduce en la falta de consolidación de un nuevo ciclo industrial en el país.

4. Hacia una perspectiva posneoliberal y acción estatal

Resolver el conjunto estudiado de contradicciones del SE-IT como núcleo de un nuevo ciclo industrial extendidas al conjunto del núcleo de acumulación, implica la necesidad de un cambio en la modalidad de desarrollo del SE-IT hacia la endogeneidad que consolide el nuevo ciclo industrial, como eje de un nuevo núcleo de acumulación endógeno y competitivo, que articule dinámicamente a las actividades del antiguo núcleo dinámico.

El cambio en la modalidad de desarrollo del SE-IT hacia la endogeneidad debe incluir: 1) la disminución de los coeficientes de importación/exportación en la industria electrónica, lo que implica romper con la regulación basada en la libre importación para la reexportación, en favor de la constitución e integración de cadenas de valor internas y la incorporación de la empresa nacional en el proceso, particularmente las PyMEs; 2) el cambio de orientación de la industria de servicios de telecomunicaciones y la producción y distribución de contenido en medios masivos hacia la demanda intermedia, lo que requiere de un cambio de la articulación productiva actual de la primera en torno a la telefonía, a una nueva en torno a internet en tanto que ámbito creciente de intermediación de la reproducción social, para hacer efectiva la transmisión de su acelerado dinamismo al conjunto de la economía; 3) posicionamiento estatal para reducir los altos grados de monopolización e incrementar la competitividad de las industrias de servicios de telecomunicaciones y de producción y distribución de contenido en medios masivos, y de ese modo contrarrestar la baja penetración de los servicios proporcionados por la primera y los límites a los procesos de digitalización y distribución del contenido mediante las redes de interconexión propios de la segunda, en modo tal que ello contribuya al desarrollo de los procesos internos de conocimiento y la integración del país en los procesos de relocalización-subcontratación internacionales de servicios intensivos en conocimiento de base electrónica-informática; y 4) el desarrollo de la industria del software que rompa con la modalidad predominante de la producción *in house*, para hacer efectivo en capacidad de impulso a otras actividades su fuerte orientación a la demanda intermedia.

En el proceso de endogeneización del SE-IT y su articulación con el núcleo dinámico del ciclo industrial de la ISI, resulta estratégico la promoción activa de la auto-electrónica como industria puente entre los dos núcleos dinámicos.

Un proceso clave en esa perspectiva es romper con la escisión entre el capital productivo y el capital financiero que atraviesa la totalidad del núcleo de acumulación, lo que implica la necesidad del resurgimiento de la banca de desarrollo financiada con ingresos petroleros, aunado al establecimiento de coeficientes producción/consumo en el financiamiento del capital financiero trasnacionalizado de origen externo actuante en el país. Ello sería una condición fundamental para contrarrestar la tendencia al control por el capital exógeno de la acumulación en actividades claves como la electrónica y la automotriz.

Ese cambio hacia la endogeneidad de la modalidad de desarrollo del SE-IT, para consolidar al nuevo ciclo industrial como eje de un núcleo de acumulación endógeno y competitivo, solo es posible si tiene lugar un cambio de gran política e innovación institucional que culmine en la conformación de un nuevo bloque histórico en torno al aprendizaje y la innovación sociales, erigido a partir de la resolución de la crisis de hegemonía interna de las clases y grupos dominantes que precipitaría la disolución del antiguo bloque histórico corporativo.

Para ello el sujeto social del cambio tendría que incorporar en un bloque social emergente a los grupos empresariales local-regionales integrados a las RPG, y, particularmente, a su imbricación con la burguesía agro-minero exportadora y su evolución en facción industria, además de la burguesía industrial surgida de la ISI, bajo la impronta de la forma de obtención de ganancias de los primeros a partir de acelerados ritmos de innovación, pero agregando una fuerte dosis de generación de propiedad intelectual propia, y en la perspectiva de la integración multiescalar de cadenas internas de valor, de incorporación en el proceso de la empresa nacional y las PyMEs, y de reactivación del mercado interno.

De manera decisiva el bloque social emergente tendría que incorporar la movilización y proyección activa de los intereses y demandas de grupos de las clases medias y el conjunto de las clases y grupos subalternos[25], mediante una inclusión social productivista y pro-activa en la conformación de un ciclo interno de conocimiento en el cual cada uno de estas clases y grupos lleve a cabo su aportación específica de acuerdo con sus propias condiciones y capacidades, además de desempeñar un papel activo, participativo y creativo en el enfrentamiento de la oposición de las clases y grupos sociales dominantes anclados en prácticas rentistas, monopólicas y parasitarias. En ese proceso una economía social del conocimiento orientada (sin intermediación del mercado o con intermediación subordinada) a procesos productivos que satisfagan necesidades sociales basados en la innovación, el aprendizaje y la generación de capacidades tiene un papel fundamental que desempeñar como fórmula de inclusión social pro-activa en el ciclo interno de conocimiento.

La economía social del conocimiento es entonces la forma posible de la nueva relación hegemónica interna hacia las clases y grupos subalternos. Ella consiste en diferentes formas de producción de valores de uso sociales de intensidad cognitiva diversa, sobre una base asociativa directa de producción modular en red, independiente de los circuitos industrial, comercial y financiero privados, a partir de formas libres de contribución autogestionaria de organizaciones de la sociedad civil, en donde la parte inmaterial creciente del valor de uso generado es depositado en reservas comunes de conocimiento, códigos y diseño (Commons Transition, 2015).

El papel de las universidades y su articulación con la sociedad civil es fundamental en los procesos de creación, acumulación y distribución de

---

25 Clase obrera, campesinado, desocupados, sin tierra, movimientos urbano-populares, movimientos policlasistas, colectivos culturales, etc.

conocimiento, lo cual debe ser complementado con formas de financiamiento autónomas (MacLeod et al., 1997) y nuevas relaciones innovadoras y de "abajo-arriba" de la sociedad civil auto-organizada en una relación de reforzamiento mutuo con el Estado.

A partir de ello el sujeto social del cambio estaría en condiciones de acceder a una posición de fuerza que haría posible replantear, a los términos del bloque social emergente, una relación contradictoria con las clases y grupos hegemónicos actuales, esto es, la burguesía agro-minero exportadora y su evolución industrial transnacionalizada, los nuevos grupos industriales surgidos de las privatizaciones de los años noventa, además del capital financiero y productivo trasnacionalizado externo, y las instituciones internacionales promotoras del neoliberalismo.

La articulación de los elementos de la nueva base tecnológico-productiva con un bloque histórico en torno a la innovación y el aprendizaje, a partir del fundamento de una economía social del conocimiento, destrabaría un ulterior desarrollo de esa base tecnológico-productiva en términos de la constitución del nuevo ciclo industrial articulado y dinamizado por SE-IT, y su articulación con el sector científico-educativo (SC-E), que conlleve a la conformación de un ciclo interno de conocimiento comprensivo del conjunto de la reproducción económica-social (Ordóñez, 2004). Ello sería la condición para una diferenciación competitiva nacional mediante procesos de innovación y aprendizaje sociales en la competencia global, traducida en la exportación de productos y servicios crecientemente intensivos en conocimiento y diferenciados por el conocimiento social-nacional específico incorporado.

El nuevo bloque histórico sustentado en una economía social del conocimiento constituiría el sustrato social de un nueva forma estatal multiescalar y de su implicación en un accionar bajo los siguientes lineamientos: 1) intermediación de la integración de la reproducción y acumulación interna de capital en la competencia global (acción contrarrestante del proceso de transferencia internacional de valor); 2) articulación del SC-E con el conjunto de la producción social e inclusión social en el ciclo interno de conocimiento; 3) desarrollo de una infraestructura informática y de las telecomunicaciones y su acceso y uso generalizado; 4) reproducción cognitiva (y por tanto física también) de la fuerza de trabajo y el desarrollo de trabajo complejo; 5) promoción del surgimiento y desarrollo de sectores productivos claves en nichos específicos dentro del SE-IT, con efectos multiplicadores sobre la inversión y la producción, así como cambio en su modalidad de desarrollo hacia el aprovechamiento pleno de su capacidad (ahora sólo potencial) de articular y dinamizar el ciclo industrial; 6) potenciación de los procesos parciales de racionalización social y su reorientación en términos de una estrategia nacional multiescalar de desarrollo, como una nueva banca de desarrollo y la centralización del capital en industrias ligadas a la renta del suelo y la infraestructura física e informática y de las telecomunicaciones, así como de la selectividad estatal espacial, en términos de la promoción de regiones o localidades con ventajas competitivas específicas en la división global del trabajo (acción contrarrestante del desarrollo geográfico desigual); 7) potenciación del desarrollo en saltos y discontinuidades e incremento del ritmo de desarrollo, sobre la base de los ritmos de innovación acelerados y el aprendizaje y la innovación sociales; y 8) articulación nacional de la diferenciación y ubicación multiescalar del territorio en la división global del trabajo y la formulación de estrategias y proyectos estatales de despliegue espacial institucional para incidir en la reproducción geoeconómica-social, en términos de una re-jerarquización de las escalas en torno a la escala nacional reconfigurada, así como de reconfiguración multiescalar de la organizaron institucional estatal misma, que incluya nuevas formas de relación participativa autónoma y "desde abajo" con la sociedad civil en la realización y control del accionar estatal.

El desarrollo del accionar estatal en esos términos implica la necesidad de la formación de capacidades financieras, intelectuales e institucionales del Estado adecuadas a tales fines, que deberían incluir la ampliación de la base tributaria consustancial a la inclusión social productivista de las clases y grupos subalternos, la tributación progresiva de acuerdo con el nivel de ingreso y el impuesto a las ganancias; la formación de una burocracia con capacidad estratégica, organizativa y visión social; una instancia central coordinadora del conjunto del entramado institucional, en términos de proyectos y estrategias estatales orientadas al desarrollo, así como densos vínculos con los agentes productivos (Chibber, 2003) y la economía social del conocimiento.

Se requiere, entonces, un cambio en el bloque histórico que posibilite una variedad de capitalismo posneoliberal, en el cual el SE-IT haga efectiva su capacidad de articular y dinamizar un nuevo ciclo industrial como eje de un núcleo de acumulación endógeno y competitivo.

Conclusión

La incorporación del concepto de ciclo industrial en el NA proporciona un fundamento analítico de la diferenciación de núcleos dinámicos de actividades articuladoras y dinamizadoras del crecimiento (patrones industriales), propias a cada fase de desarrollo del capitalismo. Ello reviste una importancia primordial, puesto que abre la posibilidad de que los países en desarrollo endogenicen actividades del núcleo dinámico en una perspectiva de desarrollo y ascenso industrial, como es el caso en la actualidad de los países del Este Asiático. El caso de México es particular en el contexto latinoamericano, al tiempo que paradójico, debido a que no obstante ser el único país grande de la macro-región que se ha integrado plenamente en la división global del trabajo del SE-IT, no ha logrado endogenizar su dinamismo por la modalidad de desarrollo que el sector asume, la cual se encuentra indisolublemente ligada a la variedad neoliberal en el país del pasaje al capitalismo del conocimiento como nueva fase de desarrollo.

Por su parte, el concepto de bloque histórico nacional posibilita articular los conceptos de NA y NIE en una perspectiva gnoselógica que da cabida a la relación entre bases tecnológico-productivas con estructura de clases y grupos sociales, y los compromisos hegemónicos entre ellos en torno a proyectos históricos comunes que marcan una trayectoria propia, en tanto que elementos diferenciadores claves de las variedades o variaciones de capitalismo. El concepto de bloque histórico nacional, asimismo, proporciona un referente de los determinantes, el alcance y las limitaciones del accionar estatal.

En México la emergencia de una nueva base tecnológico-productiva y su articulación con el bloque histórico corporativo emergido de la revolución, pero reconfigurado, abre paso a la variedad neoliberal. Esa reconfiguración implica, entre otros cambios, una recomposición de la relación hegemónica entre la burguesía agro-minero exportadora y su extensión en facción industrial con su intelectualidad política en la dirigencia del Estado. A ello corresponde un accionar estatal reducido drásticamente y regido por el equilibrio fiscal, que opera en el marco de asociaciones público-privadas donde el Estado tiene el doble papel del establecimiento de las reglas del juego y "facilitador" de la operación de los agentes concurrentes, pero siempre bajo un liderazgo empresarial; con una organización interna orientada a arreglos institucionales para mejorar la posición competitiva global, que implica un redespliegue espacial resultante en una descentralización institucional pro-activa a un proceso de desmantelamiento y fragmentación del espacio nacional.

Una perspectiva posneoliberal supondría la necesidad endogenizar el dinamismo del SE-IT que consolide el nuevo ciclo industrial, como eje de un nuevo NA endógeno y competitivo, y con capacidad de articular dinámicamente a las actividades del antiguo núcleo dinámico. Ello requeriría de un nuevo bloque histórico en torno al aprendizaje y la innovación sociales, constituido a partir de un bloque social emergente con capacidad de: (a) aglutinar a las facciones de capital interesadas en la creación de propiedad intelectual propia, integración en las RPG con formación de cadenas de valor internas, e incorporación de la empresa nacional y particularmente las PyMEs; (b) incorporar pro-activamente a las clases medias y clases y grupos subalternos en el marco de una economía social del conocimiento; y (c) reconfigurar la relación con los grupos actualmente hegemónicos en los términos del bloque social emergente, lo que incluye la relación con los grupos financiero/productivos trasnacionalizados exógenos y las instituciones internacionales promotoras del neoliberalismo.

Lo anterior sería la condición para una nueva forma estatal multiescalar, con un accionar extendido al aseguramiento de las condiciones generales de la acumulación basada en el conocimiento, que reconfigurara el espacio nacional como mediador de la articulación de las escalas trans y supranacionales con las subnacionales en una relación "abajo-arriba" con éstas, y con el desarrollo de capacidades intelectuales, financieras e institucionales propias.

El actual tránsito acelerado a la multipolaridad y la crisis del SHE liderado por EEUU, pudiera posibilitar las condiciones para una renegociación y realineamiento del país en relación con las grandes potencias que abriera el espacio geopolítico para una trayectoria en esa dirección.

Referencias bibliográficas

AYALA ESPINO, J. (2003). "La formación de la economía mixta mexicana en el siglo XX" en *Estado y Desarrollo*. México: Facultad de Economía-UNAM.

BAILY, M. N. (2000). "Macroeconomic Implications of the New Economy", *BRIE*.

BASAVE, J. (2016). *Multinacionales mexicanas: surgimiento y evolución*. Siglo XXI, Ciudad de México, México.

BORRUS, M. y STOWSKY, J. (1997). "Technology Policy and Economic Growth", working paper 97, BRIE/University of California Berkeley

CARRILLO, J. y HUALDE, A. (1997). "Maquiladoras de tercera generación. El caso de Delphi- General Motors". *Comercio Exterior* 47.

CEPAL (2016). *Estudio Económico de América Latina y el Caribe 2016: la agenda 2030 para el desarrollo sostenible y los desafíos del financiamiento al desarrollo*, anexos estadísticos, Ed. CEPAL, 236 p, 2016. (en línea) https://www.cepal.org/es/publicaciones/40326-estudio-economico-america-latina-caribe-2016-la-agenda-2030-desarrollo

CHIBBER, V. (2003). *Locked in place: state building and late industrialization in India*, Princeton, University Press.

COLECCHIA y SCHREYER, P. (2001). "The Impact of Information Communications Technology on Output Growth", *STI* Working Paper 2001/7.

P2P FOUNDATION (2015). "Commons Transition: Policy Proposals for an Open Knowlwdge Commons Society", disponible en linea http://commonstransition.org/wp-content/uploads/2014/11/Commons-Transition_-Policy-Proposals-for-a-P2PFoundation.pdf

DABAT, A. y ORDÓÑEZ, S. (2009). *Revolución informática nuevo ciclo industrial e industria electrónica en México.* México: IIEc-UNAM-Casa Juan Pablos.

DELONG, B. y SUMMERS, L. H. (2000). *The 'New Economy': Background, Historical Perspective, Questions, and Speculations.* US BRIE - University of California Berkeley

DOSI, G. (1998). "Opportunities, incentives and the collective patterns of technological change", *The Economic Journal*, 107 (444)

FAJNZYLBER, F. (1983). *La industrialización trunca de América Latina*, Nueva Imagen, México.

CIMOLLI y CORREA (2007). *Information Society Project. ICT, Learning and Growth*: an evolutionary perspective, Eclac.

FMI. *Balance of Payments.*

FREEMAN, C. y PÉREZ, C. (1988). "Structural crises of adjustment: business cycles and investment behavior". En Dosi, G. et al. *Technical Change and Economic Theory.* Columbia University Press, Nueva York.

FREDERICK, S. y GEREFFI G. (2013). "Costa Rica in the Electronics Global Value Chain Opportunities for Upgrading" *Governance & Competitiveness.* Center on Globalization, Duke University, Carolina del Norte.

GARRIDO, C. (1998). "El liderazgo de las grandes empresas industriales mexicanas". en *Grandes empresas y grupos industriales latinoamericanos Expansión y desafíos en la era de la apertura y la globalización.* México: Siglo XXI.

GARRIDO, C. y MARTÍNEZ, J. (2004). "El sistema financiero mexicano". *Evolución reciente y perspectivas. El Cotidiano*, 126, Julio-agosto, México.

GIERTZ, E. et al. (2015). *Small and beautiful. The ICT success of Finland and Sweden.* Vinnova Analysis- Swedish Governmental Agency for Innovation Systems / Verket för Innovationssystem.

GRAMSCI, A. (1932-1939). *Quaderni del carcere. Italia*: Einaudi-Istituto Gramsci

GRAMSCI, A. (1931-1932). *Quaderni del carcere C.8.* Italia: Einaudi-Istituto Gramsci

HAGEMANN y HARALD (1999). "The Development of Business-Cycle Theory in the German language area 1900-1930", in: V. Gioia and H.D.Kurz (eds.), *The Contribution of German Economists and the Reception in Italy* (1869-1930). Science, Institutions and Economic Development

INEGI, *Matriz de Insumo Producto-2012.* México.

ITIF (2009). *Driving and digital recovery: IT Investments in the G-20 stimulus plans.* The information Technology & Innovation Foundation.

LARA, A. (2012). *De Sistema mecánico a Sistema tecnológico complejo. El caso de los automóviles.* Universidad Autónoma Metropolitana-Xochimilco. México.

LUNA, M. (2004). "Business and politics in Mexico" en: *Dilemmas of political change in Mexico.* London: Institute of Latin American Studies, University of London/ Center for US-Mexican Studies, University of California, San Diego.

MACLEOD, G., MCFARLANE, B. y DAVIS, C. H. (1997). "The knowledge economy and the social economy: University support for community enterprise development as a strategy for economic regeneration in distressed regions in Canada and Mexico", *International Journal of Social Economics*, Vol. 24 Issue: 11, doi: 10.1108/03068299710764297

MANDEL, E. (1979). *El capitalismo tardío*. México: Ediciones ERA

MARX, K. (1894). *El Capital, Tomo III*, México: Siglo XXI, 1978.

MARX, K. (1866). "Capítulo VI (inédito), Resultados del proceso inmediato de producción". *El Capital. Tomo 1*. Siglo XXI.

MARX, K. (1885). *El Capital, Tomo II*. México: Siglo XXI, 1990.

MEDINA OREAMUNO, M. (2016). "Encadenamientos Productivos y Contenido Local en Empresas de Zona Franca de Costa Rica" *Postgrado Economía y Negocios*. Santiago: Universidad de Chile.

MOCHI, P. y HUALDE, A. (2009). "México: producción interna e integración mundial" en *Desafíos y oportunidades de la industria del software en América Latina*. Santiago: CEPAL

MORTON, A. y DAVID (2007). *Unravelling Gramsci: hegemony and passive revolution in the global political economy*. London: Pluto.

OCDE (2015). *Digital Economy Outlook*. Organización para la Cooperación y el Desarrollo Económicos.

ORDÓÑEZ, S. (2017). "La nueva fase de desarrollo del capitalismo, más allá del neoliberalismo y América Latina", en: Brandao C, Fernández R, y Ordoñez S, (coord.) *Desarrollo socio-económico espacial en América Latina*, IPPUR-Río de Janeiro, UNL-Santa Fe, Argentina e IIEc-UNAM, México. En prensa.

ORDÓÑEZ, S. (2017a). *El sector electrónico-informático y de las telecomunicaciones y el desarrollo en México*. México, Distrito Federal: IIEc-UNAM; En prensa.

ORDÓÑEZ, S. (2014). "Nueva fase de desarrollo y determinantes de la acción estatal frente a la crisis del neoliberalismo: hacia una visión socio-espacial" en *Economía, teoría y práctica*, Universidad Autónoma Metropolitana. México, D.F. Núm. 41, Jul-Dic 2014.

ORDÓÑEZ, S. (2012). "Países emergentes: polémica Marxismo-Institucionalismo" en *Problemas del desarrollo*, Vol. 43, Núm. 170, Jul-Sep.

ORDÓÑEZ, S. (2009). "La crisis global actual y el sector electrónico-informático" en *Problemas del desarrollo*, Vol. 40 No 158, julio-septiembre.

ORDÓÑEZ, S (2006). "Capitalismo del conocimiento: elementos teórico-históricos", en *Economía Informa*, núm. 338, enero-febrero.

ORDÓÑEZ, S. (2004). "Nueva fase de desarrollo y capitalismo del conocimiento: elementos teóricos". en *Comercio Exterior*, Vol.54, No.1, enero.

ORDÓÑEZ, S (1994) *La contrainte externe dans le Mexique contemporain. L'industrialisation et le bloc historique (1983-1991)* (Tesis doctoral). Francia: Universidades Paris VII y Paris VIII.

ORDOÑEZ, S. y BOUCHAIN, R. (2011). *Capitalismo del conocimiento e industria de servicios de telecomunicaciones en México*. México: Instituto de Investigaciones Económicas, UNAM.

PÉREZ, C. (2004). *Revoluciones tecnológicas y capital financiero. La dinámica de las grandes burbujas financieras y las épocas de bonanza.* México Siglo XXI.

SALAS-PORRAS, A. (2014). "Las élites neoliberales en México: ¿cómo se construye un campo de poder que transforma las prácticas sociales de las élites políticas?" en *Revista Mexicana de Ciencias Políticas y Sociales*, México: Universidad Nacional Autónoma de México Nueva Época, Año LIX, núm. 222, septiembre-diciembre. ISSN-0185-1918

SHUMPETER, J. A. (1939). *Business Cycles: A Theoretical, Historical and Statistical Analisys of the Capitalist Process*, 2 vols, New York: McGraw Hill.

U.S. DEPARTMENT OF COMMERCE *Bureau of Economic Analysis*. Obtenido de US-BEA: http://www.bea.gov/

USDC (2000). *The Emerging Digital Economy*. New York: U.S. Department of Commerce.

WORLD BANK GROUP (2015). *World Development Indicators*. Washington DC. 2015. file:///C:/Users/Rafael2/Desktop/IIEc%202018-2/Art%C3%ADculo/9781464804403.pdf

Fuentes de datos

BANCO MUNDIAL, disponible en: https://data.worldbank.org/

OMC, Organización Mundial del Comercio, disponible en: https://www.wto.org/spanish/res_s/statis_s/data_pub_s.htm

INEGI, Instituto Nacional de Estadística y Geografía. Censos económicos. Disponible en: https://www.google.com.mx/search?q=inegi&oq=ineg&aqs=chrome.1.69i59j0j69i59j6 9i60l2j69i57.2312j0j4&sourceid=chrome&ie=UTF-8

INEGI, Instituto Nacional de Estadística y Geografía. Cuentas nacionales. Disponible en: https://www.google.com.mx/search?q=inegi&oq=ineg&aqs=chrome.1.69i59j0j69i59j6 9i60l2j69i57.2312j0j4&sourceid=chrome&ie=UTF-8

INEGI, Instituto Nacional de Estadística y Geografía. Banco de Información Económica. Disponible en: http://www.inegi.org.mx/sistemas/bie/

UNCOMTRADE. Disponible en: https://comtrade.un.org/

OIT. Disponible en: http://www.ilo.org/global/statistics-and-databases/lang--en/index.htm

Autores y autoras

Víctor Ramiro Fernández. Es Doctor en Ciencia Política por la Universidad Autónoma de Madrid, España. Master en Ciencias Sociales (Orientación Sociología), por la Facultad Latinoamericana de Ciencias Sociales (FLACSO), Buenos Aires. Director del Instituto de Humanidades y Ciencias Sociales (IHUCSO) del Litoral. Investigador Independientes del CONICET y Profesor titular de Teoría del Estado y Geografía Económica en la Universidad Nacional del Litoral (UNL), Santa Fe, Argentina. Sus principales líneas de investigación se relacionan con las transformaciones espaciales del capitalismo, el desarrollo en América Latina, y el Estado. [rfernand@fcjs.unl.edu.ar]

Matthias Ebenau. Es Doctor en Economía Política por el Queen Mary College, Universidad de Londres, Reino Unido, tras haber estudiado y trabajado en múltiples universidades de América Latina y Europa. Trabaja como secretario político para el sindicato metalúrgico alemán, IG Metall. Actualmente, se desempeña como docente de economía, administración de empresa y cuestiones referidas a la negociación colectiva en el Centro de Formación Sindical Lohr – Bad Orb, perteneciente a ese gremio. m.ebenau@posteo.net

Bob Jessop. Es doctor en Sociología por la Universidad de Cambridge, Reino Unido. También, es doctor Honoris Causa por las Universidades de: Roskilde (Dinamarca); Malmö (Suecia); y Nacional de Córdoba (Argentina). Ha sido profesor en las Universidades de Cambridge y Essex. En la actualidad es Profesor Distinguido de Sociología en la Universidad de Lancaster. Sus principales líneas de investigación se relacionan con la teoría del Estado y la economía política. Entre sus muchas publicaciones se destacan: Sobre la Teoría Relacional del Estado, La Teoría de la Regulación, La Crisis del Estado de Bienestar y el Estado Capitalista. r.jessop@lancaster.ac.uk

Lucía Suau Arinci. Es Licenciada en Ciencia Política por la Universidad Católica de Córdoba. Actualmente está finalizando la Maestría en Economía Política Global de la Universidad de Kassel, Alemania. Entre sus áreas de interés se encuentran: la Comparación de Capitalismos, la Teoría de la Dependencia, las perspectivas neo-marxistas de crítica capitalista, el Análisis Crítico de Discurso y la Ecología Política. luciasuau@gmail.com

Alcides Bazza. Es abogado por la Universidad Católica de Santa Fe y Doctor en Ciencia Política por la Universidad Nacional de Rosario. Investigador del Instituto de Humanidades y Ciencias Sociales del Litoral (CONICET-Universidad Nacional del Litoral), Santa Fe, Argentina. Docente de la Facultad de Ciencias Jurídicas y Sociales de la Universidad Nacional del Litoral, en la cátedra "Derecho tributario, financiero y aduanero". Su área de trabajo en investigación se vincula con las finanzas públicas, el federalismo fiscal y desarrollo regional. alcidesbazza@gmail.com

Cristhian Seiler. Licenciado en Ciencia Política y Doctor en Ciencias Sociales por la Universidad Nacional de Entre Ríos. Investigador del Instituto de Humanidades y Ciencias Sociales del Litoral (CONICET - Universidad Nacional del Litoral), Santa Fe, Argentina. Profesor de la cátedra "Globalización y Desarrollo" en la Facultad de Ciencias Jurídicas y Sociales y la Facultad de Humanidades y Ciencias, Universidad Nacional del Litoral. Su principal línea de investigación es la planificación y políticas de desarrollo y las estructuras estatales en el contexto latinoamericano. Email: cristhianseiler@gmail.com - cseiler@fcjs.unl.edu.ar

Carolina Teresita Lauxmann. Contadora Pública Nacional (FCE-UNL). Magister en Historia Económica y de las Políticas Económicas (FCE-UBA). Doctoranda en Ciencias Sociales (FSC-UBA). Docente de las Facultades de Ciencias Económicas y de Humanidades y Ciencias de la UNL. Investigadora del Instituto de Humanidades y Ciencias Sociales del Litoral (IHUCSO), UNL-Conicet. Se especializa en investigación académica sobre los problemas contemporáneos del desarrollo latinoamericano en general y argentino en particular, recuperando, para su análisis, la perspectiva histórica-estructural. clauxmann@hotmail.com

Carlos Antônio Brandão. Es doctor, docente y profesor titular por el Instituto de Economía de la Universidad Estadual de Campinas (Unicamp), Brasil. Es Profesor Titular en Planificación Urbana y Regional del Instituto de Investigación y Planeamiento Urbano y Regional de la Universidad Federal de Río de Janeiro (IPPUR/UFRJ). Sus principales líneas de investigación son capitalismo global y la neoliberalización; desarrollo urbano y regional; Estado y políticas públicas. brandaoufrj@gmail.com

Marcos Barcellos de Souza. Es doctor en Desarrollo Económico por la Universidad Estadual de Campinas (Unicamp), Brasil. Actualmente es Profesor Adjunto de la UFABC (Universidad Federal de ABC). Entre sus principales líneas de investigación, se desempeña en las siguientes temáticas: Reestructuración espacial del Estado, y reestructuración productiva; y, financierización y espacios urbanos y regionales. barcellos.marcos@hotmail.com

Sergio Ordóñez. Es Investigador titular B adscrito al IIEc-UNAM, miembro de destacados comités de evaluación y arbitraje. Autor de ocho libros, así como varias decenas de capítulos y artículos en revistas especializadas. Tutor en los posgrados de Economía, Administración y Contaduría, y de Estudios Latinoamericanos de la UNAM. Realizó sus estudios de posgrado en las Universidades de París VII y VIII. Coordinador del Grupo de Trabajo CLACSO: "Desarrollo, espacio y capitalismo global", y miembro del Programa de investigación multi-disciplinario "Globalización, conocimiento y desarrollo desde la perspectiva mexicana" (PROGLOCODE). Sus líneas de investigación son capitalismo del conocimiento y sector electrónico-informático y de las telecomunicaciones, Estado y cambio geoeconómico y político mundial. serorgu@gmail.com

Esta edición se terminó de imprimir en diciembre de 2018,
en Imprenta Dorrego, ubicados en Av. Dorrego 1102,
Ciudad Autónoma de Buenos Aires, Argentina.